U0043498

The Emotional Life of Your Brain

情緒大腦的祕密檔案

情意神經科學泰斗
從探索情緒形態到實踐正念冥想
改變生命的旅程

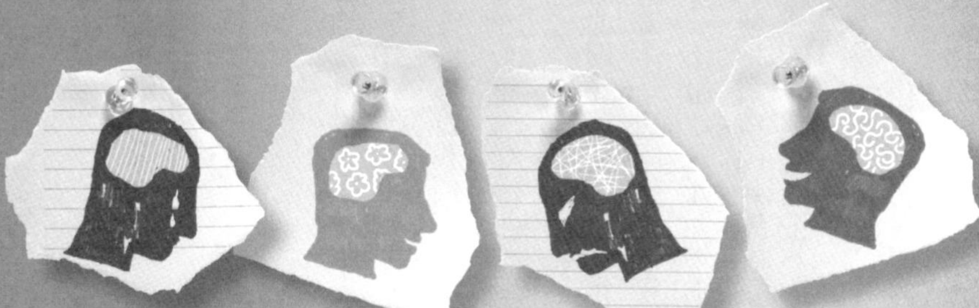

Richard J. Davidson & Sharon Begley 著 | 洪蘭 譯

〈策劃緣起〉

迎接二十一世紀的生物科技挑戰

洪蘭

民國八年，五四運動的知識份子將「賽先生」（科學）與「德先生」（民主）並列，期能提升中國的科學水準。這近一百年來我們每天都在努力「迎頭趕上」，但是趕了快一百年，我們仍在追趕。在這個世紀末的今天，我們應該靜下來全盤檢討我們在科學（技）領域的優缺點，究竟該如何去迎接二十一世紀的科技挑戰，只有這樣的反省才能使我們跳離追趕的模式，創造出自己的前途。

二十一世紀是個生物科技的世紀，腦與心智的關係將是二十一世紀研究的主流，而基因工程的進步已經改變了我們對生命的定義及對生存的看法。翻開報紙，我們每天都看到有關生物科技的消息，但是我們對這方面的知識卻知道的不多，比如一九九九年十二月，全世界的報紙都以頭版的位置來發布科學家已經解讀出人體第二十二號染色體的新聞。這則新聞是什麼意思？人類基因圖譜有什麼重要性？為什麼要上頭版新聞？美國為什麼要花三十三億美金來破解基因圖譜？為什麼科學家認為完成這個基因圖譜是人類最重要的科學成就之一？它與你我的日常生活有什麼關係？市場上賣著「改良」的肉雞、水果，「改良」了什麼？與我們的健康有關嗎？

生物科技與基因工程已經靜悄悄地進入我們的生活中了，這些高科技知識已經逐漸從實驗室中的專業知識地位慢慢變成尋常百姓家的普通常識了。二十二號染色體上的基因與免疫功能、精神分裂症、心臟缺陷、智能不足（所謂的Cat-eye徵候群）及好幾種癌症（血癌、腦癌、骨癌、神經纖維癌）有關。我們都知道基因異常會引發疾病，部分與基因有關的疾病會惡化，包括癌症、關節炎、糖尿病、高血壓、老年癡呆症和多發性硬化症，我們在生活周遭隨便一看都會發現有得這些病的親友，這個知識對我們而言怎能說不重要呢？如果重要，為何我們回答不出上面的問題來？

台灣是個海島，幅地不大，但是二十一世紀國家的競爭力不在天然的物質資源而在人腦的知識資源上，人腦所開發出來的知識會是二十一世紀經濟的主要動力。我們看到在人類的進化史上，獸力代替人力，機械又替代了獸力，科技的創新造成了二十世紀的經濟繁榮，我們把台灣稱為科技島，但是政府對知識並未真正的重視，每次刪減預算都先從教育經費開刀，其實知識的研發才是科技創新的源頭，人腦創造出電腦，電腦現在掌控了我們生活的大部分，我們只要看全世界對二千年千禧蟲的來臨如臨大敵一般就知道了。

我們想要利用電腦去解開人腦之謎，去對所謂的「智慧」重新下定義，所以資訊和生命科學的結合將會是二十一世紀的主要科技與經濟力量，這個「生物資訊學」（bioinfomatic）是一個最新的領域，它正結合資訊學家與生命科學家在重新創造這個世界，再過幾年，我們對生命的定義與生存的意義可能就會改變，因為科學家已開始從基因的層次來重組生命，但是我們的國民對世界潮流的走向，對最新科技的知識還不能掌握得很好，既然國民的素質就是國家的財富，國力的指標，如何提升全民的知識水準就顯得刻不容緩了。

我是個教育者，我看到了我們國民的基本知識不足以應付二十一世紀的要求，但是一個老師的力量有限，再怎麼上課，影響的學生人數對整體來說，還是杯水車薪，有限得很，我要的是一個可以快速將最新知識傳送到所有人手上的管道。就這方面來說，引介質優的科普書籍似乎是唯一的路，因為書籍是唯一不受時空限制的知識傳遞工具。因此，我決定與遠流出版公司合作開闢一個生命科學的路線，專門介紹國內外相關的優秀科普著作，與一般讀者共享。我挑書的方法很簡單，任何可以使我在書店站著看十五分鐘以上不換腳的書就值得買回家細看。我不考慮市場，因為我認為真金不怕火煉，一本好書常常不是暢銷書（因為既不煽情，又沒有暴力），但是它會是長銷書，因為它帶給人們知識。

背景知識就像一個篩網，網越細密，新知識越不會流失。比如說，同樣去聽一場演講，有人獲益良多，有人一無所獲，最主要的原因是語音像一陣風，只有綿密的網才可以兜住它。背景知識又像一個架構，有了架子，新進來的知識才知道往哪兒放，當每個格子都放滿了，一個完整的圖形就會顯現出來，一個新的概念於是誕生。心理學上曾有一個著名的實驗告訴我們背景知識的重要性。這個實驗是把一盤殘棋給西洋棋的生手看兩分鐘，然後要他把這盤棋重新排出來，他無法做到；但是給西洋棋的大師看同樣長的時間，他就能正確無誤地將棋子重新排出來。是大師的記憶力比較好嗎?當然不是，因為當我們把一盤隨機安放的棋子給大師看，請他重排時，他的表現就和生手一樣了。大師和生手唯一的差別就在大師有背景知識，使得殘棋變得有意義，意義度就減輕了記憶的負擔。這個背景知識所建構出來的基模（schema）會主動去搜尋有用的資訊將它放在適當的位置上，組合成有意義的東西，一個沒有意義的東西會很快就淡出我們的知覺系統。所以在生物科技即將引領風潮的關鍵時刻，引介這方面的知識來滿足廣大讀者的需求，使它變成我們的背景知識而有能力去解讀和累積更多的新知識，是我們開闢《生命科學館》的最大動力之一。

台灣能從過去替人加工的社會走入了科技發展的社會，人力資源是我國最寶貴，也是唯一的資源利器。人力資源的開發一向是先進科技國家最重大的投資，知識又是人力資源的基本，因此我衷心期望《生命科學館》的書能夠豐富我們的生技知識，可以讓我們滿懷信心地去面對二十一世紀的生物科技挑戰。

【策劃者簡介】

洪蘭，福建省同安縣人，一九六九年台灣大學畢業後，即赴美留學，取得加州大學實驗心理學博士學位，並獲ＮＳＦ博士後研究獎金。曾在加州大學醫學院神經科學從事研究，後進入聖地牙哥沙克生物研究所任研究員，並於加州大學擔任研究教授。一九九二年回台先後任教於中正大學、中央大學、陽明大學，現任中央大學認知神經科學研究所所長。

目錄

情緒大腦的祕密檔案

——情意神經科學泰斗從探索情緒形態到實踐正念冥想改變生命的旅程

名家推薦

情為何物？這是個很古老的問題，因為人性裡最明顯的行為特徵，就是喜、怒、哀、樂、憂、愁、悶，還有不安、惶恐，和無奈。這些心裡的反應，我們自己時時刻刻都有感知，也很清楚自己的行為會因為當時的某一情緒，而有不同的表現；當我們和別人相處時，他們的眼神、表情、肢體動作，也都會傳遞他們的情緒，讓我們知道如何應對，才不會產生魯莽和不合宜的冒失行為。所以自己的情緒管控風格，和正確知覺他人情緒的應對方式，就是個人人格的指標。換句話說，情緒是貫徹個人生命的動能。

千年來，從哲學家、生理學家到心理學家，都難解情緒的奧祕，但這本書的作者，從實驗室的大腦神經迴路，到喜馬拉雅山上那些高僧心智修練的情緒「空相」，導出了六個面向的情緒圖紋，更以實驗的證據證實靜坐冥想和其他的認知練習，可以真實的改變大腦，包括對生活挫折做出正面的改變。

做為一個長期從事腦神經活動研究的認知神經科學研究者，我一直都很注意作者發表在科學期刊上的論文，對於這本書的出版，除了讚美之外，更希望大家能身體力行，修心養性，好好做人！

——曾志朗，中央研究院院士＆台灣聯合大學系統系統校長這是一本令人大開眼界的書，裡面有許多突破性的研究，會改變你對你自己的看法以及你對周遭所有認識的人的看法。戴維森和貝格利是個天王組合；劃時代的發現以一種令人愛不釋手的愉悅閱讀方式呈現在讀者前面。我愛這本書。

——**丹尼爾・高曼**（Daniel Goleman, Ph.D.），《EQ》作者

這本超級好書帶給你非常清楚的情緒的神經科學導覽；告訴你科學的歷程為什麼有效；一個很值得敬重學者的成長故事，以及對未來是一個更好的世界的承諾。這是一本了不起的書。

——**羅伯特・薩波斯基**（Robert M. Sapolsky, Ph.D.），《斑馬為什麼不會得胃潰瘍》作者

這是致力於如何使生命值得活下去的研究，世界頂尖神經科學家給我們的禮物。這是每一個對正向心理學有興趣的人都應該讀的好書。

——**馬汀・塞利格曼**（Martin E.P. Seligman, Ph.D.），《邁向圓滿》作者

這是一本我所知道如何用神經科學的發現去改變你生活的最好的書。它讀起來輕鬆愉快，像福爾摩斯遇見華生和克里克的科學探險故事，而他們的顧問是達賴喇嘛！

——**傑克・康菲爾德**（Jack Kornfield, Ph.D.），《智慧的心》作者

不論他是在實驗室中測量大腦神經元的活動，或是在喜馬拉雅山跟達賴喇嘛會面，戴維森是個不可救藥的探索者，花一生的時間在探索人類最深層的祕密。絕對不要錯過這本由世界最知名的情緒和大腦專家所寫的既聰明又生動的好書！

——**丹尼爾．吉伯特**（Daniel Gilbert, Ph.D.），《快樂為什麼不幸福》作者

戴維森是一位有遠見的神經心理學家，配上最機敏的科學作家貝格利，不僅讓我們了解了情緒的向度，更提供了深具說服力的證據使我們成為更有效率、更圓滿的自己。

——**傑若米．古柏曼**（Jerome Groopman），《醫生，你確定是這樣嗎？》作者

戴維森不凡的科學成就與事業奉獻在了解人類的情緒上，使我們更深入理解情緒的作用。現在，加上作家貝格利的幫助，他把事實的累積轉換為智慧的寶庫，使非專業門外漢的讀者也能看懂，並且直接應用到他們的生活上。

——**安東尼．狄馬吉奧**（Antonio Damasio, M.D, Ph.D.），《意識究竟從何而來？》作者

理查．戴維森和夏倫．貝格利為我們情緒的大腦化學指出了一條先驅的路。戴維森的實驗證明靜坐冥想和其他認知練習，可以真實的改變大腦，作者讓每個人看到我們如何改變我們最難以改變的情緒習

慣，創造出新的、比較有成就的自己。我們期待能培養出更好的注意力，對他人更體貼，知道他們的需求，也更能跟自己的直覺相連接。這些都是可能的——這本書告訴你如何做到。

——**狄巴克・喬布拉**（Deepak Chopra, M.D.），《凡人佛陀》作者

這本書運用最新的大腦研究資料，帶給我們了解自己和他人的一個全新方法，包括透過訓練幫助我們對生活挫折做出正向的改變。對所有不但想要了解自己的情緒生活，更想改變他們應對外在世界的人而言，這是一本必讀的書。

——**保羅・艾克曼**（Paul Ekman, Ph.D.），《心的自由》（達賴喇嘛合著）作者

這是一趟啟發心智的旅途，你的導遊是世界上最偉大的情緒研究先驅。理查・戴維森從科學的嚴謹角度和抱持對未知的熱情，深刻探討我們如何成為現在的自己。他的研究使我們了解別人和自己，也直接影響我們的態度：我們可以用更有生活力和更有回彈力的態度過日子。他同時也讓我們看到，我們可以用已被科學證實的方法改進大腦的功能和結構。這本書使你浸淫在智慧的書頁中，請好好的享受閱讀本書的樂趣。

——**丹尼爾・席格**（Daniel Siegel, M.D.），《第七感》作者

在他穿越喜馬拉雅山令人背脊發涼的旅途以及令人大腦神經迴路震顫的歷程中，有遠見的神經科學家理查．戴維森揭開了人類最古老問題的深層奧祕：做為個體我們究竟是誰？我們的心智從何而來？我們如何培養對他人更多的仁慈而感到平靜？這本書將最新的大腦可塑性神經科學知識、情緒的神經機制與古老的佛教智慧結合在一起，它引導你去找到上述問題的答案，使你感受到科學的啟發，讓你知道你可以成為更好的人。

——**達契爾．克特納**（Dacher Keltner, Ph.D.），《生而向善》（*Born to Be Good*）作者

〈導讀〉

從研究情緒到改變情緒之路

洪蘭

這本書可以說是一部情緒認知神經科學的發展史，因為戴維森教授正是創造這個歷史的人。雖然我自己也在認知神經科學的領域，並且因為年紀和他相仿，也同樣經歷過心理學從唯物的行為主義轉變到唯心的認知神經科學的歷程，也嘗受過書中所描述的打壓（曾有一位同學告訴我，為什麼心理系的系主任要輪流做，因為行為主義派的教授做系主任時，認知組的學生就容易被排擠，反之亦然），但是當我看到戴維森描述他在電梯裡遇到行為主義的大師史金納（B. F. Skinner），他因為緊張，按錯了樓層，他道歉說：對不起，我改變心意了（I changed my mind.）。史金納教授立刻接著說：不，你沒有改變你的心意，你只是改變了你的行為（You didn't change your mind, you changed your behavior.）這一段經歷時，還是覺得很震撼。這個小故事說明了當時行為主義的禁錮是多麼的嚴苛，完全不容許任何有關大腦或思想的存在，一切的一切只有刺激和反應。這是一九六〇年代時，美國任何一所大學心理系的普遍現象，學生進去就得選邊站，絕不可能左右逢源。在那種氣氛之下，戴維森竟然不知好歹，要研究看不見、摸不著的大腦中的情緒，當然會被潑冷水，他沒有被踢出研究所已經夠好運，更不要說敢去研究帶有東方神祕色彩的冥想靜坐禪修了。

從書中他對情緒研究的過程，我們可以看出美國社會的轉變。一六二〇年，五月花號剛登陸新大陸時，英王詹姆士一世說，只要你耕種得過來的土地都是你的，國王只收稅，不擁有土地。因此，北美殖民地的人靠自己的力量，開拓了蠻荒，征服了大自然，發展出不靠祖宗、不靠政府，只靠自己雙手的態度。這個「人定勝天」的信仰成為行為主義在美國流行的最主要原因。雖然行為主義發源於俄國巴夫洛夫（Ivan Pavlov）的制約實驗，但是它在歐洲流行不起來，因為歐洲講究血統、講究階級，不是你肯做就會成功，而美國提供了行為主義肥沃的土壤，讓它在美國茁壯成長，最後回頭去征服歐洲。這是許多念心理學的人一直想不通的地方，源於歐洲，卻無法盛行於斯，反而來美國大放光彩。

從學習理論來說，行為主義有它的道理，人的確是制約的動物，剛上小學一年級的學生，聽到鐘聲便會魚貫進入教室；正在飆車的人，看到警車就會立刻減低速度。只是從認知的觀點，我一直不能了解，怎麼會有這麼多有名的心理學教授認為學習是不需要大腦的？如果承認學習需要大腦，又如何把大腦當作黑盒子來看待？這不是自相矛盾嗎？作者比一般人更有勇氣的地方是他敢去走不同的路（defying the crowd），在時代未準備好之前，做先知是痛苦的，他遭遇了許多挫折，但仍然有勇氣「眾人皆醉我獨醒」，這是不容易的。所以直到今天，戴維森在情緒研究上的地位，仍無人可比擬。

這本書最精彩的是作者去到印度見到達賴喇嘛後，回來所做的實驗方向的改變。過去雖然也有研究禪修與大腦關係的書籍，但是沒有一本像本書一樣，透過嚴謹的實驗，從大腦組織結構、功能改變來證實冥想可以改變實體。這個看似簡單的發現讓我們看到佛家所說的「相由心生」，人起一善念，這善念會改變大腦結構，結構的改變又造成功能的改變，使產生的念頭不一樣，這個念頭又改變大腦結構——這個循環令所有父母及教育者警惕，我們的一言一行影響著和我們接觸過的人，難怪古人說「近朱者赤，近墨者黑」了，誰也沒想到它竟是大腦的關係！

就情緒在大腦中的機制來說，本書是目前講得最清楚，實驗做得最好的一本，這些實驗在經過反覆的驗證後，它的結論被證明是正確的。對改善治療效果有心的醫生們可以透過本書所描述的神經機制，去發展出憂鬱症、過動症、注意力缺失症的行為治療法（包括冥想在內）。研究發現靜坐時大腦會分泌一種抑制性的神經傳導物質GABA，它可以改善孩子衝動的行為，增加他們抑制的能力，對一些從小沒有養成良好紀律的孩子來說，這是一種不服藥的改進方式，值得家長們注意。

同時正念冥想靜坐有助於憂鬱、焦慮和壓力的舒緩，這對現代處於激烈競爭之下社會各行各業的人來說，都有很大幫助，因為不必服藥，靠你的意志力就可以有所改進。這也使這本書跨越純粹科學研究的探討，進入應用心理學DIY的範圍。現在台灣幾乎每個社區大學都有開氣功、瑜伽、靜坐、禪修的課，這本書提供了這些運動背後的學理證據與支持，開課的老師與學員們可以仔細去研讀。

情緒的研究從一九六〇年代的禁忌到變身為現在研究的熱門主題，可以說是走了一段很長、也很辛苦的路。它的揭祕對醫學上，尤其癌症的治療很有啟發。假如心物是一元，不是笛卡兒（René Descartes）說的二元論，那麼正心、誠意對身體的健康當然有好處。戴維森的研究讓我們看到，你的心智控制著你的腦，你的腦又主宰著你的身，若你能在情緒的六大向度上，保持著最佳的狀態，那麼你的身自然也就以最佳的狀態來支持大腦的自我控制了。

我們最近在性犯罪者的研究上還發現大腦在執行自我控制時，需要消耗大量的葡萄糖，葡萄糖不足時，粒腺體細胞無法產生能量單位ATP，自制力便會降低；而透過靜坐修練，大腦可以用最少的能源達到最大的自制。當所有人都能自制，以理相通，以禮相待時，世界就太平了。

這本書是所有人都應該看的好書，因為我們每個人都有個大腦，當然應該知道自己的大腦如何控制著我們的身體，而我們的健康又如何主宰著我們的快樂，最後帶領著我們完成上天所設定的生命的目的。戴維森的研究告訴我們，當你知道為什麼時，你才會心甘情願的去做，當你心悅誠服的去做時，你才會看到效果。它證實了一句話：「天下只有想不通的人，沒有走不通的路。」只要正心誠意，人生的道路自然開闊起來，你的心就能引著你的腦，把你的身體帶到一個自盤古開天以來，大自然所設定的最適合人類生活的境界，它就是《黃帝內經》上云：「上古之人，其知道者，法於陰陽，和於術數，食飲有節，起居有常，不妄作勞，故能形與神俱，而盡終其天年，度百歲乃去」，這般有修行的人生。

〈前言〉

科學的追求

本書描述一趟個人和專業的旅程，想要了解在人們一生中情緒的反應為何會不同，以及不同的地方在哪裡。我研究情緒的動機是想幫助人們過得比較健康，使他們的生命比較圓滿。這塊壁毯的專業紗線是描述一個科技整合的新領域，叫做「情意神經科學」（affective neuroscience），在於研究我們情緒的大腦神經機制，尋求強化人們幸福感的方法以及提升心智正向的品質。個人部分的線是我自己的故事。就像莎翁名劇《王子復仇記》中，哈姆雷特（Hamlet）對何瑞修（Horatio）說的：「天地之間的東西遠比我們能想像的多得多。」這個天地的範圍就是主流心理學和神經科學所設定的範圍，但是我常常超越了這個領域的界限。有時，我遭受打擊，但是我希望最終會完成最初我出發去尋找的一些東西：透過嚴謹的實驗顯示情緒是大腦功能的中心，是心智生活的泉源，不是主流科學家過去所認為的那樣，它絕對不只是一團神經元而已。

我在情意神經科學三十年的研究有上百種的發現，從同理心的神經機制、自閉症（autism）和正常發展的腦的不同，到理性的大腦如何把我們帶到憂鬱的深淵。我希望這些成果能幫助我們了解做為一個人有什麼意義，情緒生活又有什麼意義。但是當這些發現慢慢累積起來之後，我發現自己從每天的實驗生活中退了下來，我的實驗室在威斯康辛大學麥迪森校區（University of Wisconsin, Madison），這個實驗室近年來已發展成一家小公司了。在我寫這本書的二〇一一年春天，我有十一個研究生、十個博士後研究員、四個電腦程式設計師、二十一個研究助理和行政人員，我每年從美國國家衛生研究院（National Institute of Health, NIH）及其他機構拿到二千萬美元的研究經費。二〇一〇年五月以來，我同時擔任威斯康辛大學健康心智研究中心（Center for Investigating Healthy Minds）的主任，這個中心專門研究在文明出現之前，人類彌足珍貴的高品質心智——包括慈悲心（compassion）、幸福、慈悲、利他主義、仁慈、愛和其他高貴的人類行為——是怎麼在大腦中產生的，又是怎麼被培養成我們今天所看到的美德。這個研究中心的一大特點是我們並沒有將本身的工作只局限在研究，我們很想把這些研究的結果應用到世界上，使它可以對真實的人生造成真正的改變。就這個目的而言，我們發展出學前和小學的課程，專門設計來培養仁慈和正念（mindfulness），這個訓練的影響不僅在學業成績上，也在注意力、同理心和合作上得到好評；另一個研究呼吸和靜坐冥想（meditation）訓練的專案，可以幫助從阿富汗和伊拉克戰場回來的退伍軍人處理他們的焦慮和壓力。

我對既能做基礎研究，又能把它應用到真實世界的工作充滿熱愛，但是它實在太耗費我的體力和時間了。我常常開玩笑說我有好幾個正式的全職工作，既要申請研究專案，又要應付學校的生物倫理委員會（bioethics committees），讓他們准許我以人類做實驗。我實在不想這樣繼續下去。

所以大約在十年前，我開始綜合觀察我的研究和其他實驗室所進行的情意神經科學成就——我不再對個別的發現有興趣，而是著重整體的情況究竟如何。我看到我們這幾十年的研究顯現出一些大腦情緒生活的基礎：我們每個人都有我稱之為「情緒形態」（emotional style）所表現的特質。

在我簡要的描述情緒形態之前，讓我很快的解釋它跟其他的人類情緒狀態、情緒特質、人格特質和氣質的分類系統有何不同。

情緒最小、最快消失的單位是**情緒狀態**（emotional state），通常只有幾秒的時間，是被某個經驗所激發出來的——孩子在母親節用義大利通心粉做的藝術拼圖給你帶來的開心，你完成一件巨大專案所感受到的成就感，你必須在三天的連續假期來上班所感到的憤怒，當你的孩子是班上唯一沒有獲邀參加某位同學生日派對所感到的悲哀。情緒狀態也可以完全由心智活動引發，例如作白日夢、自我反省或預期未來。但是無論它們是被真實世界的經驗或心智的活動所引發，任何情緒狀態很快會被下一個情緒狀態所取代而自然消失。

一個持續的感覺，在幾分鐘、幾個小時或幾天內都很一致的情緒狀態叫做**心情**（mood），就像「他最近心情不好」那樣，人有各種各樣的心情。而一種代表著你的感覺——不僅僅是幾天而是幾年的——就叫做**情緒特質**（emotional trait）。我們把總是心情不好、動不動就發脾氣的人叫壞脾氣（grumpy），稱那些總是對世界不滿的人愛生氣（angry）。一種情緒特質（比如：經常性的、馬上就要爆發的憤怒）會增加你經驗到某種情緒狀態（比如：暴怒）的可能性，因為它降低了你感受到那個情緒狀態的閾或門檻（threshold）。

情緒形態則是我們對生命經驗的一致性反應，受到大腦某些特定神經迴路的影響，可以用實驗室客觀的方式測量到。情緒形態影響我們感受某種特定情緒狀態、特質和心情的可能性，因為情緒形態比情緒狀態或特質更靠近大腦主宰情緒的系統，它可視為我們情緒生活的原子——是基礎單位。

相反的，人格特質（personality）雖是描述一個人時大家比較熟悉的方式，但在神經機制上是既非基本的，也非必要的指認工具。人格特質是一組高層次的情緒特質和情緒形態的組合。例如，一種被研究得很透徹的人格特質：和藹可親的（agreeable）。那些用標準的心理學問卷評估出來（通常是由他們自己填或認識他們的人來回答問卷題目）特別和藹可親的人，他們的特質包括同理心、替別人著想、友善、慷慨和肯幫助別人，但是這些情緒特質本身每一種都是不同情緒形態層面的產物。情緒形態不同於人格特質，它可以追蹤到大腦的某些特性上，是獨特的大腦標記。所以，要了解「和藹可親」的大腦機制，我們需要深入了解構成其情緒形態的神經機制。近來心理學很熱中於找出各種分類方式，如有四種氣質（temperament）分類或五種人格成份，或天知道有多少種的性格形態。雖然這些都很有趣，甚至好玩——它給媒體一些大作文章的機會，著墨於哪些性格彼此最速配、能不能成為企業領導人或是精神病患——但是這些都沒有什麼科學價值，因為它們不是根據嚴謹的分析大腦機制得來的結果，所以效度不高。任何跟人類行為、感覺和思想有關的東西都源自大腦，所以任何有效的分類必須基於大腦的數據和證據。這又把我帶回情緒形態。

情緒形態有六個向度（dimension）。這裡面沒有一般人所說的人格特質層面，也沒有簡單的情緒特質或心情，更不要說心智疾病的診斷標準，這六個向度反映出現代神經科學研究的發現：

- 回彈力：你多快或多慢能從困境中回復過來。
- 展望：你能保持正向的情緒多久。
- 社會直覺：你能從身邊的人身上得到多少社交的訊號，知道別人在想什麼。
- 自我覺識：你多會感覺到自己身體對情緒的反應。
- 情境敏感度：你有多能調節自己的情緒反應，使你對所處的情境做出恰當的回應。
- 注意力：你的聚焦點有多清晰。

假如我請你坐下來想一下你的情緒，以及它跟別人的情緒有什麼不同，這些恐怕不是你會想到的六個情緒向度；同樣的道理，波爾的原子定律（Bohr model of Atom）也不是你坐下來思考物質結構時所能想出來的。我並不是把我的研究跟現代物理之父的研究畫上等號，只是用它來表達我的觀點：人類的心智很少能用直覺或隨意觀察來決定自然的真相，或甚至只是了解我們自己。這正是為什麼我們有科學，只有用嚴謹的實驗方法，而且經過很多不同實驗室的實驗都得到同樣的結果時，我們才能知道這世界是怎麼運作的，我們自己是怎麼運作的。

這六個向度來自我對情意神經科學的研究，它得到全世界做這方面研究同儕的肯定，它們反映出大腦的特性和形態（pattern），是任何現代人類行為和情緒模式的先決條件。假如這六個向度不能跟你對自己的了解或那些跟你很親密的人對你的看法起共鳴，有可能是其中幾個向度是不在你立即的覺識下運作的。例如，我們常常不自覺自己是在「回彈力」的向度上，除了少數例外，我們通常不會注意自己有多快從壓力的情境中回復過來（一個例外是如果那件事創傷很深，如孩子的死亡，這時候你會感覺到在谷底幾個月都走不出來），但是我們會經驗到它的後果。例如，你早上與配偶吵架，可能整天都很易怒，但是你不了解自己今天特別容易生氣是因為沒有得到情緒的平衡，而這情緒的不平衡正是緩慢回彈形態的特徵。在第三章，我會讓你看到如何更能感受自己的情緒形態，而這正是你要接受自己是什麼樣的人，或你想變成什麼樣的人的第一步，也是最重要的一步。

在科學上有一條捷徑：任何一個新理論想要取代前面的理論，必須能解釋舊理論所描述的現象以及新的現象才行。要接受愛因斯坦的相對論比牛頓萬有引力更好，它必須能夠解釋牛頓萬有引力定律所能解釋的所有引力現象，如行星圍繞著太陽運轉的軌道和物體掉落地球的速度，它還要能解釋新的現象，如在一顆大星球旁時光的折射率。所以我會顯示給你看，情緒形態對所有已經存在的人格特質和氣質類型有足夠的解釋能力，然後，在第四章中，會顯示它還在大腦活動中有堅固的基地，這是其他分類所缺乏的。

我認為每個人的人格特質和氣質其實是反映出這六種情緒形態向度的不同組合方式。看看目前心理學對人格的標準分數系統所謂的「大五類」（big five）：經驗開放性、嚴謹自律性、外向性、親善性和神經質。

- 一些很能接受新經驗的人，同時也有很強的社會直覺，他通常也非常的自我覺識，有高聚焦的注意力形態。
- 一個嚴謹自律的人有發展良好的社會直覺，有聚焦的注意力形態，對周遭環境有正確的敏感度。
- 一個外向的人很容易從逆境中恢復，這正是回彈力向度快速復原的極端，也能維持正向的展望。
- 一個和藹可親的人對情境很敏感，有很強的回彈力，他同時也能維持正向的展望。
- 神經質的人通常從逆境中回復得比較慢，他有著陰沉、負面的展望，對環境相對而言不夠敏感，通常注意力容易游離，不夠聚焦。

雖然這五種人格特質一般來說是對的，但是它總有不能解釋的例外，不是每個人的人格都有我描述的所有情緒形態向度，但是至少都有一個。

除了五大人格特質之外，我們來看一下當我們在描述自己或很熟悉的人具有的人格特徵，每一種都可以從組合成它的情緒形態向度來了解。當然，再說一次，不是每個人都有所有的向度，但是大部分的人有大多數的向度。

- 衝動：它是不聚焦的注意力和低自我覺識的組合。
- 耐心：高自我覺識和對環境高敏感度的組合。知道當環境改變時其他東西也會隨著改變，這有助於強化耐心。
- 害羞：回彈向度的緩慢回復和對情境低敏感度的組合。因為對情境敏感度低、害羞和擔憂會超越情境所允許的正常度，而看起來有些不正常。
- 焦慮：這是緩慢回復和負面展望的組合，有著高自我覺識程度和不聚焦的注意力。
- 樂觀：快速回復和正向展望的組合。
- 長期的不快樂：這是緩慢回復和負向展望的組合，結果就使這個人沒有辦法保持正向的情緒，變成一遭受打擊便陷入負面情緒中。

你可以看到，這些常見的人格特質其實就是不同情緒形態的排列組合，這樣的排列組合提供了一種描述這些人格特質大腦機制的方法。

✦ ✦ ✦

假如你去讀原始的科學論文，可能會認為研究者是想到一個問題，設計一個聰明的實驗來回答這個問題，然後把這實驗做出來，順利得到結果。但是事實並非如此，很多人不了解，要挑戰一個既有的典範是多麼的困難，我在一九八〇年代初期就碰到這樣的情形。當時，心理學界把情緒的研究歸類到社會和人格心理學而不是神經生物學，極少心理學研究者對研究情緒的大腦機制有興趣，已經很少的經費又只是用來支持所謂大腦情緒中心的研究。當時是認為情緒只在邊緣系統（limbic system）中，我卻一直認為高層次的皮質功能一定有關係，尤其在演化上最先進的前額葉皮質（prefrontal cortex）是情緒的關鍵。

當我最初提出前額葉跟情緒有關時，遭到無情的懷疑和打擊。他們堅持前額葉是理性的所在，是和情緒對立的，不可能在情緒上扮演任何角色。當主流的風是吹往另一方向時，你很難在逆境中建構出一個科學的事業。我想在大腦中理智的寶座上找出情緒的大腦機制被認為是唐吉訶德，是去阿拉斯加獵大象的神經科學版本。好幾次，因為我對古典神經學、理智在高度發展的新皮質、情緒在皮質下邊緣系統的區分的懷疑，使我幾乎拿不到研究經費，它不像一個事業的開始，比較像終結一個科學事業的方式。

假如說我的科學學習跟一般人不一樣，我個人的興趣也是如此。一九七〇年代我進入哈佛大學（Harvard University）心理所不久，即遇見一群非常仁慈、有慈悲心的人，我馬上就發現，我跟他們有個共同點：他們都靜坐冥想。這個發現催化了我本來對打坐的興趣，使我在研究所的第二年，到印度和錫蘭三個月去學習這個古老的靈修方式。我還有第二個目的——我想知道靜坐冥想會不會是一個科學研究的好題目。

研究情緒就夠引起人側目了，再加上打坐，那簡直就是異教徒，應該綁去火場燒，而研究它更是自掘墳墓。當時心理學家和神經科學家相信大腦有理智的中心，也有情緒的中心，而這兩個地方不可能相遇，所以他們也相信神經心理學是門嚴謹的、實證的科學，而靜坐冥想是巫術——如果你去學打坐，那你對科學的忠誠就很值得懷疑。

這是《物理之道》（*The Tao of Physics*, 1975），《與物理大師共舞》（*Dancing Wu Li Masters*, 1979）以及其他書出版的時代，這些書認為西方現代的科學和東方古老的哲學可以互補。大部分學術界人士認為它們是垃圾，打坐者在他們心目中並不是一條直通學術殿堂的路；我哈佛的指導教授也非常清楚的告訴我，如果我想在學術這條路上成功，研究靜坐冥想並不是一個好的開始。雖然我一開始想研究打坐，一旦看到學術界對它的抵抗有多深後，我就把它放在一邊，變成一個衣櫃中的打坐者，一直等到我拿到威斯康辛大學的終身教職，累積了很多的科學論文，以及得到獎項、眾人肯定我的研究能力後，我才回到我研究的初衷，研究靜坐冥想。

我這樣做有一個重大的原因是在一九九二年時，我與達賴喇嘛見了面，那一次的會面，完全改變了我事業和人生的走向。我在第九章會描述，這次的會面是個火花，點燃了我對靜坐冥想和其他心智訓練的興趣，我出「櫃」了。

現在回頭看，真是非常令人驚異，在這麼短的時間內科學界改變了這麼多。不過不到二十年，科學界和醫學界對心智訓練研究的接受度已大大的提升，每一年有幾千篇新的研究刊登在主要的科學期刊上（當我和同事的論文在二〇〇四年刊登在美國本土頂尖的《美國國家科學院學報》〔*Proceedings of the National Academy of Science, PNAS*〕上時，我真是高興得要命）。現在國家衛生研究院提供我大量的經費做靜坐冥想的研究，這是十年前的我連想都不敢想的事。

我認為這個改變是一件好事，不是因為私人的關係（但是我必須承認，看到過去被排斥的主題得到它應有的尊重，還是一件很感恩的事），我在一九九二年時對達賴喇嘛承諾了兩件事：我個人會去研究打坐，我也會研究正向情緒，如慈悲心和幸福感，把它當作心理學研究的中心，就像心理學過去一直在研究負面情緒一樣。

現在這兩個承諾湊到一起了，因為兩者湊在一起的關係，我透過原本不切實際的解決方法確認，大腦中理智中心和高層次的認知功能在情緒上所扮演的角色和邊緣系統一樣的重要。我在靜坐冥想上的研究已顯示心智訓練可以改變大腦活化的形態，來強化同理心、慈悲心、樂觀和幸福的感覺——這些正是我承諾達賴喇嘛研究打坐和正向情緒的極致。我在主流情意神經科學的研究顯示這些高層次推理的地方，正是改善大腦活動形態的樞鈕所在，它掌握著改變大腦的關鍵鑰匙。

所以，雖然這本書是我個人和科學轉移的故事，我同時也希望它能帶給你個人生活的轉變。在梵文中meditation（靜坐冥想）這個字是「熟悉」（familiarization）的意思。對你自己的情緒形態更熟悉是改變自己的第一步，也是最重要的一步。假如這本書什麼都沒帶給你，只要它至少使你對自己的情緒形態增加覺識，或是使你對周遭人的情緒形態變得更敏感，我就認為這本書成功達到它的目的了。

第1章

沒有一腦適用這回事！

科學論文幾乎都只能應用到一般人或大部分的研究受試者身上，而這些一般人的反應包含了很大的範圍，就像你所居住的社區中，成人「平均體重」包含了很重和很輕的人，只報告平均數和只聚焦在平均數上會忽略一些非常有趣的現象。

我認為人類行為、思想和情緒的研究應該特別考慮到個別差異；事實上，個別差異這個事實才是情緒最鮮明的特質。

這個頓悟來自一個偶然的發現：人們前額葉皮質快樂時的活化相對於恐懼、厭惡、焦慮和退縮時的狀態，差異可達三十倍！

我們每個人對情緒的反應都不一樣，所以只談「大部分人」或「一般人」是完全弄錯目標。了解這個變異性的本質，才能使我們真正做到「了解你自己」。

假如你相信坊間那些自助的書籍、通俗心理學的文章和電視上的治療師，那麼你可能會假設人們對生活中重大事件的反應是可以預測的。根據這些「專家」的說法，大部分人對某件事情的反應都是一樣的——每個人走過苦難的歷程都一樣；當我們戀愛時，有一序列的事件會發生；當我們失戀時，有一種標準的反應歷程；幾乎每個正常人對新生兒的誕生都有一套標準的反應；我們每個人在工作上都沒有得到老闆應有的肯定，每個人都有不可承受的工作負擔；家中的青少年每個都挑戰父母；馬齒徒增時，每個人都經歷不可避免的改變。這些專家自信滿滿的推薦我們每個人都要走的情緒步調，不論是面對生命中的打擊，還是戀愛、變得比較敏感（或是比較不敏感）、沉著的應付焦慮……然後變成我們每個人都想變成的人。

但是我三十年的研究發現，這種「一體適用」（one-size-fits-all）的假設是不對的，它在情緒上比在醫學上錯得還更離譜。在醫學上，科學家發現DNA決定人們對醫師處方藥物的反應（還有其他的反應），使我們進入因人量身訂做疾病治療法的個人醫療的世紀，相同疾病的治療法每個病患各有不同——因為沒有兩名病患有相同的基因。（一個重要的案例是用來防止血管阻塞稀釋血液的藥物warfarin，每名病患可使用的安全劑量決定於這名病患的基因能夠多快代謝這種藥。）至於遭遇困境時人們如何反應，或如何發展出接受愛的能力，或如何形成親密關係、抵抗壓力及過一個有意義的生活，每個人的處方也各自不同。以此為例，這個理由已不再只是DNA的差異——它當然有關係，DNA絕對會影響我們的情緒特質——還包括我們大腦活化的形態。就像未來的醫藥會受到病患的DN

A密碼的影響一樣，現在的心理學也會受到情緒特質內在大腦活化形態的影響，我們的人格其實就是大腦情緒形態的活化。

在我成為神經科學家這一路上，看過無數有著同樣背景的人對同樣的人生事件卻有著截然不同的反應。有人在面對壓力時反彈回來，有人崩潰倒下，後者變得焦慮、沮喪、無力工作；而有回彈力的人，不但能承受壓力，還能從逆境中得到好處，化危機為轉機。這個謎是驅使我開始研究的動力，我想知道是什麼決定一個人面對離婚、至愛死亡、失業或其他人生打擊時做出這樣的反應——同樣的，我也想知道在事業成功、贏得愛人芳心或交到願意為你兩肋插刀的終身好朋友，或是找到其他快樂的源泉時，他會怎麼做反應。為什麼人們對生命中的得失起伏有著這麼不同的情緒反應？

從我研究中所浮現的答案是，不同的人有著不同的情緒形態。這些情緒反應像天上的繁星眾多，每個人處理的反應依情緒種類、強度和長度而各有不同。就像每個人有著獨特的指紋、獨特的臉，我們都有自己獨特的情緒剖繪圖（profile），跟我們很熟悉的人常常可以預期我們對某一種情緒挑戰會有什麼樣的反應。我自己的情緒形態是非常樂觀，總是精神奕奕，急著去接受挑戰，也很快從逆境中回復過來；但是有時候，我也會擔憂那些控制能力之外的事情。（我母親因為我陽光的天性，叫我快樂男孩。）情緒形態是為什麼一個人可以很快從痛苦的離婚經歷中恢復過來，另一個人卻陷入自我譴責和絕望中；是為什麼一個兄弟能從失業的打擊中回彈，而另一個兄弟好幾年都覺得自己一文不值；也是為什麼一個父親在看到少棒比賽的裁判誤判他女兒在二壘前被阻殺（其實是盜壘成功）只會聳聳肩說算了，而另一個父親會跳起來和裁判對罵，直到他的臉變成紫色。情緒形態是為什麼一位朋友是她周邊人慰藉的泉源，而另一名朋友在她的家人和朋友需要同情和支持時總是缺席；是為什麼有的人可以懂得別人的肢體語言和說話聲調的不同就像讀看板上的廣告一樣不會失誤，而有的人看非語言的身體訊號好像聽不懂外國語言一樣；也是為什麼有的人對自己的心智狀態很了解，而有的人根本就不認為有能力可以解讀自己的身、心、靈。

每一天我們都有很多機會去觀察情緒形態如何作用。我花很多時間在機場候機，而幾乎每一次都是很好的田野調查機會。大家都知道航班可能出錯的機會比芝加哥歐海爾機場（O'Hare）星期五晚上起飛的班次還多（譯注：芝加哥是全美最繁忙的機場之一，平均每分鐘就有一班飛機起降，星期五晚上尤其繁忙）：惡劣的天氣（譯注：芝加哥位於美國五大湖的密西根湖的底端，冬季北極的風雪長驅直入，常因暴風雪而關閉機場，次數之多，惡名昭彰），飛機機械的問題，或是空勤人員因其他班機誤點而趕不上這班，所以要等他們，或是駕駛艙有個訊號燈不明原因的不肯熄掉……這張清單可以很長，因此我有無數的機會可以觀察其他旅客（包括我自己）的反應。在等待起飛時，我們最不願聽到的便是班機延誤一個小時、兩個小時，或不確定要多久，容後播報；當然最糟的是班機取消，乍聞惡耗的集體哀鳴你一定聽得見。但是如果仔細看每名旅客的臉，你會看到很大的情緒反應差別：大學生穿著連身帽的外套，頭隨著耳裡 iPod 的音樂聲搖晃；年輕的媽媽獨自帶著幼小孩子旅行，嘴裡喃喃的說：「怎麼這麼倒楣！」一邊抓著她的孩子往賣食物的攤位走去；也有穿著名貴套裝的上班族女性快速走向櫃檯，冷靜的要求立刻換別的班機，不管走哪一條線，只要讓她趕得上會議；穿著手工訂做西裝的白髮男士，怒氣沖沖的責問櫃檯人員，聲音大到所有人都聽得見：知不知道他準時到達目的地有多重要，他堅持要見她的主管上司，此時男士的臉已經脹得像豬肝色了，大聲叫罵這處境完全不可忍受。

所以，我已準備好要相信飛機誤點對某些人來說比另些人更嚴重——不能及時趕到你垂死母親的床邊是絕對嚴重的事，沒能趕上你祖父一手創立的公司的重要會議也絕對比大學生晚半天回家去過寒假來得嚴重。但是我強烈的懷疑人們對飛機誤點的反應差異跟他們情緒形態更有關係！

情緒形態的存在引發出一些相關的問題，最明顯的便是，情緒形態最早是什麼時候出現的——在成人期初期，當我們慢慢變成別人嘴裡描述的我們？還是像基因決定論者所說的，出生之前便決定了？這些情緒的反應形態是保持不變、一生都很穩定的嗎？另一個比較不那麼明顯，但是時而在我的研究歷程中出現的，就是情緒形態會影響身體健康嗎？（我懷疑它的一個理由是，有慢性憂鬱症的人比一般人更容易有身體上的不適，如心臟病和氣喘。）或許最基本的問題是，大腦怎麼產生不同的情緒形態？它們是先天設定在我們的神經迴路中？還是我們可以改變它，因此改變我們對生命中快樂和挫敗的反應方式？假如我們可以改變自己的情緒形態（在第十一章，我會建議一些改變的方法），它也會對我們的大腦造成測量得到的改變嗎？

六個向度

為了不讓你懸疑掛心，我不賣關子，現在就告訴你我認為的情緒形態是什麼，讓我把它的骨架先攤出來。情緒形態有六個向度，這六個向度並不是突然出現在我的心頭，也不是在我研究的初期就出現，更不是因為「六」是個吉祥數字，它們來自情緒神經機制系統化研究的成果。這六個向度的每個向度都有它特定的、很容易指認的神經「簽名」（signature）——這表示它們是真實的，而不只是理論上的結構。你可能會說，說不定不只六個向度，但這是不可能的，大腦中主要情緒迴路現在已經被研究得很透徹了，假如我們認定只有科學上效度的情緒層面才能算是大腦情緒，那麼這六個向度已經完全描述了情緒形態，沒有遺漏。

每個向度的描述都有連續性，有些人落在這個向度的兩個極端，有些人落在中間。你在每一個向度的落點，綜合起來就是你的情緒形態。

你的回彈力形態：你通常可以甩掉逆境，還是會被逆境壓倒？當面對情緒或其他挑戰時，你可以鼓起勇氣，背水一戰，還是覺得沒有希望，馬上投降？假如你跟配偶吵架，你能很快的拋到腦後，還是整天都受到它的影響？被擊倒時，你是很快的爬起來，馬上回到生命的戰場，還是變成一灘爛泥，躲到憂鬱症的殼中，就此認輸？對於挫折，你是充滿精力和決心去回應它，還是就這麼放棄了？這個向度一個極端的人會很快恢復，另一極端的人回復很慢，被不幸搞得跛腳。

你的展望形態：你是否很少讓情緒的烏雲籠罩你生命的陽光？當事情不順時，你是否還能維持高能量，全心投入？還是你會因此而尖酸刻薄、悲觀、憤世嫉俗、兀自掙扎著去看事情正向的地方？在這向度上一個極端是正向態度的人，另一端是負面態度的人。

你的社會直覺形態：你能看懂別人的肢體語言和說話的聲調就像讀一本書那麼容易嗎？你可以推測出他們想要找人說話還是想獨處嗎？他們是處在再也不能承認最後一根稻草的高壓力情況下，還是感覺很愉快？你是不是常為別人明確表達出來的心智和情緒狀態感到不解，甚至根本有看沒有見？在這個向度一端是有社會直覺形態的人，在另一端的是很迷惑為什麼別人是這樣想的人。

你的自我覺識形態：你對身體傳送給你的訊息敏感嗎？你有覺識到自己的思想和感覺嗎？還是只是做反應而不知道你為什麼會這樣做？你內在的自我是否就像被不透明的玻璃所阻隔，使你意識的心智看不見你的內心？和你最親密的人有沒有問過你，為什麼你不再反思反省了？為什麼你對焦慮、嫉妒、不耐煩或被威脅的事實好像不關心了，忘卻了？在這向度的一端是自我覺識的人，另一端是自我不透明（self-opaque）的人。

你的情境敏感度：你有足夠的社會互動敏感度，使你不至於把對你先生講的黃色笑話也對你的老闆講嗎？或是你知道你不應該在喪禮上獵豔？或是當人家說你的舉止不恰當時，你不知道他指的是什麼？假如你在這個情境敏感度的一個極端，你適應得很好（tuned in），在另一端的話，你是格格不入（tuned out）。

你的注意力形態：你能否排除其他干擾你專心的事物而保持聚焦？你是否太專注於打電玩，沒有注意要出去蹓狗，直到牠忍不住在家中大小便了？或是你的思緒從手邊的工作上遊離到你和伴侶今天早上吵架的內容上或到你馬上要做報告的焦慮上？注意力向度的一個極端是注意力集中的人，另一端是注意力不能集中的人。

每個人都有情緒形態這六個向度的基本元素。把這六個向度想成情緒大餐的材料，你可能有高聚焦的注意力形態，有些許但不如你希望有的那麼多自我覺識，雖然你缺乏回彈力，對社會情境常感到不解，但是因為你有正向的人生觀，在它的加持之下你仍然撐過來了。情緒上的你其實是這六個向度元素不同的組合，因為有這麼多種排列組合，因此我們有無數的情緒形態，而且每一個都是獨特的。

偏離值

我是在研究情意神經科學時，偶然發現情緒的這六個向度，所謂情意神經科學是指從大腦機制來研究人類情緒。我不是有一天坐下來，決定要想出一些情緒的形態，然後去做實驗以證明它們存在，而是在我事業初期的某一天，我驚訝的發現這些個別差異竟然在大腦中可以看到，在下一章我會詳細的解釋。

即使你是一位仔細的、精熟的科學刊物讀者，尤其是心理學和神經科學，可能也不會注意到，每一篇科學論文的結論幾乎都只能應用到一般人或大部分的研究受試者身上；或許某個研究發現太多的選擇阻礙了決策的制定；或是人們用情緒來做倫理品德判斷而不是依理性；或許它下結論說當人們洗手時，對做了一件不道德的事或有了一個不道德的念頭就不會那麼不舒服；或者人們比較喜歡長得高的政治候選人。你平常很少讀到的是這些一般人的反應包含了很大的範圍，就像你所居住的社區中，成人「平均體重」包含了很重和很輕的人。只報告平均數和只聚焦在平均數上會忽略一些非常有趣的現象，也就是說，那些在兩個極端的人和事——在體重這個例子中就是那些胖到對健康造成危害的人和那些罹患厭食症的紙片人，假如你只看平均體重，比如80公斤，就完全不會知道他們的存在。

其實，心理的行為和情緒的反應也一樣。每個向度幾乎一定會有偏離值（outliers，譯注：離中位數或平均數很遠，在統計上是指標準差之外的數據）——例如在米爾格蘭（Stanley Milgram）的實驗中，**不肯**依指示電擊屏風後面的人使他「學習得更好」的人（譯注：作者指的是米爾格蘭在一九六三年做的服從實驗，讀者可以參閱《電醒世界的人》一書。在我心目中，心理學走到今天，只有兩個實驗永垂不朽，除了米爾格蘭的服從實驗，另一個是哈洛〔Harry Harlow〕的猴子實驗，也有《愛在暴力公園》一書可以參考。任何研究人性的人，關於這兩個實驗的書不可不讀）。我一向對偏離值有興趣，認為人類行為、思想和情緒的研究應該特別考慮到個別差異。事實上，我很早以前就推論出，個別差異這個事實才是情緒最鮮明的特質。

這個頓悟來自一個偶然的發現，即人們前額葉皮質（prefrontal cortex）的活化差異可達三十倍——快樂時的活化相對於恐懼、厭惡、焦慮和退縮時的狀態。從那以後，我的研究就聚焦在個別差異上，它使我產生情緒形態的想法以及構成這些形態的向度。

我們每個人對情緒的反應都不一樣，所以只談「大部分人」或「一般人」是完全弄錯目標。我認為了解這個變異性的本質，才能使我們每個人真正做到「了解你自己」（know thyself）的古訓。

研究情緒反應的各種差異也有有助於真實世界的成果，它使我們可以預測誰可能會受到心智疾病的傷害；或是可能會有嚴重的焦慮和悲傷的程度，雖然還未達臨床診斷的標準，但已很接近，值得我們注意；以及誰又是在遭逢困境時，能夠反彈回來的人。

來自大腦的心智

情緒形態的每一個向度源自大腦活動的形態。腦造影圖片讓我們看到這些向度並非無中生有，它們反映出的是皮質和邊緣系統中一種可測量到的生物活動，我們可從下頁圖看出。

了解情緒形態六個向度的神經機制，有助於你認識自己的情緒形態。這些情緒的大腦形態會在第四章中詳細討論，但是我在這裡先簡單介紹一下。在佔後腦一大部分的視覺皮質區中，有個區域似乎

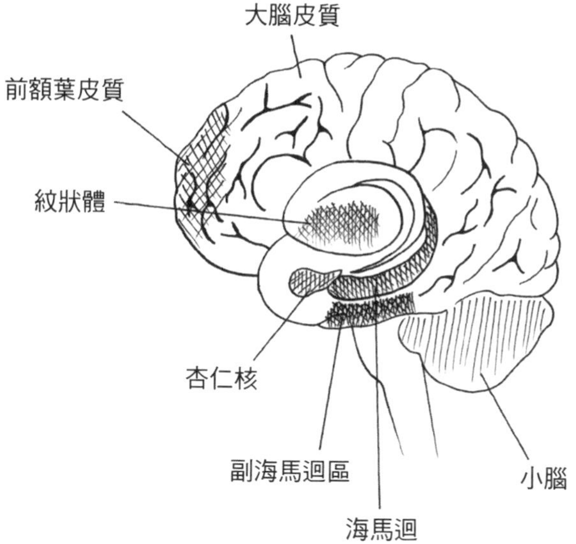

雖然邊緣系統——包括杏仁核和紋狀體——長久以來被認為是大腦中情緒的所在地，事實上，皮質也決定我們的情緒狀態和心情。

是專門負責區辨團體（人類和非人類）中你很熟悉的某個特定個體。例如，當一名古典汽車的收藏家看到一部一九五二年的 Nash Healey 和一部一九六三年的 Shelby Cobra 時，他的大腦那個區域就活化起來；或是當一個人研究一張臉時，那個區域也會大量活化起來，因為我們每個人都是臉的專家。（事實上，梭狀迴〔fusiform gyrus〕一開始時是被稱為梭狀臉區〔fusiform face area〕，因為科學家以為它只處理臉。）不能感受到他人情緒的人——如自閉症的孩子和那些在社會直覺向度自目端的人——他們梭狀迴的活化都很小。我會在第七章中談到，我們已經發現為什麼它會如此，所以我們知道該如何改變大腦的輸入以提高梭狀迴的活化程度，把這個人推向有社會直覺那一端。

每當我向聽眾和學生解釋人有各自不同的情緒形態，而這些形態反映出的是大腦活化的形態時，他們都假設這些情緒形態是固定的、有基因基礎的。幾十年來，神經科學家都假設大腦在功能上和形狀上是固定的；但是我們現在知道，這個靜態的、不能改變的大腦觀念是錯的。事實上，大腦有一個特性叫神經可塑性（neuroplasticity），它有能力改變自己的結構和功能；大腦會因為我們的經驗和思想而改變。例如小提琴演奏家的大腦在手指控制區就顯著的比一般人大，倫敦的計程車司機的海馬迴（hippocampus）區域也比一般人大，因為他得在倫敦二萬五千條大街小巷中鑽來鑽去，而海馬迴跟情境和空間記憶有關。彈鋼琴和熟悉一個城市街道地圖都是重複學習而改變大腦結構的好例子。

但是大腦也可以因內在激發的訊息——即我們的想法和意圖——而改變。這些改變包括改變大腦某個區域的功能，擴張或縮小做某件工作的某個神經領域，強化或減弱不同大腦區域的連接，增加或減少特定大腦迴路的活化程度，以及調控大腦中的神經化學信使：神經傳導物質（neurotransmitter）。

我最喜歡的僅因思想而改變大腦的例子是一個虛擬的鋼琴實驗，這是哈佛大學帕斯柯—里昂團隊（Alvaro Pascual-Leone）做的，他們教一群受試者用右手彈一首五根手指可以彈出的簡單曲子，叫他們反覆練習一個禮拜，然後請他們躺在核磁共振造影儀（MRI）中動右手，結果發現重複的練習擴大了他們運動皮質區與這五根指頭相關的區域。這沒有什麼了不起，因為其他實驗也發現學習某個特定動作會擴大皮質區域；但是帕斯柯—里昂讓另一組受試者想像他們在彈這個曲子而不實際接觸琴鍵，所有的實驗過程都跟第一組一樣，只是沒有真正彈而已，結果這一組受試者大腦運動皮質區控制右手五根指頭的區域也變大了。思想，而且只有思想，就可以擴張運動皮質區做這個動作的區域。

因為情緒形態是大腦中包括連接、迴路、結構／功能關係和神經傳導物質等所有功能的產物，所以這個實驗的絃外之音是不容否認的：因為大腦是情緒形態的生理機制，而大腦又是可以改變的，所以情緒形態是可以改變的。是的，我們的情緒形態是大腦神經迴路的結果，是在生命的初期由基因設定的，當然這個基因是來自我們的父母，但是這個神經迴路也受我們過去經驗的影響。這個神經迴路不是永久固定的，雖然神經迴路一般來說相當穩定，但是它還是可以因偶然的經驗而改變，也會在生命的任何點上，因有意識的、有企圖的努力而改變。人可以特意培養某個特定的心智特質或習慣。

我並不是說，**理論上**你有可能改變你在情緒形態向度上的位置，或是說這種改變只有在**原則上**行得通。在我的研究中，已經發現有效可行的方式了。我會在第十一章中詳細說明，但是現在至少讓我先告訴你，你可以改變情緒形態來增加自己的回彈力、社會直覺、對自己內在情緒和身體狀態的敏感度，改善你的應變機制、注意力和幸福感。這個驚人的事實是：只要透過心智活動就能特意的改變我們的大腦。從靜坐冥想到認知行為治療法等種種心智活動，都可以改變某些特定迴路，從而改變大腦功能，使你發展出比較廣闊的社交信號覺識，對自己的心靈感覺和身體感覺有更深層的了解，對未來也會有比較一貫地正向積極的展望。簡單的說，透過心智訓練，你可以改變大腦活化的形態及大腦的結構，使你的情緒形態因而改變，導致生活品質的改善。我認為這才是真正的心—身互動（mind-body interaction）最終極致。

你很完美：現在開始改變吧！

世界上並沒有理想的情緒形態，前面描述的六個情緒形態連續向度上也沒有最佳位置這回事。人類文明會這麼發達就是因為我們這麼多不同的情緒形態，包括在向度極端的人——會計師的前額葉皮質和紋狀體（striatum）驅使他們仔細填報稅表，把大腦情緒中心送過來的干擾刺激統統阻隔掉；那些工藝技術奇才跟機器一起比和人在一起舒服，因為他們社交認知的神經迴路不夠活化，與人互動對他們來說並不重要。雖然社會把會計師標籤為「偏執」（obsessive），把技術人員叫做「社交恐懼」（social phobic），但是這個世界如果沒有他們會無趣很多，我們需要各種各樣的人使這世界充滿生趣。

這也表示我不屬於「我好，你也好」那樣的團體，我不認為所有的心理形態都一樣好，同樣令人滿意。你可能注意到我在描述六個情緒向度時，有些極端的人聽起來幾乎沒有任何功能，例如有人完全沒有回彈力，只能緩慢的從不幸事件中康復過來，把自己變成憂鬱症的高危險群。即使你的情緒形態並不會使你受到心智疾病的傷害，但也不能否認，在二十一世紀的今日，至少在西方的文化中，某些情緒形態就是使這個人很難成為社會上有生產力的一份子，跟別人形成有意義的人際關係，達到幸福感。你或許在自我覺識的向度上看到一些例子它是不透明的，在社交主動上看到一些令你不解的例子，在對情境的敏感度上看到一些格格不入的人，但是世界上最偉大的藝術作品、數學上和科學上最了不起的成就，往往來自這些不符合社會期待、被曲解的心智。但是除了托爾斯泰（Alexei Tolstoy）、海明威（Ernest Hemingway）和梵谷（Vincent Van Gogh）這些稀少的例外，有些情緒形態的人真的就是比別人更難有一個有意義、有生產力的生活。

我認為這些人應該受到尊重。不要讓任何人告訴你，你應該在社交上主動一些，你要改變注意力形態，從不注意到多注意一些（不過如果另一半建議你這樣做時，你至少要試一試）。只有當你的情緒形態干擾到每天的生活，使你不快樂，只有當它阻礙你達到目標，使你煩惱憂愁，你才要考慮改變自己的情緒形態。但是假如你真的決定要改變，我的研究對你會很有幫助，它可以有效的使你達到目標，它告訴你心智訓練的方法，改變大腦神經迴路的形態，使你更接近你想要的情緒形態向度。

不過這裡來談就太超前了，現在讓我先告訴你，我是怎麼看到情緒形態的。

第2章

我如何發現情緒形態

我清楚記得當我看到大腦活動跟正向和負向情緒有相關時的興奮。情緒活動不是發生在腦幹和邊緣系統這些所謂原始的區域，而是在高貴的前額葉皮質區這個事實給我一個感覺：我們會在科學圈掀起風暴。心理學家認定下視丘和邊緣系統的其他部位是情緒的主要部位，然而我們的實驗卻指向前額葉皮質——這個地方被認為是人類理性的所在地，是思想和智慧的中心，也是區辨我們與低等動物的認知功能的所在，但是我們發現這地方也掌管著我們的情緒。心理學家處心積慮在理性與情緒之間建構起來的屏障，竟是連一點事實的基礎都沒有。

一九七二年我開始在哈佛大學心理所攻讀博士學位的當時，說研究情緒不是一個熱門的主題就好像說撒哈拉沙漠是個很乾燥的地方一樣眾所周知，幾乎沒有任何一個科學家會去碰這個主題。七〇年代認知心理學剛剛起步（這個名詞在一九六五年才創造出來），這個心理學的支派是研究人們如何知覺、記憶、解決問題、說話等等的行為，他們借用電腦比喻人的心智，當然電腦是沒有感情的，所以當時認知心理學家也把情緒看成妨礙心智歷程研究的小討厭，不把它當一回事。

他們把情緒看成干擾物，當時最有名的心理學研究者宣稱情緒會阻擾認知功能，認知心理學家對情緒最仁慈的看法是情緒乃「打斷者」（interrupt），會中斷阻擾認知歷程。情緒使一個行為中斷，讓有機體的注意力可以轉到重要的訊息上，改變行為。這個看法是說，當我們看到前面有一條蛇，恐懼會使我們專注在這個威脅上，立刻逃走；或是說，當我們深愛的人受傷時，悲傷會使我們注意到他的需求；或者當有人侮辱我們，憤怒使我們專注在這個敵人身上而自我防衛。這種看法使情緒和認知對立，把情緒當作干擾者（雖然偶爾它很有效）。不過，大體來說，在注重計算的冷漠堅硬的認知心理學外殼下，沒有什麼空間可以容納情緒。事實上，認知心理學家非常瞧不起情緒，認為這個痞子竟敢佔據專門用來處理認知的高貴大腦的空間，真是太不自量力了。認為情緒可能有益，除了中斷行為還有別的功能的想法，明顯地跟認為情緒是心智干擾者和中斷者的看法相對立。

當時幾乎所有大腦和情緒的實驗都是用老鼠做的，研究顯示恐懼、好奇心這些趨近行為（approach behavior，即動物被食物或交配的對象所吸引而做出趨近的行為，被認為是最接近人類快樂或慾望的情緒）以及焦慮，都反映出邊緣系統（limbic region）和腦幹（brain stem）的活動，尤其是下視丘（hypothalamus）。這個小小的下視丘就坐落在腦幹上頭，負責和情緒有關的內臟與荷爾蒙的改變。在典型的實驗中，實驗者會破壞老鼠下視丘的某一部分，然後觀察牠的情緒表現，例如不再顯示恐懼，把貓放進籠子牠也不動如山；如果破壞老鼠下視丘的另外部分，這隻老鼠就會「性」趣缺缺，或是不吃不喝，或是愛打架。這些行為都被認為後面有種驅力（drive）或動機，因此推論下視丘是動機的所在地。由於動機被認為是情緒的一部分，或許其他的情緒也是歸它管。（科學家後來發現下視丘其實不是直接與產生動機有關，它只是個中途站，彙集大腦其他地方送過來的訊息而已。）

因為下視丘在皮質下，皮質是大腦最後演化出來的部分，皮質是最先進的，所以下視丘就受到鄙視，我把這叫做皮質高傲主義（cortical snobbism）：假如一個功能不是來自皮質，那麼這個功能一定很原始，跟認知是對立的。這種想法引起心理學界很多的辯論，在一九八〇年代到達高峰，造成認知和情緒的對立，把它們看成心和腦（mind and brain）兩個分開且對立的系統。

除了認為情緒在思考機制（即人類心智）上沒有扮演任何角色之外，當時研究情緒的其他阻礙，源自心理學本身才剛剛自行為主義主控的黑暗長夜中掙脫出來。行為主義是強調外在行為的學派，忽略任何不可被測量的內在一切。對行為主義來說，**情緒行為**是可以接受的，但是因為情緒本身是內在看不見的，所以是可疑的，不適合出現在真正的心理學範疇中。結果就是行為主義認可的唯一情緒研究，集中在十九世紀達爾文（Charles Darwin）所觀察到的那些情緒研究。很多人都以為達爾文只有發現天擇是演化的驅力，不知道他其實花了很多時間研究人和動物的情緒，尤其是反映出情緒的臉部表情。在一九七〇年代，少數幾位心理學家延續這個傳統，他們把臉部表情分解成最細的部件——如皺眉或微笑和其他表情出現時所牽動的肌肉。對行為主義者來說，臉上表情是觀察得到的，因此可以研究。然而，奇怪的是這些臉部表情都沒有提到大腦……提到大腦的部分被行為主義者丟棄一旁不予理睬，認為它們踰越了行為主義嚴謹的實證研究（empirical research）的範疇（譯注：我一九六九年去美國讀書，即目睹當時對「實證」的要求，凡是不是刺激—反應的研究，一概剔除）。

甜蜜的夢

然而在一九七〇年代，我已經看到那個隱藏在內部的現象可以偷偷出來見陽光了，我在紐約布魯克林念國三時自願成為受試者，參加附近瑪摩利醫學中心（Maimonides Medical Center）睡眠實驗室的實驗，我就是在這家醫院出生的。我們通常是晚上向實驗室報到，在負責的科學家對我們解釋叫我們正常的睡——或是盡可能正常的在陌生的醫院、陌生的床、有陌生人在你旁邊走來走去，並在你頭上戴上像頭髮女妖梅杜莎（Medusa）那樣的電線頭皮——之後，你就去睡覺了。頭皮上的電極會收集你的腦波，眼睛旁的電極會偵察你作夢時眼球的快速運動，臉上的電極則是測量臉部肌肉的活動（你只要觀察一下旁邊的人睡覺的情形，就會發現他們的面頰、嘴唇和前額都會在睡眠某些階段中跳舞）。

實驗助理在確定電極都貼好了、也正常運作後，祝我們有個甜蜜的夢，便把記錄的儀器打開，三十二隻筆就開始記錄每一秒我們睡眠的生理狀況了。我自己做過受試者也做過實驗室的助理，我的工作就是確定那些移動的針筆裡面有墨水，而且正常的移動。這其實不是一件簡單的工作：那些針筆常常卡住，墨水流不出來，你就得拿一根很細的鐵絲插進墨水孔中，把阻塞的東西戳出來。這就是我的科學方法入門課。

通常受試者在幾分鐘之內會入睡，然後腦電波圖（electroencephalogram, EEG）就開始在控制室浮現。我極愛在控制室看這些腦波的軌跡，顯示這個人現在正在快速眼動期（Rapid Eye Movement, REM），一旦我學會了整個記錄的流程，他們就讓我做這份工作，就是從控制室大聲的叫喚受試者的名字，把他叫醒，問他剛剛在作什麼夢。我對腦波的波峰和受試者報告的夢境深感興趣，雖然我現在已經想不起那些夢境的內容，但是我清楚的記得每個夢境都有很多情緒的成份在內——有恐怖、歡樂、憤怒、悲傷、嫉妒或怨恨。這個睡眠實驗室的經驗也讓我看到，了解心智最好的方法是研究大腦。即使對十五歲的我來說，這個訊息已經很清楚了：純粹內在心智活動的歷程（腦波和夢的情緒部分）在完全沒有外在表徵的情況下，就已經是個真實的東西，而且可以在實驗室中研究了。它跟行為主義者宣稱的完全相反，你不需要行為——即被第三者觀察到的動作——就可以有一個確鑿的心理現象。

這個感覺在我在紐約大學（New York University, NYU）念大學時，越發強烈，我那時是念雙主修，除了心理學還主修一個跨領域的學程，叫做「大都會領袖人才專案」（Metropolitan Leadership

Program），它是小班教學，而不是在大的講堂幾百個人一起上。我年輕的心認為心理學應該研究和解釋內在心智歷程，才能成為真正的科學，在那些年裡碰到了高聳的「權威」之牆。

紐約大學心理系當時的系主任是卡塔尼亞（Charles Catania），他是一名頑固的行為主義者，教授高階書報討論課（honors seminar），下課後我們常為了心理學的基礎本質而爭論。卡塔尼亞認為只有第三者可以觀察到的行為才算科學的數據，才是適當的心理學研究主題，而我則堅持行為主義者所研究的不過是心理現實（psychological reality）中很小的一個部分。我問他：你怎麼解釋人的**感覺**？感覺這個東西這麼真實，怎麼可以忽略掉？又怎麼解釋我現在在讀的變態心理學這門課的教科書內容？它居然自鳴得意的說精神病患的症狀是錯誤增強的結果（這完全是行為主義的說法），它竟然可以把嚴重的精神疾病如憂鬱症、躁鬱症（bipolar disorder）、精神分裂症（schizophrenia，編按：目前有人主張應該去污名化，更名為「思覺失調症」）歸因到獎懲的異常，斷言這些大腦內有聽到聲音、情緒像座不可控制的摩天輪那樣起伏不定，或對人生絕望到要自殺的人，他們這些不正常的行為是獎懲不當所造成的。我跟卡塔尼亞說，這種說法不但在道德上是可惡的，它還忽略生物上的機制，尤其是大腦的原因。我沒能改變卡塔尼亞（不過我把變態心理學那門課退掉了），但是這反覆的辯論幫助我磨亮了我的眼睛，讓我看到有一些比表面上行為更重要的東西正等著心理學研究去發現。

到那時為止，科學對人心智生活內幕的發現只算差強人意，而我是在做大學部學生人格特質課要求我們寫的報告時才發現的。那是我第一次接觸到情緒的科學文獻，大部分的人類研究是社會心理學家做的，他們都認為情緒有兩個基本的部件，第一是生理上的激發（physiological arousal）——如你覺得恐懼時心跳有多快，或是你感到憤怒時臉漲得多紅。生理上的激發被認為是提供了情緒的能量——無論你是稍稍被激怒還是憤怒到抓了槍就要開火，有點羨慕或嫉妒到想把他幹掉。第二個情緒部件是認知的評估（cognitive appraisal），就如這個詞所意含的，這是觀察前面所說的心跳加快、臉紅的歷程，然後你就對自己說，「啊哈！我想我是害怕了」，因為我的心跳加快了；或是「啊哈！我想我是在憤怒了」，因為我的臉漲紅了。

這簡直可以說——我不算太誇張——是個荒謬的思考模式。這個觀點認為情緒是後天對情境的解釋，這些生理的反應並不特定對某種情緒而起：無論是快樂、憤怒、驚訝、害怕或嫉妒，都會有某些生理上的激發，認知的解釋決定你所**感受**到的生理反應是快樂、憤怒、驚訝、害怕還是嫉妒，而區別完全依這個人當時對他內在生理反應的解釋而定。這個看法對我來說似乎是不對的，而且不只是我個人的感覺，我覺得它在科學上也不對。我對它的不滿強烈到決定去調查是否心理學家一直都是抱持這種看法，我開始閱讀威廉・詹姆斯（William James）在一八九〇年寫的《心理學原理》（*The Principles of Psychology*）這厚厚二大冊書中對情緒的看法，結果發現詹姆斯認為情緒是身體知覺的改變。例如在他的恐懼模式中，恐懼主要是來自我們感到自己的心跳很快，或是僵在那兒不能動彈。內在身體的改變來自環境的刺激——在他舉出的例子中是門後的一道陰影——而情緒來自我們對身體改變的知覺。對詹姆斯來說，不同的情緒有**不同的**生理反應；它不像一般盛行的模式所說的那樣是沒有區別的生理反應。

另一個使我對情緒的科學研究感興趣的原因，是我發現達爾文在一八七二年寫了一本有關情緒的書《人和動物的情緒表現》（*The Expression of Emotion in Man and Animals*）（你現在可以免費下載，因為它已過了版權保護時效，是公共財了）。達爾文強調每種情緒有它不同的表情，尤其是臉部的表情，這強化了我直覺的想法，不同的情緒一定有不同的生理反應。在讀了達爾文的著作以後，我很確定三件事：情緒是了解人重要特質的核心，目前心理學的主流研究方向有嚴重缺失，以及大腦的研究一定要聚焦在情緒上。我認為要完全了解心智，不從情緒著手是不可能的。假如科學不能解釋情緒，就不可能解釋人格型態、氣質，也不能了解焦慮症和憂鬱症（或甚至）不能了解認知。我非常確信解開人類情緒之謎的鑰匙在大腦。

雖然我如此的離經叛道，紐約大學還是讓我畢業了，給了我心理學學士學位。我決定繼續念研究所，但是我破壞典範，尤其是我堅持要把大腦帶進情緒的研究，使我在申請學校上碰壁。我對史丹佛大學（Stanford University）很有興趣，我去拜訪這所學校，見到了心理系的教授希爾嘉（Ernest "Jack" Hilgard），他是心理學界非常有名的大牌教授（曾就讀耶魯大學神學院〔Yale Divinity School〕，後來才轉戰心理系），他享譽盛名的是學習理論（theory of learning），後來專研催眠，尤其是如何利用催眠來控制疼痛。我很想跟隨希爾嘉學習，但是他不鼓勵我到史丹佛；當時他警告我，整個心理學界沒有人從生物的觀點來看人的行為。我後來申請紐約市立大學（City University of New York, CUNY）

的研究所，但是同時也申請了哈佛大學。

在面試時，我跟施華茲（Gary Schwartz）教授談得很愉快，他所做的正是心理生理學（psychophysiology）的研究。現在我們比較靠近大腦了：生理學在當時是指身體的改變，例如心跳和血壓。我同時也跟心理學教授麥克利蘭（David McClelland）談，他在校園中非常知名，因為十年前的達斯（Ram Dass）事件。麥克利蘭教授當時是人格特質研究中心（Center for Research in Personality）的主任，他支持一名年輕的教授阿爾波特（Richard Alpert）的迷幻藥研究（那個以服用LSD聞名的李瑞（Timothy Leary）就是阿爾波特的共同研究者），哈佛大學最後在一九六三年開除了阿爾波特，因為他自己常服用本來應該給受試者用、然後觀察藥物對行為改變的那些藥，弄得自己整天迷幻，根本不可能觀察別人。同時，這個研究中有兩名學生因服藥最後進了精神病院，所以哈佛大學開除他，不再支持這種研究，後來他就改名叫達斯。

我對十年前的這些事略有所聞，這更引起我的好奇心，想要跟麥克利蘭教授見面，我大膽的提出一個主題，假如是任何其他的心理學研究者，這場談話一定會斷送我進哈佛研究所的希望。我在那之前才剛讀完榮格（Carl Jung）的自傳《回憶，夢，反思》（*Memories, Dreams, Reflections*），留下非常深的印象。我知道主流心理學家避免談榮格，因為他不符合主流的看法，比如他對潛意識的看法及他的「原型理論」（theory of archetypes）；然而，我覺得他的觀察非常有洞見（insightful），尤其是有關個別差異的部分。榮格首開先河，主張內向和外向是人格的特質，推測每一種人格有其特定的心理和生理的差異。不知怎的，我跟麥克利蘭教授最後談到了榮格，我對這位知名的哈佛心理學教授竟然對這種禁忌的題目有如此開闊的胸襟，大為敬佩，它強化了我的直覺，哈佛才是對的地方，我應該進哈佛念研究所。所以我決定投入大腦和情緒的研究，我不會讓別人說我的研究主題反潮流的閒話阻礙我。

進入哈佛

當我進入哈佛大學研究所，告訴我的指導教授施華茲我想研究情緒的大腦基礎時，他很猶疑。就像當時大部分的心理學研究者，施華茲對大腦的生理結構知道得不多（他從來沒做過腦電波圖〔EEG〕的實驗，在我進入他的實驗室之前，他不曾碰過基本的大腦電生理〔electrical activity〕測量）。我對主流的心理學研究——哈佛大學一向代表著主流學派，在當時是行為主義學派——竟然對大腦如何產生情緒這麼的不關心大感訝異，畢竟除非有人發現，比如說，是盲腸製造和處理情緒，不然的話，大腦就是唯一的情緒器官。然而，當時那一小撮研究情緒的心理學家竟然都在研究表情（古典行為主義！）或是填問卷，這兩種方法我都認為不可能把我帶到情緒問題的核心。在這些研究中，他們隻字不提大腦，真是令人無法相信！學術界對大腦如此缺乏興趣令我十分不解，就好像進入腎臟科，發現裡面的研究者對腎臟不感興趣一樣令人不解。尤其奇怪的是，現代心理學之父威廉・詹姆斯在他的《心理學原理》序言中，明明白白的寫著大腦是所有心智活動的身體器官，然後很肯定的說，其餘一三二八頁的心理學**原理**，只是這個器官的註腳而已。哈佛心理學研究者顯然沒有讀到這句話，很諷刺的是，哈佛心理學系這十五層的大樓就叫做威廉・詹姆斯樓。

在我進入哈佛研究所的第一個禮拜，有一天我搭乘威廉・詹姆斯大樓的電梯時，突然發現電梯裡面的正是史金納（B. F. Skinner）本人。這位行為主義之父身高六呎有餘，一頭註冊商標的白髮，緊張之下，我按了我的樓層，立刻發現按錯了。我喃喃的說：「我改變心意了。」（I changed my mind.）然後按了另一層樓。史金納教授說：「孩子，你沒有改變你的心意，你改變了你的行為。」（You didn't charge your mind, you change your behavior.）這是我第一手親身經驗，讓你知道哈佛大學那時是如何被行為主義死命的緊抓到透不過氣來。

然而，心理學對大腦基礎的情緒缺乏興趣也不是完全沒有好處，當我去圖書館查這方面的科學文獻時，發現幾乎沒有人做過大腦在人們情緒生活上所扮演角色的相關研究，我不必像其他的研究生要拚命想出他原創性論文的題目。（我不是對英國文學的研究者不敬，但是經過幾百年的莎士比亞研究之後，你還能找出多少原創又重要的「李爾王」題目來寫論文？）我一點都沒有那種問題，我是極少數能界定自己研究範圍的人，沒有人可以批評我沒有依照研究典範走，因為根本就沒有情緒的神經基礎典範可遵循。我的挑戰是相反的：從這麼多還沒有答案、還沒有被研究的問題中，去挑出情緒是如何作用的題目。

我可以從兩個方面著手。其一是動物的研究，在這些研究裡，科學家選擇性的破壞或刺激（把小電極植入動物的大腦中）某個特定大腦區域，然後觀察這些區域跟情緒的相關。（研究者認為他們知道動物顯示出恐懼、憤怒或滿足，然後假設動物跟人一樣是感受到情緒。）這些研究大部分是在十九世紀做的，聚焦在下視丘所扮演的角色上，我前面提過。

第二種情緒知識的來源，是研究大腦某些特定部位受傷的患者，看受傷的部位與情緒失常的相關。其中最有名的例子是蓋吉先生（Phineas Gage），他是一位鐵路局的工頭，一八四八年時負責監督工人在佛蒙特州蓋文迪胥（Gavendish）築鐵路。工人在一塊大岩石上鑽個小洞，放進炸藥準備把岩石炸開，當蓋吉用一根鐵棍把炸藥填緊時，火花引爆了炸藥，這根六公斤重、一百一十公分長的鐵棍插入了蓋吉的大腦，將他震飛到三十公尺之外。

雖然這根鐵棍穿過了他的前腦，蓋吉並沒有失去意識，他走到牛車旁，請同事把他送回住處，有名當地的小醫師幫他把傷口清洗乾淨。他活了下來，但是從此個性大變，他太太和朋友注意到以前那個說話溫柔、可靠負責的工頭蓋吉不見了，取而代之的是滿口髒話、脾氣暴躁、一天到晚要和人打架的蓋吉。原來他被鐵棍穿過去的額葉前區（prefrontal region）正是控制情緒和其他高階認知功能的地方。蓋吉的大腦讓神經科學家第一次看到某個特定大腦結構控制某些特定心智功能，前額葉皮質有調節情緒的功能。

雖然動物實驗和腦傷病患的研究很有趣也很重要，但是它們不能代表人類正常情緒的運作機制。

靈光一閃

一九七〇年代的科學家必須花很多時間在圖書館查資料，因為當時期刊還沒有電子檔。我每個禮拜有好幾天晚上必須去哈佛醫學院圖書館，這座圖書館在哈佛大學校園的外面，過個查爾斯河而已。我在圖書館耗的時間多到他們給了我一張專用的小書桌，我很喜歡去那裡翻期刊、影印資料，紙本期刊最大的好處是它讓我看到從來沒有想去翻的期刊，看到很多本來不會看到的資料，如《解剖紀錄》（*Anatomical Record*）、《美國生理人類學期刊》（*American Journal of Physical Anthropology*）、《放射學》（*Radiology*）等等，我常去翻閱一百年前出版的期刊和書，舊書的味道把我帶進科學的另一個紀元。

有一天夜間我在搜尋圖書館地下室書堆時，偶然翻到一本一九七二年八月份的《皮質》（*Cortex*）期刊，上面有一篇義大利佩魯佳大學（Perugia University）的神經學家蓋諾帝（Guido Gainotti）寫的論文。他研究左腦或右腦受傷的患者，尋找傷處和情緒的關係；他發現一個「病理上哭和笑」的地方（pathological laughter and crying）——「病理」的意思是不正常，因為病患對快樂和悲傷的反應跟正常人不同，我們聽到笑話會笑，失戀會哭，這些病患不會，他們會隨機的大笑或大哭，通常都在最不恰當的時機做出這些反應。蓋諾帝發現左前額葉（大部分是因為中風受損）被破壞時，病患會有不正常的哭泣行為以及一些憂鬱症的症狀，例如缺乏動機、無法設定目標去完成它。相反的，右前額葉受傷會有不正常的狂笑行為。

這個研究抓住了我的注意力，因為它呈現了一種可能性：某個大腦區域和大腦迴路可以得出某種特定的情緒。一讀完這篇論文我就知道自己找到進入情緒神祕王國的祕密通道了。我開始想，假如左前額葉受傷會產生不正常的哭泣行為和憂鬱症的症狀，那麼，是否左前額葉負責某些情緒特質，如樂觀或回彈力呢？這不正是憂鬱症的人所缺少的嗎？當時這個問題不像現在看起來這麼明顯，因為今天我們已經習慣把大腦的功能和情緒連在一起。事實上，蓋諾帝對這個現象的解釋是很不同的，他認為右腦半球受傷干擾了病患對神經系統病症的了解，所以才會產生不恰當的正向情緒。但是做為一名急躁的第一年研究生，我不認為發現這個現象的科學家對於發現的解釋如果不遵照主流就是大不敬，我把注意力集中在左前額葉可能是正向情緒的所在地，這個地方受傷會引發憂鬱症。

左、右，左、右

我真希望能說這個發現使我馬上決定去做人類情緒大腦基礎的實驗，但是它沒有。不過我的確因此而走入這個領域。在施華茲的祝福下，我做了一個實驗，把蓋諾帝發現的左右腦發現和情緒綜合起來看。當時對於大腦側化（laterality）的一些觀察是，當問一個問題需要反思才能得到答案時，受試者眼球移動的方向顯示另一邊的大腦正在工作以得到答案：假如是左腦在工作求答案而右腦在悠閒（這在需要動用到語言能力時常會看見），此時眼球會移向右邊；假如是右腦在找答案，那麼眼球會移向左邊。（你可以自己在家中試試這個現象，只要這個答案是不能自動回答出來、是需要一些思考的，如「講出三個『固執』的同義詞」及「一個立方體有幾個角」，你一定會得到好的實驗結果。）

在初步的實驗中，我問受試者一些問題，有些是會激發情緒（「你上一次感到憤怒是什麼時候？」），有些是中性的（「你今天早餐吃什麼？」）。當受試者回答時，我記錄他們眼球移動的方向，我發現相較於中性的問題，在情緒的問題上他們的眼球比較常會移向左邊，表示右腦在活化。然而，因為我的問題是負面情緒的比正向情緒的多，所以當我說受試者向左看來回答情緒問題時，我應該說，他們回答**負面**情緒的問題時眼球**向左**看。我碰巧發現了第一條線索，即右腦在負面情緒時比正向情緒活化得厲害。透過施華茲和哈佛大學部的一名學生梅爾（Foster Maer）的協助，我這篇文章在著名的《科學》期刊（*Science*）上發表了。

這個實驗做完以後，我很清楚我需要更好、更精確的方式，來找出大腦活動的地點。眼球的移動可以提供粗糙的腦半球活化指標，但是沒有辦法告訴我那個半球的哪裡是它活化的地方。要找出更好的測量方法是一大挑戰。在一九七〇年代，沒有什麼科學的工具可以「不侵入」的調查大腦活化的情形——所謂非侵入性就是說不打開腦殼，不把探針插入大腦中。五〇年代，潘菲爾（Wilder Penfield）曾經在癲癇症的病患要以手術切除放電的位置之前，用探針通上微電流，找出大腦各部位的功能（譯注：大腦在腦殼打開，硬腦膜〔dura〕打開後，沒有痛的感覺，而且病患是清醒的，因此才能做這個實驗）。潘菲爾給病患通上微電流，病患就說他有鮮明的記憶出現，看到他的姪兒正戴上帽子、穿上大衣要回家；在另一個地方通上電流，病患覺得有人在碰他的右臂，或是使他手指腳趾不由自主的動起來（我們在第八章還會詳細討論潘菲爾的大腦地圖）。最有趣的發現是當潘菲爾刺激前顳葉（anterior temporal lobe）靠近杏仁核的位置時，病患報告說他感到情緒激動。

因為我並不想成為腦神經外科醫師，所以刺激跟情緒有關係的皮質區域不是我想要的，我需要一個比較不侵入性的方式以便觀察到大腦內部工作的情形。這是在正子斷層掃描（PET）和功能性核磁共振造影（fMRI）這些先進腦造影技術出現的二十多年前，所以我唯一的選項便是在頭皮上貼感測器，收集腦波的電訊。

你可能會想，大腦內部活動的電訊那麼微弱，頭皮上怎麼可能測得到？這不就像兩名強盜在銀行的保險庫中竊竊私語，在外頭大廳巡邏的員警怎麼可能聽得到？不過事實上，它們是真的聽得見，頭皮上的電極像天線一樣，的確可以接收到大腦內部電流活動的訊息（譯注：讀者可以把它想像成貼在頭皮上的竊聽器）。最棒的地方是你不必打開腦殼偷窺。腦電波圖（EEG）的另一個好處是時間性（time resolution）非常準確，雖然這些訊號每一個只有五十毫秒（一毫秒是一秒切成一千份，五十毫秒是非常的短），頭皮上的電極就已經可以偵察到了。因為我計畫要從受試者身上引發出來的情緒信號非常短，所以時間性對我就非常重要。

不幸的是，就像海森堡測不準原理（Heisenberg Uncertainty Principle）所說的：假如在神經造影上你要測量一個粒子究竟在哪裡，就無法知道它的速度；假如想知道究竟在**哪一瞬間**發生大腦活動，你就必須安於無法知道這個活動究竟在**哪裡**發生。（也就是說，你不可能同時知道 Where 和 When，假如你要知道很正確的活動發生地點，就必須接受無法知道它究竟是在哪一瞬間發生的。）（譯注：這個問題現在已經解決了，我們的實驗室將 fMRI（在地點上準確）和 MEG（腦磁波儀，在時間上準確）的資料放在一起，可以準確的看到人在閱讀時，每一毫秒大腦活化的情形（MEG 資料）及這個活化在大腦的哪一個部位發生（fMRI 資料），令人驚嘆科學上的進步之快是難以想像的。）所以當我在幾毫秒之內知道受試者經驗到一種情緒，我只能知道這情緒是發生在幾公分之內的大腦範圍。在大腦的測量中，公分是很大的單位，它可以從顳葉到額葉。（事實上，要計算電流活動是從大腦的何處發出來的，需要很精準的數學計算，幸好當時物理學家已經找到運算方法了。）（譯注：在翻譯這一段時我非常的感慨，自己也經歷過這一段儀器摸索的歷程，因為我一九六九年去美國讀書時正是認知心理學和行為主義做殊死鬥的時候，曾經親身經歷這場改變。二十年過去，一九九〇年代回台灣任教時大腦科學剛萌芽，國內主管科學的長官們不了解科學進步之快，申請一部儀器中間要蓋不知多少章，等到批准下來儀器已被淘汰，得重新再走一次流程，並禱告不要批准時又已停產。這是台灣留不住人才最主要的原因——僵硬的官僚審核制度。）

施華茲的實驗室從來沒有用過大腦電生理的測量儀器，所以一切都要從頭開始，先要說服教授們我可以用 EEG 來確定大腦活動的地點。我們給受試者看簡單的視覺和動覺的刺激，閃一下光和輕觸前臂，請他們想像這些刺激；在此同時，我們記錄他大腦電生理的活動。感謝上帝，當受試者在想像閃光時，這些頭皮上的電極接受到視覺皮質的電流活動；當他們在想像手臂被人輕觸時，身體感覺皮質就送出了電流。如果是別的反應，我就完了，要回到書桌前重新設計實驗。

現在我們可以用 EEG 來測量情緒，但是該怎麼做？我向施華茲說我們可以請大學部的學生（在大學校園中找大學生來做研究很容易，尤其哈佛的大學生很多，可以用「充沛」這個詞來形容。）（譯注：在美國好一點的大學，心理系所開的普通心理學是各學院的必修課，因為它是人文素養中的一門，所以修心理學的學生人數「充沛」。在我待過的加州大學和俄亥俄州立大學這兩所學校中，修這門課每個學生每學期需滿足六個小時的「參與實驗」（做研究生的實驗受試者）要求，願意多做的期末可以加分，所以心理系的研究生不愁沒有受試者。）我請大學部學生回想兩種情緒：放鬆和憤怒，他們在想時，我記錄下他們的腦波和心跳率。心跳率可以讓我知道他們有沒有說謊，因為當人們想到和父親激烈的爭論時，心跳會比回憶在波士頓公園看小鴨子游水時來得快。科學之神再一次眷顧我：我的確可以用 EEG 所記錄的腦波來區分出正向和負向的情緒。這是用 EEG 偵測人類內在情緒狀態的第一個被刊登出來的研究。

我現在有好幾篇已發表的論文，包括眼睛移動方向和情緒的關係，以及很多情緒跟認知的 EEG 論文，但是世界並不覺得這有什麼了不起。當我快拿到學位開始找工作時，我的選擇性非常少。對許多心理系來說，我跨領域的興趣太廣泛了，不符合當時流行的行為主義或認知心理學的模式。每個人都非常禮貌，都表示對我的工作很有興趣，但是最後都告訴我，我的研究對他們的認知領域來說太生理取向了，或是對他們的生理心理學來說太認知取向了。（一九九五年，哈佛大學想找我回去當正教授，提出很好的條件，但是我客氣的拒絕了。）很幸運的是，我終於拿到紐約州立大學波契士校區（State University of New York at Purchase）的聘書。這是個小城，在曼哈頓北邊四十公里的威徹斯特（Westchester），當時它是紐約州大系統一個全新的校區（譯注：美國幾個大州，如紐約州和加州，因為幅員廣大，州政府支持的州立大學設有很多校區，便利居民就讀）。

初試啼聲

波契士校區自然科學大樓在我去報到時剛剛蓋好，彷彿一個電子儀器的聚寶盆——振盪器（oscillators）和其他做實驗的寶貝，等著被裝在第一流的電生理實驗室中。因為我是新來的助理教授，有很多課要教，沒有辦法組裝我的實驗室，我需要一名助手，容我向你介紹沙朗（Cliff Saron）。

我在哈佛大學念研究所時沙朗是生物系大二的學生，我們是一九七三年人本主義心理學協會（Association for Humanistic Psychology）在魁北克（Quebec）召開的研討會上認識的，之後那學期沙朗選了施華茲的心理生理學的課，課中有教如何用 EEG 測量大腦的功能。沙朗對意識狀態的改變非常有興趣，也對人為什麼會有意識這個生物上的機制有興趣，但是他真正與眾不同的地方是他對各種電子器材的精通。還是青少年時，他曾經入侵紐約市的電話機系統（沙朗在一九七〇年代發現，假如你的口哨能吹到某個特定頻率（二六〇〇Hz，如果你在家中想試試看的話），當你對著話筒吹時會中斷原本的通話而把線連到別人的電話線上，表示你可以偷用別人的電話線打長途電話不要花錢），在念高中和大學時，就做過戲院的音響師和廣播電台的工程師。所以請他幫我把電生理實驗室建立起來，使我能記錄大腦的電流活動，真是再理想不過的人選了。

沙朗也上過高曼（Daniel Goleman）和我合開的「意識心理學」（Psychology of Consciousness），不過那門課之所以有名是其中一堂討論課時，學生和老師都要靜坐冥想（我在第九章中會詳細談到我對靜坐冥想和意識興趣的來源）。高曼後來到《紐約時報》（*New York Times*）任職，負責心理學方面的報導，並寫了一本暢銷書《EQ》（*Emotional Intelligence*，中譯本時報出版）。沙朗跟我差不多時候從哈佛大學畢業，來到了波契士。

我很幸運，高曼當時是《今日心理學》（*Psychology Today*）這本雜誌的編輯，他很同情我薪水少得可憐，又沒有辦法從正常管道中申請到研究經費，所以他就想辦法說服一名替必治妥大藥廠（Bristol-Myers Squibb）做廣告的廣告公司員工給了我一份研究經費，評估當時很紅的頭痛藥 Excedrin 的廣告效用。這家公司想知道最新穎的大腦活動記錄方法可不可以提供有效的訊息，讓他們知道電視廣告是否有效。例如，假如一個人在看廣告時，大腦跟厭惡有關的神經迴路活化起來了，那麼這廣告就沒效果，是不好的事；假如看廣告時，跟欲望有關的神經迴路活化起來了，那麼這是好事。（這家廣告公司真是太先進了：測量看廣告時大腦的活動情形，是這個世紀才開始的研究，現在叫做神經行銷學（

neuromarketing」）。

有了七萬五千美元的研究經費後，我就能夠僱用沙朗，我們用新大樓配備的最新設備外加一具訊號平均儀（signal averager）——可以測量大腦電流活動因外界刺激，如聲音或影像所引起的微小改變，這是哈佛醫學院一位朋友送我的臨別禮物——建立起實驗室。沙朗和我從波士頓飛到紐約時，是把它當作一件手提行李帶著的，它的尺寸和一台中型電視機差不多，上面有一大堆電線、按鍵、轉鈕，假如我在現在想把它帶上飛機，一定馬上被國安局抓去問話。實驗室建立之後，很像「哈迪男孩玩電生理學」（譯注：Hardy Boys 是美國很流行的一套青少年偵探小說），我就是那個不准碰危險設備的哈迪男孩。（在哈佛時我曾經做實驗不小心，把我在威廉・詹姆斯大樓的實驗室燒掉，雖然沒有人受傷，但是一些儀器被燒掉了，我完全不想再重複一次那個經驗。）

這家廣告公司基本上告訴我：「只要可以評估出兩段電視節目之間我們的廣告效益，你愛怎麼做就怎麼做。」（對我們大部分人來說，廣告是中斷電視節目的東西，但是廣告商是把電視節目看成中斷他們廣告的東西。）我們當然做了廣告公司付錢的那個研究，只是我們對中間的電視節目所帶來的情緒內容更感興趣。它們是《卡洛・伯納特秀》（*The Carol Burnett Show*，譯注：卡洛・伯納特是當時非常紅的喜劇演員，她長得不好看，但是講笑話的時間點掌握得很好，很受觀眾歡迎）和新聞影片：有關礦坑意外，當警報器響起，表示地底下有災難發生了，焦慮的妻子和孩子從家中飛奔到市中心的廣場。換句話說，出錢給我做研究的金主提供了我做實驗絕佳的影片，可以引發出美好的感覺，如卡洛・伯納特的喜劇片，以及焦慮和恐懼的感覺，如在新聞影片中的礦坑災變。這些資訊對判定從頭皮上貼的電極中所收集到的電訊能不能區辨出正向和負向的情緒，提供了最好的機會。

沙朗在受試者的前額和眼睛周圍貼上感應片，貼的地方就是你皺眉或眨眼時會動用到的肌肉，然後給受試者戴上一頂小圓帽，帽中有十六個電極（譯注：現在已增加到二五六個電極了，不過說實在的，六十四個電極剛剛好，一二八個我已覺得太多，到二五六個時，我不知道實驗者怎麼區辨電訊來源），然後我們請受試者放輕鬆坐在電視機前面，觀看卡洛・伯納特或是礦坑災變的影片。前者可以可靠的引發出正向的情緒，如滿足或有趣感；後者會引發出負向的情緒，如恐懼或害怕。我說的「可靠的」（reliably）引發，是說我有預先測試過這些影片在不同受試者身上的反應，問他們看到這些影片的情緒反應——假如一段影片使有些人憤怒而其他人覺得有趣，我就不採用，甚至沒有引發出強烈情緒（「我是有些替這些礦工擔心，但並不是很真心的啦！」）的影片我也不用，只有毫無疑問一定會引發出正向或負向情緒的影片我才用。（譯注：我詳實的翻譯出這一段是因為這是做實驗必備的態度。現在常看學生做實驗漫不經心，實驗材料沒有審慎選擇就開始做，浪費了自己和受試者的時間，而且是屢講不聽，很高興作者（我們早一輩被訓練出來的實驗者）把研究步驟寫得這麼詳細。）

當受試者看影片的時候，我們監控他大腦電波的訊號，以確定頭帽有正確的接收大腦的訊號。這個 EEG 的訊號經過電子濾網後，送到一個類似戈德堡機器（Rube Goldberg machine，編按：是一種被設計得過度複雜的機械組合，以迂迴曲折的方法完成一些其實是非常簡單的工作）的儀器中，每三十秒就吐出一個數字，告訴我們腦波的平均能量（數值越高，振幅越大，大腦的反應越強），我們就把這些數字打進電腦卡，送進當時足足有半房間大的電腦中。沙朗還設計了一個按鈕，假如他們感受到很強的情緒就用力按，如果情緒不那麼強就輕輕按。這個動作加上臉部表情的測量，使我們可以確定大腦的活動是跟隨著清楚且有意識的情緒反應。

我們發現受試者在看那些被評定為會引發正向情緒和移動臉上微笑肌肉的影片時，左前額葉皮質大量的活化；他們在看那些被評定為強烈負面情緒、臉上顯現出恐懼或厭惡表情的影片時，右前額葉皮質區會大量的活化。看到我們的發現跟蓋諾帝的一樣，真是大大鬆了一口氣。各位還記得蓋諾帝報告左邊大腦受傷的病患會出現病態的哭泣，而右邊大腦受傷的病患會病態的大笑吧。假如人們沒有任何理由的哭泣是因為他大腦掌管正向情緒的地方壞掉了，他的研究指向左邊的大腦做為正向情緒的來源──正是我們在受試者身上看到的，他們在看卡洛•伯納特的節目時，左前額葉發瘋似的活化起來。同樣的，假如右邊大腦受傷的病患會病態的笑，因為右邊掌管恐懼和厭惡的地方被破壞了。蓋諾帝的研究指向右半球是負面情緒的來源──我們在我們的受試者身上果然看到了同樣的情形。

我們這個實驗的發現是第一個顯示正向和負向的情緒是由左腦和右腦前額葉皮質負責的，但是說實話，我當時並不覺得這有什麼了不起。雖然我把這個實驗結果寫成一份摘要投到科學研討會議上，我並沒有把它寫成正式的論文發表，部分理由是我覺得我並沒有以很嚴謹的方式測量受試者所經驗到的情緒，我們其實只是假設人們喜歡看卡洛•伯納特的喜劇，害怕礦坑的災變；但是很可能就是有受試者不能忍受卡洛・伯納特，也有人對礦工的苦難沒感覺。好，我可能誇大其詞了——我沒有任何理由認為任何的反應是異常——但是我仍然覺得這個實驗缺乏科學論文所需的嚴謹控制。

影片訴說的故事

所以我用更精密的情緒測量方式重做了一次實驗，這個實驗後來變成情緒這個領域的種子實驗。當受試者來到我紐約州大波契士的實驗室時，我向他們解釋這個研究是關於大腦和情緒的，我會給他們看一些短片，並會測量他們看短片時大腦的腦波。我給每一名受試者戴上一頂十六個電極的腦波帽（我們現在用到二五六個電極了），讓他們坐在電視機前面，看四段二到三分鐘的短片，兩段是會引發正向情緒的（我們用小狗在花園玩及動物園中大猩猩在洗澡），另外兩段則會引發如厭惡或恐懼的負向情緒（我們用一名腿截肢的人和一名三度燒傷患者的影片）。當受試者在看這些影片時，我監控他們大腦所送出來的電流訊息。

受試者不知道的是，我們在擴音器後面裝了一部隱藏式攝影機，這是我最重要的合作伙伴所扮演的角色：艾克曼（Paul Ekman）是加州大學舊金山醫學院的心理學家，也是當時最頂尖的情緒專家。他是少數幾個影響我生涯發展的人之一。我第一次見到他是一九七四年，當時我還是研究生，要在國際神經心理學協會（International Neuropsychological Society）於舊金山召開的年會中報告論文。在這之前兩年，我讀過很多篇艾克曼的經典論文，他指出好幾個基本的臉部情緒表情是人類所共有的，也就是說，即使是非常不同文化的人，如新幾內亞、婆羅洲、日本、巴西（這些是艾克曼曾經去蒐集過資料的地方）和美國人，在他們感受到六種基本情緒時，都有著相同的臉部表情。這六個基本情緒是快樂、悲傷、恐懼、憤怒、厭惡和驚訝（正巧我們的情緒形態也有六個向度）。所以，新幾內亞人可以辨識出法國人臉上厭惡的表情，祕魯人可以辨識出阿拉斯加伊努人（Inuit）快樂的表情，非洲昆山（!Kung San，譯注：「!」是非洲 Swahili 語言特有的舌尖捲起來所發出的聲音的代表符號，這是非洲最古老的語言，也可能是全世界最古老的語言）人可以分辨出日本東京客臉上害怕、驚訝、悲傷或憤怒的表情。

艾克曼從這些發現中（他也是全世界情緒表情最多的人之一）發展出一套非常詳細的系統，來登錄構成臉部情緒訊號的肌肉動作。它是根據四十四條獨立的肌肉運動測量，經過各種排列組合，構成人類臉部所能有的每一種獨特的表情。為了發展這套系統，艾克曼教會自己獨立地移動每一條肌肉（艾克曼不只是一位奇妙的科學家，還是世界上臉部運動最佳的運動員）。這套系統被安檢人員、警察和所有需要閱讀別人臉上表情的專業人士所採用，通常這都關係到生死。二〇〇九年一月，美國福斯電視台（Fox TV）拍攝了一部全新的影集叫《別對我說謊》（*Lie to Me*），就是來自艾克曼的研究，艾克曼也是這個影集的顧問。

當我在舊金山遇見艾克曼時，我們花了許多個小時談論如何用神經科學研究情緒，以及心理學當時的情況，一九八〇年代初期我們開始合作，從大猩猩洗澡／截肢的研究開始，用隱藏式攝影機拍下每一名受試者臉部的表情，記錄他們大腦的電波。艾克曼登錄受試者臉部的表情，精確的記錄下不同的情緒信號第一次出現的時候及褪去的時候。這些表情顯示受試者正經驗著情緒的高峰，然後我們再從EEG的紀錄中看哪一個大腦的電訊號是跟臉上的表情同步發生。用這種方法，我們開始發展出神經跟主要情緒——快樂、恐懼和厭惡——之間的相關。

這實驗一開始時很不順利，因為小狗和大猩猩洗澡都會很可靠的引起受試者微笑，所以我們尋找伴隨著這個微笑的大腦電波，但是我很驚愕的發現，受試者在微笑時的大腦電波形態竟然跟個人的基準線（baseline）沒什麼差別。基準線是受試者看一個不能引起情緒的測試圖案，此時的大腦活動怎麼可能跟看快樂、有趣或任何引起微笑的影片時一樣呢？剛開始我以為或許是這個記錄腦波的方式太粗糙了，無法偵測到頭皮下的活動；或許那些抱持懷疑態度的資深科學家是對的；或許用這個方法偷窺大腦情緒機制是癡人說夢，是不可能的事。

然後我想起十九世紀的經典實驗，那是法國解剖學家杜鄉（Guillaume Benjamin Armand Duchenne）做的研究，他發現一個真正快樂的微笑，眼睛的肌肉也會動並產生波紋，不是只有嘴角和面頰的肌肉動而已。（下次你跟別人閒聊時，請特別注意眼睛四周的波紋、嘴角和面頰的肌肉，假如一個人笑而這幾處的肌肉沒在動時，他是皮笑肉不笑，他不是真正愉悅而是在應付，做社交工作。）這個波紋表示這個人真的很開心、很快樂，不是假裝的。就像杜鄉在一八六二年的代表作《人類表情的機制》

（*Mécanisme de la physionomie humaine*）中所指出的：「眼睛周邊的肌肉不順服於意志的指揮，只有真誠的感覺才會使它們活動。」

艾克曼原本完全是依照臉頰上肌肉（顴肌）的改變來登錄微笑，例如提高嘴角朝向耳朵的肌肉改變。大腦伴隨著這些肌肉動作的神經活動卻是一團糟，對某些受試者來說，真誠的笑時左前額葉還有尖銳突起的棘波（spike）活動出現，但是其他也在微笑的受試者卻沒有這種明顯的大腦活動產生。

在杜鄉的報告中，他發現眼睛——而不是嘴角或臉頰——是真正快樂的記號，所以我們又回去看影片。這次艾克曼根據眼睛周邊的肌肉及從嘴角到顴骨那條肌肉的活動來登錄微笑，我們把這樣的微笑叫做「杜鄉的微笑」。這一次我們做對了，那些數據開始有意義了。當我們把臉部表情和EEG的活動配對時，我們看到當受試者產生一個杜鄉的微笑時，他們同時在左前額葉產生一個比較大的神經活動形態（相較於右前額葉），也比基準線——即沒有臉部表情也沒有杜鄉微笑——時來得大。在下一個實驗中，我們教受試者用他們的顴肌或顴肌外加眼睛肌肉微笑，而不再依賴好笑的喜劇影片，結果發現，只有當眼睛肌肉與顴肌都動時，才會產生比較大的左前額葉活動。這個發現支持了民間的說法，真正的微笑才能使你快樂，我們現在有大腦的證據了。

我清楚的記得當我看到大腦活動跟正向和負向情緒有相關時的興奮。情緒活動不是發生在腦幹和邊緣系統這些所謂原始的區域，而是在高貴的前額葉皮質區這個事實給我一個感覺，我們會在科學圈掀起風暴。心理學家早就下結論說下視丘和邊緣系統的其他部位是情緒的主要部位（還記得那些老鼠的實驗？破壞老鼠的下視丘就破壞了老鼠的情緒），然而，我們的實驗卻指向前額葉皮質——這個地方被認為是人類理性的所在地，是思想和智慧的中心，也是區辨我們與低等動物的認知功能的所在，但是我們發現這地方也掌管著我們的情緒。心理學家處心積慮在理性與情緒之間建構起來的屏障，竟是連一點事實的基礎都沒有。

從嬰兒大腦著手

我馬上開始懷疑，這個右前額葉支持負面情緒、左前額葉支持正向情緒的側化現象，究竟是天生的？還是後天發展出來的？要研究這個問題表示要研究小嬰兒，只要他能坐就可以抱來做實驗。我的運氣很好，一九七八年，我去哈佛的那一趟碰到了研究所的同學福克斯（Nathan Fox），他的博士論文跟的是全世界最頂尖的發展心理學家凱根（Jerome Kagan），他最近搬到紐約，任職於羅斯福醫院（Roosevelt Hospital）。閒聊一陣子後，我們約好回到紐約以後繼續談。福克斯對童年氣質與情緒發展很有興趣，只是從來沒有做過神經學上的研究，也沒有用過任何大腦測量的工具，我則從來沒有研究過嬰兒或兒童，這真是天作之合。

我們找了三十八名十個月大的嬰兒來做實驗，因為這個年齡的嬰兒已經可以辨識面孔。我們在紐約的報紙上登廣告，徵求可以做情緒發展的心理生理學研究的嬰兒。我不敢用過去的那些影片來使嬰兒發笑，因為要覺得大猩猩洗澡好笑其實需要更多的幽默感，嬰兒恐怕還沒有發展出來，所以我直接用最基本的方式：拍一段女演員在哭和笑時的影片。做法跟前面的實驗一樣，給嬰兒戴上一頂裝有八個（而不是十六個）電極的帽子，向母親解釋這個實驗的目的是想了解不同情緒在大腦中所引起的不同大腦電流反應，請母親抱著她的寶寶，舒服的坐在電視機前面，我們就開始實驗了。

你可能會認為引發一個十個月大的嬰兒某些特定的情緒應該很困難，事實是所有的新手父母對什麼東西會使他們的寶寶哭和笑都感到非常驚訝。其實嬰兒是比大人更好的受試者，第一，嬰兒天真，毫不掩飾的表露情緒，他們會咯咯的笑、會哭、會蜷臥在媽媽懷中，假如害怕的話，也會很明顯的表露他的厭惡感覺，所以你毫不懷疑他們的情緒。同時，寶寶也沒有社會規範的限制，不會不敢笑、不敢哭。嬰兒的情緒是一目了然的。

果然這些寶寶沒有讓我們失望。看到影片中的女演員在笑時，他們也跟著笑，他們的左前額葉區的神經就活化起來了；當他們看到女演員在哭時，馬上抑鬱下來，有些甚至開始跟著哭了，使得媽媽趕快要盡力安撫，這時，他們的右前額葉區的電流活動會大增。看起來左右腦半球掌管正向和負向情緒真的很早就是如此。這個研究發表在《科學》期刊上，從這篇論文開始，情意神經科學這個研究情緒的大腦機制的科學正式誕生。

在十個月大的嬰兒大腦中看到左邊等於正向情緒、右邊等於負向情緒之後，我心想，它是一出生就是如此，還是在這十個月的時間發展出來的呢？要解決這個問題必須做新生兒的實驗。很幸運的是福克斯在羅斯福醫院的實驗室離產房只有二十五步，我們於是就等在產房外面的走廊上，當新手父親來探視初生嬰兒，或是產婦出來做點運動的時候，我們就上前，非常有禮貌的問他們想不想參加我們的實驗。令我驚訝的是，我們一點問題都沒有就找到了三十三個家庭願意參與實驗。

我們不能對初生嬰兒放影片，他們的視力還未成熟，注意力也太短，我們需要別的方法來引起正向和負向的情緒反應。正在這時候，我想起了達爾文。在《人和動物的情緒表現》一書中，他指出厭惡的感覺來自對嘴裡味道不好的東西的拒絕，我了解我們應該用味覺來做刺激，所以在寶寶已在育嬰室內餵飽了以後（這是在早期，初生嬰兒還是放在大玻璃窗後面的育嬰室內，像你在老電影中看到的那樣），在他清醒、警覺的時候，我們趕快過去把他抱到福克斯的實驗室中，快快的為他戴上專門給初生嬰兒戴的電極帽，把蒸餾水、糖水、檸檬汁，一滴一滴的滴到他的舌頭上。

實驗結果幾乎是完美。蒸餾水沒有引起什麼反應，但是糖水使初生嬰兒笑逐顏開，產生他們人生第一朵笑容，檸檬汁則使他們咂唇、眼睛瞇起來、嘴角往下彎。我們很高興發現EEG的反應跟我們預期的一樣：當嬰兒嚐到糖水時，左側前額葉比較活化，嚐到檸檬汁時，右側前額葉比較活化。雖然前額葉皮質在剛出生時還非常的不成熟，但是它已經顯現出跟正向和負向情緒聯結上的差異了。這差異是一出生就有的。

你可能會懷疑，這些大腦活化程度上的差異——在同一人的左、右前額葉皮質之間，在不同人的左、右前額葉皮質之間的差異——跟真實世界人們的行為有什麼關係。好問題。不論什麼時候你在實驗室中做一個心理學實驗，你都要擔心這個情境是不是太人工化，跟真實世界人們的行為沒有關係，你同時也要擔心受試者是否已經發現了你要測量的東西，所以想辨法改變應該得到的結果。例如，如果他們認為你想要找出什麼是影響一個人成為見義勇為（Good Samaritan）的人格條件，受試者就可能去模仿德瑞莎修女（Mother Theresa）或是欺騙你，講些你要聽的話。他們可能說受到你剛剛放給他們看的短片的感動，他們也要成為「我有一個夢」的馬丁・路德・金恩（Martin Luther King Jr.），所以你就把他大腦活化的情況跟受感動求相關了——但是事實上，受試者覺得這短片真無聊，直打瞌睡，而你不知道實情，於是就把「無聊」的腦波貼上「受感動」的標籤了。

感謝上天給了我們嬰兒，他們不知道你實驗的真正目的，他們也太天真了，還不會說謊。我說的是福克斯和我做的第一個嬰兒實驗，就是當嬰兒看到女演員在笑和哭時，他們左、右前額葉皮質活動會增加的那個實驗。我假設這些嬰兒是真的感覺到快樂和悲傷，但是當然他們還不會說話，無法告訴我，為了確定我的推論是正確的，我決定去看嬰兒究竟會怎麼**表現**。

這時我已換到威斯康辛大學麥迪遜校區教書了，下面馬上會談到這一段，我的研究從這裡開始一個新紀元。我不再像過去一樣，聚焦在伴隨著情緒的大腦活化形態，我開始想看個別差異的神經機制。直到那時，我都在找可以應用到每一個人的神經活化形態，但是就如我在第一章中談到的，人在經驗和表達情緒上是非常不一樣的，我想看看能不能找到這些個別差異的大腦基礎，我想從嬰兒做起。

為了徵求十個月大的嬰兒，我們從報紙上找新生嬰兒啟事（譯注：在美國報紙的社會版，都有一欄是死亡啟事，另一欄是出生啟事；在報紙發行涵蓋地區若有嬰兒出生，報紙也會依出生證明所登記的資料，昭告天下，是免費的社區服務）。每一名嬰兒進入實驗室時，我都會向母親詳細解釋實驗目的和流程，然後給嬰兒戴上電極帽，先測量他們大腦活化的基準線，然後我請媽媽把嬰兒放在嬰兒椅中，自己坐在嬰兒旁邊。我告訴母親在實驗進行十分鐘之後，我會給她一個信號（一道閃光），這是只有她才看得見的，她在看到光後，就要站起來離開房間。這時，我們開始錄影嬰兒的表情和動作，我想知道，前面十分鐘所測量的嬰兒腦波形態，能否預測嬰兒在跟母親分離後的行為反應。

很幸運的是，每個嬰兒對母親的離開反應不一，有的是媽媽一離開就開始哭鬧，有的則是滿不在乎好奇的看著房間的擺設。結果發現大腦基準線的測量可以完美的預測嬰兒的反應：相較於媽媽離開沒有哭的嬰兒，那些媽媽一離開就會哭的嬰兒左前額葉皮質活化程度比較高。這使我相信，大腦活化基準線的測量的確可以反映出一些真實的情況，使我可以把它轉譯成行為上的差異。

抑鬱的大腦

你還記得我前面提到蓋諾帝發現左前額葉受傷的患者有病態的哭泣行為和一些典型的憂鬱症現象嗎？這導致下面這個問題：憂鬱症病患左前額葉皮質的活化程度是否不夠？要找出這個答案，我開始一長序列大腦和憂鬱症實驗的第一個實驗。在一九八〇年代初期，我還在紐約州大波契士時，找了六位憂鬱症病患及九位健康的受試者做了一次簡單的前測（pilot study），我先登錄他們在沒有任何刺激時的大腦活化情形，這是我的基準線，他們只要坐在椅子上「休息」，有時眼睛張開，有時閉起眼睛。結果發現憂鬱症病患左前額葉活化的程度比沒有憂鬱症的人顯著性的低。

你如果覺得才十五個人的研究結果不可信，你是對的，假如這個發現是憑空冒出來，又沒有生理學上的理由（例如有人說，憂鬱症患者視覺皮質活化的程度很低），你的懷疑就更加有理由了。但是雖然有這些缺點，這個研究還是很重要，因為第一，它在正常人身上確定了蓋諾帝的發現是對的，那些腦中風患者因為腦傷所以有憂鬱症，在各個個案中，左腦前額葉皮質區的低活化都跟憂鬱症或病態的哭泣有關。第二，它顯示左前額葉皮質區跟我們的情緒生活有特定的關係，即正向情緒，及有能力在心中維持一個想要完成的目標並形成計畫加以執行，以達到這個目標。缺乏這兩個部件正是憂鬱症最大的症狀。許多病患報告，缺乏快樂的感覺其實比悲傷更痛苦，而無法去做有目標的行為是憂鬱症患者最痛苦的地方。

讓我整理回顧一下。第一，當健康的成人經驗到正向或負向的情緒時，左邊或右邊的前額葉皮質區會活化起來。第二，同樣情形在嬰兒大腦中也是一樣。第三，憂鬱症病患的左前額葉皮質區活化得不夠或是右前額葉皮質區活動增加，或是兩者皆有。

這些發現使我去思考，是否在這三棵樹之間其實有片森林？尤其是，我們所找出來的這個前額葉皮質區可能跟人類趨前（approach）和迴避（avoidance）這兩個情緒的神經機制有關係。趨前或迴避聽起來很不科學，但是我們其實有很好的證據來說明每一個我們所經驗到的情緒都在這兩個類別之內。事實上，偉大的比較心理學家施奈拉（T. C. Schneirla）就是這麼說的：一個有機體對他所處的環境所做的所有心理決策，不出趨前和迴避這兩個種類範疇。因此，有強烈趨前部件的正向情緒，如在九一一事件發生之前，當我們等候情人下飛機，會跑上前去擁抱他（譯注：九一一之後，美國搭飛機的安全檢查比以前嚴了一百倍，所以到機門口擁抱親人的行為已經不可能了），這時你的左前額葉區會活化起來。而迴避，如在可怕的車禍現場眼睛轉開不敢看，或是在聽到有人潛入你家的聲音時害怕得躲起來，這些都跟右前額葉皮質的活化有關。

為什麼演化要區分趨前和迴避的功能到兩個腦半球上呢？這可能跟減少競爭和混淆有關。當我們必須避開一個有害的刺激或威脅，演化要確定我們在躲避一塊落石或一處熊穴時，沒有東西擋住我們的路，所以演化就把可能跟迴避產生衝突或競爭的行為，如趨前，放到另外一邊的大腦去，使我們幾乎不可能有任何機會犯錯。

個別差異

你可能注意到，在幾個了解情緒大腦基礎的關鍵實驗中，我都是比較兩種以上的情緒狀態，然後比較它們之間的個別差異。例如請健康的受試者想像正向或負向情緒的情境、嬰兒看女演員哭或笑及初生嬰兒嚐糖水和檸檬水。第一個實驗發表在一九七六年，但是一直到一九八九年，我為了寫書而回顧這些數據時，才發現自己錯過了一些非常重要的資料。一個實驗做完後，其實分析資料的方法有很多種，在我寫那本書的部分章節時，我決定把大腦活動的差異畫成圖表，使讀者很容易看到健康的大學生在看正向和負向影片時大腦的反應。剛開始我是聚焦在人們看恐懼或厭惡的影片時，右前額葉區的活化比左邊的高，而在看輕鬆有趣的影片時，左前額葉區比右邊的活化高。這是我們在不同的研究中，測試過一百多人的平均反應。

現在想像有成對的點分布在圖表上，有一點高高在上，表示左前額葉的活動量很高，另一點低低在下，表示右前額葉的活動量很低。現在再想像有一條線連接這兩點，我用不同的顏色畫這些線，每一條線代表著參加實驗的受試者。雖然首先抓住我的注意力的是高點和低點之間的大距離，但是接下來我注意到別的東西了：高點並不全是一般高的。某人在看喜劇時，左前額葉活化的程度比另一人看同一段影片時高得多；同樣的，一個人在看厭惡的影片時，右前額葉活化的程度比另一人看同樣影片時顯著性的低。當同一個人在看喜劇片時，左半球的活動可能比右半球高百分之三十，但是**不同人之間**的差異卻可能高到百分之三千。有些人快樂的程度甚至超越了我的圖表格線——假如我們把左前額葉區的活動量化為「快樂」的話。

這是我第一次注意到人們對生活的經驗有這麼大的個別差異（假如你把到實驗室看引起情緒的影片當作生活經驗的話），而這些差異可以反映到大腦的活動形態上。這正是情緒形態誕生的一刻。

第3章

評估你的情緒形態

本章會更系統化的解釋回彈力、展望、社會直覺、
自我覺識、情境敏感度和注意力六個向度，
並提供評估情緒形態的問卷，
使你可以了解自己落在這些評估向度的哪一點，
也可以用這個向度去判斷親密的人是什麼樣的情緒形態。
從每天生活中所發生的問題或對這現象的描述，帶領你進入情況，
因為這六個向度有大腦活動的實質基礎，
它是依穩固的大腦活動形態所建立的。
不管你的情緒形態如何，
知道它是了解情緒如何影響健康和人際關係的第一步，
接下去才能決定自己要分別移往這六個向度上的哪一端。

在〈前言〉中，我給你看了構成情緒形態的六個基本元素，或稱之為向度。我想像當我問你：你是不是那種可以不在乎配偶碎碎念，是否了解自己的情緒狀態，能否可以使你的情緒聚焦，是不是可以把自己在情緒形態的每一個向度上定位。現在我要更系統化的解釋每一個向度，使你可以評估自己的情緒形態。有些評估很簡單，你只要誠實回答自己的行為和感覺即可；有些並沒有這麼容易，需要去心理學實驗室和腦造影中心。我提供給你的是次好的方式，使你可以了解自己落在這些困難評估向度的哪一點。你也可以用這個向度去判斷很親密的人是什麼樣的情緒形態，你對這個人的了解越多，你的評估會越正確。同樣的，在你回答每一份問卷之後，請在這同一問卷上讓跟你很親密的人填寫他心中的你。這是一個真實性的檢驗：假如你很熟悉的人填出來的問卷跟你很不一樣，你就要想一想，你們之間不和很久了嗎？你有誠實的填這份問卷嗎？在一般情況下，我會從每天生活中所發生的問題或對這現象的描述開始，來帶領你進入情況。

回彈力向度

當你與朋友發生爭執時，這件事會不會使你一整天都悶悶不樂？當你到達機場，發現你的航班被取消了，你會不會對櫃檯人員惡言相向，罵你的配偶，覺得這種倒霉事怎麼都發生在你身上——而且恐怕必須要過好幾個小時才能平靜下來？假如自動販賣機吞了你的錢，卻沒有把馬鈴薯脆片吐出來，你會對機器拳打腳踢，罵它是笨蛋嗎？你會為這事生氣一整天嗎？你下次經過這台機器時，會上去再踢它一腳嗎？假如你很親近的人過世了，你會不只是正常的悲傷，而是延續很久、很嚴重的絕望與難過，以至於幾個月甚至幾年都不能夠正常的工作和生活嗎？假如上面這些問題適用在你身上（不論是一個還是全部），那麼你屬於回彈力向度緩慢回彈的那一端。這個部分最顯著的一致現象就是在失去、挫敗或其他的不順利事件後，很困難甩去憤怒、悲傷或是其他的負面情緒。

另外一種人是當不好的事情發生在你身上時，你通常根本毫不在乎，就繼續往前走？假如你早上出門前跟你的配偶吵架，你是否可以很有自信的把它拋在腦後，知道它一定可以解決？這種人是在回彈力向度快速回彈的那一端。

這個向度的兩個極端都不好。一個極端快速回彈的人容易缺乏克服挑戰的動機，會聳聳肩去接受每一天的挫折，他的態度是「不要擔心，快樂就好」。相反的，回彈太慢的態度會在挫折發生後阻礙你前進，使你持續生氣、執著於一件已經過去、無法挽回的事。

上面這些例子——從小小的倒楣事如被販賣機坑了錢，到巨大的失落如配偶死亡——都有一段正常的回復時間，即回復正常情緒所需的平均時間。在親人過世後，回復到平常情緒的基準線當然比沒拿到你應該得到的馬鈴薯片要長得多。

我會從機制開始。但是無論某件不順利的事有多大或多小，每個人回彈的快慢差異很大。令人好奇的是，我們並未覺識到自己的回彈有多快，即使這個打擊影響到我們的壓力程度和心情起伏，而且餘震不歇，但是我們的回彈是很快的。你跟同事吵架後，可能一整天都很不舒服，但是你不了解你的心情不好其實是你慢慢在回彈的結果（這個反思和了解自己情緒的能力，是下面要談到的情緒形態中自我覺識向度的一個層面）。

你從生活的打擊中多快或多慢回復過來，有一部分是自動化的。當你充滿負面情緒時，大腦和身體立即地活化機制使你回復到你基準線的心情。在正向情緒時也是如此：假如販賣機一次吐出兩包洋芋片，你的高興不會太久。事實上，我們可以在實驗中測量這個回復。在一個典型的實驗中，我們給受試者看一些大部分人會感到悲傷、厭惡或其他負面情緒的圖片，如葬禮中寡婦帶著年幼的孩子哀哀哭泣，或車禍可怕的現場；或是我們給受試者會引發生理痛苦的刺激，最常的便是用很燙的水碰觸你的皮膚，它使你覺得疼痛但是沒有到燙傷的程度。

然後我們檢查「回復期」（recovery period）：負面感覺或燙的疼痛消失的時間。例如，我們測量眼睛的眨眼反射行為（eye blink reflex），這是驚嚇反射反應的中度版本，當你突然聽到一聲很大的噪音，如汽車排氣管突然發出巨大聲響或槍聲，都會使你跳起來；但是比較溫和的刺激——我們用的白噪音很像收音機轉台時的靜電干擾——大部分人僅眨一下眼而已，而這眨眼不是你自主可以控制的。用貼在皮膚上的電極來測量眼睛眨時肌肉收縮的強度，就可以量化眨眼的反射反應。這個眨眼的反射反應跟從情緒打擊中回復過來有關。當一個人經驗到負面情緒，如看見車禍現場的屍體時，所產生的厭惡感覺加上噪音（這噪音必須是非預期的），這時他會有比較強的眨眼反射反應。

我們可以利用這個事實去追溯當受試者看到不喜歡的相片時，當下發生了什麼事。在那個人剛剛看到相片之後的幾秒鐘給他一聲突如其來的大噪音，三十秒之後再給他一聲大噪音，一分鐘之後給他最後的噪音，用每一次測量眨眼的強度，我們可以追蹤受試者從負面情緒中回復有多快，只要看他眨眼的反射反應有多快回復正常就知道了。越快回復正常的人，面對挫折時反彈回來的力道越強。結果發現實驗室噪音實驗中這種短時間的回復和真實生活事件中長時間的回復有關，所以雖然我們測量的是幾秒鐘的回復時間，預測出來的卻是真實生活中長很多的時間，因為真實生活的挫折是要花幾分鐘、幾個小時或甚至更長才能回復的。

我不建議你在家中嘗試這個實驗，一個理由是，測量眼睛肌肉收縮強度的儀器並非你隨便在當地的五金行就能買到。但是想要知道你回彈的強度，僅次於上述儀器測量次好的方法是問自己下列這些問題並很誠實的回答「是」還是「否」。假如你需要想很久，想破頭才回答得出來，或有太多的例外讓你不能回答，你就不要作答。最正確的答案來自快速的回答「是」或「否」，假如你不想把答案寫在書上（如果你讀的是電子書或是聽有聲書），只要拿張紙寫上「回彈」，然後寫上題目序號，從1到10，把「是」和「否」寫在序號旁就可以了，我會告訴你如何計分。下面另外五份問卷你都可以這樣做。

1. 假如跟好朋友或配偶有些小摩擦——只是不愉快的小事，比如今天輪到你洗碗了，而不是「你欺騙了我」這種大事——我常會因此而幾個小時不高興，或更久一整天都不高興嗎？

2. 假如一名開車的人不守規矩走路肩，然後插到我的前面，我會搖搖頭算了，不會因此而生很長時間的氣。

3. 當我經驗到強烈的悲傷，比如很親密的人過世，它會干擾我做事的能力達好幾個月。

4. 假如我在工作上犯了錯，受到責罵，我會聳聳肩當作學習的經驗。

5. 假如我去一家新的餐廳試吃，結果發現食物難吃，服務態度又不好，我會整晚都不高興。

6. 假如我陷在車陣中動彈不得，因為前面發生了車禍，當我終於通過那個瓶頸時，我會把油門踩到底，加速離去來消除怒氣，不過我心中還是不舒服。

7. 假如家裡的熱水器壞了，它不會影響我的情緒，因為我知道叫工人來修就好了，花錢消災，不值得生氣。

8. 假如我碰到一位非常好的男士／女士，問他願不願再跟我見面，而他婉拒了，這通常會使我心情不好幾個小時或甚至幾天。

9. 假如我被提名去參加某一場重要的專業大獎比賽，或是被老闆考慮升遷最後卻敗給我認為條件不如我的人，我通常可以很快拋到腦後，繼續往前衝刺。

10. 在宴會上，如果我跟一位有趣的陌生人談話，卻因為太緊張而對他所提出有關我個人的事情說不出話來，回到家後我會一而再、再而三的把這段談話拿出來練習，包括我當時應該怎麼回答最得體。我可以練習好幾個小時，甚至好幾天。

你可能注意到這些問題包含的層面很廣，從引起不快的小事，如第五題，到很嚴重的打擊，如第三題。我是特意這樣安排的，因為我的實驗顯示，我們在實驗室中所施予的小小挑戰，如用熱棒燙你一下，或讓你看到不舒服的相片，都和真實世界的挫折有很高的相關，從中可以看出一個人如何應付挫折，尤其是多快可以回彈復原。所以小事情的回彈力是大事情回彈力很好的指標。有些人的確喜歡一直把持著小小的不幸不放，天天抱怨，一旦真正緊急事情發生時，他們的回彈力其實是相同的：假如他們從小挫折中很快的回復過來，在面對大挫折時也能如此；假如他們被小事情弄到癱瘓，不能做任何事，那麼碰到大事情時也會癱瘓很久，不能做任何事。

如果你在問題1、3、5、6、8和10中答「是」，給自己1分；如果答「否」，則不給分。假如你在2、4、7和9答「否」，給自己1分；若是答「是」，則不給分。總分在7分以上，你是很慢才能恢復的人；總分在3分以下，你是快速恢復的人，你很有回彈力。

若想更了解親密的人，你可以用上面那些題目問自己，你覺得他會怎樣反應。同樣的，你也可以找親密的人試試問上面那些問題，看他們認為你會怎樣回答。有的時候旁觀者清，他們看我們比我們看自己還清楚。你可能對上面有關小事情使你生氣很多天的問題回答「否」，你認為你不是，但是你的配偶可能認為你是。

展望向度

我們都知道這種人：她進入完全不認得的人群中，跟每個陌生人都能扯上關係；他從來不曾讓任何情緒的陰影蓋住他陽光的人生；她保持著高能量的生活方式，即使在最困難的情境中也是神采奕奕；他在每一個社交場合都非常的開心，不認為應酬是件痛苦的事；她與生活周遭有一種相互連接的感覺，不論是在人群裡還是在大自然中；他從生活中得到無窮盡的快樂，雖然客觀來說，它很可能是其他人不快樂或焦慮的來源。這種人似乎在每一朵烏雲中都看到銀邊，所有的挫折都會有好結果，永遠不覺得無望。他們是那種有時你很想用力把他搖醒，對他大吼說：「你沒看到這個世界要毀滅了嗎？」他們當然沒有看到，他們的大腦使他們在所有事物上都看到正向的希望，這會使他們看不見個人和專業上的警示燈。這些是樂觀的人，是展望這個向度極端正向的人，他們保持正向情緒的能力超乎常人，**保持**是這個向度的關鍵詞：它不是測量你能否感到快樂，而是你可以「保持」這個快樂多久。

在這向度的另一端，是快樂像陽光下的雪花一樣立即融化的人。這些是悲觀、譏諷型的人，他們的驕傲和快樂都不能持久。有的時候這種不能維持正向的情緒是如此極端，使他們一開始時就沒有感覺到這個正向情緒——所謂「一眨眼，它就消失了」。因此，在這個極端負面軸的人很難經驗到任何時間長度的快樂，他們是臨床上憂鬱症或藥物上癮的危險群，他們可能被形容成陰沉、否定型的。

維持向上活力、長時間保持正向情緒是展望向度這個情緒形態的主要測量項目，你可以把它想成回彈力的互補。回彈力是你有多快從打擊中回復過來，展望是反映出你能維持正向情緒多長和多好，無論是在好事情發生在你的身上之後，還是刻意建構一個正向情緒的思想，如去想你的愛人。這個正向情緒維持的長度對你整體的展望有轉移（carry over）效果，所以才會取名展望向度。有些人的正向情緒可以不消失、很樂觀，也有人的快樂是用毫秒來測量的，他長期性的覺得低落和悲觀。

在實驗室中，我們測量展望的方式是看受試者活化正向情緒的神經迴路後，這迴路可以維持活化多久。例如給你看一位母親抱著她心愛的寶寶，或是一位好心人去幫一個待援助的人，我們同時也測量跟微笑有關的臉部肌肉在微笑被這些圖片激發後可以維持多久。那些極端正向的人，大腦跟正向情緒有關的神經迴路維持時間可以比極端負向的人長很多倍，臉部肌肉在微笑時同樣也維持很久。不過這實驗也不是你在家可以做的，但是你可以從回答下面這些題目得知自己是比較正向還是負向的人。還是一樣不要停下來想太久，依你最初的感覺和印象作答。

1. 當我受邀去見一些不熟悉的人時，我會很期待，我期待他們會變成我的朋友，而不是把它當作一件非做不可、不得不做的義務，覺得他們根本不值得我認識。
2. 評估一名同事時，我會聚焦在他哪些地方需要改進，而不是看他整體正向的表現。
3. 我認為往後的十年會比較好，至少要比過去的十年更好。
4. 面對搬去一個陌生的新城市，我的感覺像踏入一個未知境界那樣恐懼。

5. 當一件意料之外的好事出現——例如跟一名陌生人談得很愉快——時，這個正向的感覺幾分鐘之後便消失了。
6. 當我參加一場宴會時，只要一開始很順利，我會整個晚上都覺得很順利。
7. 我覺得良辰美景很快就失去了吸引力，變得很無聊。
8. 早上醒來，我所能想到的便是今天計畫要做的好事，這個想法使我整天心情都很好。
9. 參觀博物館或聽音樂會時，頭幾分鐘我真的很喜歡，但很快就感到熱情褪去、索然無味了。
10. 我在忙碌的時候，可以一件事做完立刻接著做下一件而不覺得疲累。

假如你覺得這些問題似乎可以涵蓋你對未來的看法，以及你維持過去事件正向的感覺，這就是此份問卷的目的了：情緒形態的展望向度抓住的就是這兩點。就像回彈力一樣，你對於微小無關緊要的事情的展望是你對重大事件展望的預測者。雖然個別的情境會影響答案——一名二十來歲的單身漢搬去一個新的城市絕對比一名四十多歲的人攜家帶眷搬到新城市來得容易，小孩還有適應新學校的問題——但是這些問題的確有抓住展望向度的核心。

如果第1、3、6、8和10題答「是」，給自己1分；答「否」就不給分。如果第2、4、5、7和9題答「否」，給自己1分；答「是」的話，不給分。總分越高，你越靠近展望型態正向的那一端。任何人在7分以上，是正向型態；在3分以下，是負向型態。

社會直覺向度

你可能有看到：一個男人在和一個女人說話，他眼睛望著別處，身體往後靠，離她半步之遠，而她仍然不明白，他對她一點意思都沒有。或者朋友抓著你不放，開始跟你講他冗長複雜的故事，而你其實前一刻正衝向門邊急著想離開。你頻頻看錶，逐漸向你的汽車方向移動，而他仍然不放你走，要你給他一點忠告。在這個社會直覺向度極端一方的人是不會看臉色、不知輕重的人，我們說這種人很白目。

在社會直覺另一端的是有交際天份的人，他們有說不出來的能力可以察覺最細微的非語言線索（nonverbal cue），讀懂別人的身體語言、語音的聲調變化和臉上的表情。他們可以知道什麼時候這個哀傷的人想要找人談她的失落，什麼時候她只想要人家跟她聊天，轉移注意力；他們可以知道什麼時候一名被上司責罵的同事需要忠告和安慰，什麼時候他想要獨處；他們可以知道什麼時候一個初次失戀的孩子需要人家教他如何追女孩子，什麼時候他希望假裝什麼事都沒有發生。

人們在這些非語言的社交線索上有巨大的差別。極端不敏感的人像自閉症患者，他們努力解讀別人臉上的表情和其他的社會線索，但是這些在臨床診斷標準上堪稱是社交聾子和瞎子的人，他們的私人和專業人際關係都很差。相反的，那些對別人情緒狀態很敏銳、很敏感的人，是既有同理心也有同情心，他們能夠解讀和了解社交的訊號，使我們願意與他們應答。

的確，社會直覺是我們最偉大的老師、治療師和其他照顧領域專業人的標記。達賴喇嘛就是個中翹楚。好幾年前，他到美國麻州西邊的一所禪修中心參訪，每個人都非常興奮，尤其是該中心的共同創辦人（她在一個禮拜之前跌斷腿，必須靠拐杖行走）。當一百多個人站在禪修大樓外面等著歡迎達賴喇嘛時，她只能站在人群之後，因為她的腿傷使她不能跟別人一起擠到前面去，她從來沒有見過達賴喇嘛，眼見就要錯失機會讓她覺得非常失望。當達賴喇嘛從車上下來，他望著群眾，不知怎的，他注意到了遠在群眾後方的那位女士，他很有禮貌的跟群眾揮手，一直走到那位女士的面前，問她：「發生了什麼事？你還好嗎？」他這樣的舉動，使這女士至少在那當下覺得自己是他宇宙的中心。

我常常成為達賴喇嘛社會直覺的受益者。二〇一〇年，當一場科學家和佛教學者的會議結束時，他轉向我，跟我道別，突然給了我一個擁抱，「我知道我們前世是在一起的。」他說。這是一個人可以從西藏佛教精神領袖口中所能得到的最高讚美。幾個月以前，當達賴喇嘛來到威斯康辛大學為我主持的健康心智研究中心（Center for Investigating Healthy Minds）揭幕時，一些政要受邀來參加校長的午宴，我們認為與他一起旅行的西藏喇嘛如果吃西藏食物可能會比較舒服，所以安排他們另外用餐，但是當他看到午宴上只有一小群人時，他問：「其他人到哪裡去了？」當他知道校長的午宴只有幾棟樓之遙時，他告訴他的隨從長：「我想去那邊。」對達賴喇嘛而言，他到美國的任何一個地方都不是簡單的事，尤其是要變動已經安排好的行程。當他走向出口時，所有戴著耳機的魁梧大漢——美國政府提供的祕密安全人員——看起來好像心臟病都要發作了。他們對著耳機咆哮新指令，重新安排聯邦探員在附近屋頂上部署的狙擊手，我們才能走出去。當達賴喇嘛到達校長的宴會，我想帶他到比較安靜的桌子，吩咐侍者把他的午餐拿過來時，他不肯讓我這樣做，紫紅色的袍子旋轉輕移，他走到自助餐檯前，拿個盤子，耐心排隊跟別人一樣的取餐——他吸引了很多人的注意，但是他引發出更多人的微笑，這位諾貝爾和平獎的得主，西藏流亡政府的最高領袖，暢銷書的作者，全世界藏傳佛教徒的精神領袖，像所有人一樣排隊等著拿水煮鮭魚、米飯及節食者噩夢的甜點。社會直覺，真是。

在實驗室，我們評估社會直覺的方式是測量大腦的功能和行為。例如，當我們給受測者看某人的相片時，我們用特殊的雷射眼動追蹤儀來測量這個人的眼睛在看哪裡：有的人會看臉上眼睛的部位，這些人有較強的社會直覺，這是相較於看嘴巴的人；也有人只看別的地方而不看臉，這種人社會直覺很差。當我們在用眼動追蹤（eye-tracking）裝置觀察受測者的眼睛看哪裡時，同時掃描他的大腦，我們尋找梭狀迴活化的情形，梭狀迴是視覺皮質的一部分。我們同時也看杏仁核，它是社會認知的重要結構。（大腦有兩個杏仁核，小小的狀似杏仁，藏在顳葉裡，左右兩個腦半球各有一個，以下我用單數指稱這兩個杏仁核。）當我們在處理別人的臉時，這兩個地方一定會活化起來，尤其是你看那個人的眼睛時，因為眼睛傳達了非常多的情緒訊息。

要知道你落在社會直覺的哪一點上，請回答下面這些問題：

1. 跟別人說話時，我常常注意到他們情緒的細微線索，如不舒服或憤怒，甚至在他們自己感受到這些情緒之前，我就察覺到了。

2. 我常常發現自己在注意別人臉上表情和身體語言。

3. 我發現面對面講話跟在電話中談話沒什麼差別，因為我很少能從面對面講話中得到什麼額外的訊息。

4. 我常覺得我比別人更了解他們自己的真正感覺。

5. 我常感到很驚訝，那些跟我講話的人會無緣無故突然生起氣來。

6. 在餐廳中，我喜歡坐在跟我說話的人旁邊，這樣就不必看他的整張臉。

7. 我發現我常對別人的不舒服或緊張作反應，但是我是根據直覺，而不是他們所表達的，也就是他們沒有說我也知道。

8. 當我在公共場所消磨時間時，我喜歡觀察身邊的人。

9. 我發現，跟剛剛認識還不熟的人說話，而他眼睛直視著我時，我會覺得很不舒服。

10. 我常常可以用看的就知道這個人心中有沒有事。

假如你在第1、2、4、7、8和10題的答案為「是」，給自己1分；第3、5、6和9題的答案是「否」，給自己1分。如果第1、2、4、7、8和10答「否」的話，不給分；對3、5、6、9答「是」的話，也不給分。總分越高（8分以上），你的社會直覺越強，3分以下表示你很白目。

自我覺識向度

你有沒有從來不反思、不作內省的朋友？你自己有沒有過不知為何的重複一樣的反應，好像你內在的自我對你的意識來說是個不透明的東西，是個謎？你是否有過這種經驗：很親密的人問你為什麼這麼焦慮、嫉妒、憤怒或不耐煩，你這才驚訝的注意到自己的確是感到焦慮、嫉妒、憤怒或不耐煩，而先前你卻完全不自覺？我們都認得這種對自己的情緒完全不自知的人，他們並不是拒絕承認自己的情緒，他們是真的不能自覺到情緒線索的上升，不知道身體已經出現了這些線索。這種情形有一部分是反映出情緒訊號的強弱人各有不同，但是同時也反映出辨識和解釋這些訊號的能力有很大的個別差異。每個人對訊號的敏感度不同（也就是說，訊號要多強你才會知覺到），有些人很難感受到自己的感覺，他們需要經過好幾天才會發現自己在生氣、悲傷、嫉妒或害怕。這些在自我覺識向度極端的是屬於自我不透明的人。

在這向度的另一端是自我覺識高的人，他們對自己的思想和感覺有立即的意識，能馬上解讀身體送給他們的訊息，他們知道自己對孩子大聲責罵的原因不是孩子不肯吃青菜，而是下班回家路上塞車嚴重到使他晚上少了一小時去做計畫要做的事，讓他的壓力漲到了爆發點。他們對身體傳送過來的訊息超級敏感，可以強烈感受到情緒狀態的身體層面；這種強烈的敏感度在很多方面很有用，它在同理心上扮演著重要的角色，使你可以感受到別人的感覺。當它作用在使你了解自己的情緒狀態時，就能幫助你避免誤解你跟配偶吵架的真正意思：假如你了解心裡不舒服的事是發生在你到家之前，你就能了解你突然爆發的脾氣不是因為走進家門時晚餐沒有在桌上。

不過高自我覺識也可能令你付出代價。對自己情緒和感覺非常敏感的人，會對別人的痛苦和焦慮感同身受，例如他會因為目睹別人受苦而使自己的壓力荷爾蒙腎上腺皮質醇（cortisol）高漲，心跳和血壓也會加快和上升，這對他自己不利。這種極端的敏感常常是護士、輔導員、治療師和社會工作者在過度工作後所感受到的情形。

在實驗室中，我們測量一個人對自己內在身體訊號敏感度的方法，是看他們有多容易偵察到自己的心跳。首先，我們測量受試者在舒服休息時的心跳；然後我們用電腦建構出一序列跟他心跳一致的十個聲音，即每一次心跳，電腦就發出一個聲音；然後我們製作第二個序列，使聲音出現在心跳之前和之後。為了知道這個人對他內在訊號有多敏感，我們透過耳機播放這兩種序列的聲音，受試者只要指出哪一種跟他的心跳一致就可以了。我們以隨機的順序播放與他心跳一致的和不一致的序列一百次左右，自我意識強的人成功辨識成績在前百分之二十五左右。

評估你對自己身體訊號的敏感度，並不需要去做我們為其他五個向度所發展出來的問卷。我現在把問題和一個你可以做的簡單練習附在底下，不過做練習時，你需要一位夥伴。

1. 通常在別人問我為什麼這麼憤怒或悲傷時，我的反應是（或我對自己說）：「我沒有呀！」

2. 當親密的伴侶或朋友問我為什麼對某人那麼不禮貌或那麼壞時，我常常不承認我有這樣做。
3. 我常常一個月至少兩次以上，發現心跳很快，脈搏像在打鼓，而我不知道為什麼會這樣。
4. 當我看到別人受苦時，我的情緒和身體都同樣感受到他的病痛。
5. 我通常都很確定自己的感覺，而且可以把我的情緒訴諸文字。
6. 我有時感到痛，但是不知道它們是從何而來的。
7. 我喜歡一個人安靜獨處，放鬆一切，使我能感受到內在的我在想什麼。
8. 我認為我的身體和心靈是合一的，我對我的身體感到非常自在。
9. 我對外在的世界非常敏感，卻很少注意到我內在的身體發生了什麼事。
10. 當我運動時，我非常清楚運動對我身體造成的改變。

假如你在4、5、7、8和10題的答案為「是」，給自己1分；如果你在1、2、3、6和9題的答案是「否」，給自己1分。在4、5、7、8和10題的答案如果為「否」，不給分；在1、2、3、6、9題的答案為「是」，也不給分。如果總分在8分以上，你很有自我覺識；如果低於3分，你是自我不透明。

要做下面這個練習，先請夥伴測量你的脈搏三十秒。在此同時，請把你的注意力轉到內在活動情形，去感覺自己的心跳。把你的知覺聚焦到內在身體的感覺上，在沒有接觸到你手腕或任何可以感受到脈搏的方式下，盡量去感受你的心跳並數它。然後再這樣做三次——也就是說，做四次三十秒的內省，比較你數的心跳數目與你夥伴所數的，你們兩人的數字越接近，你的自我覺識越高。

情境敏感度向度

你有把跟朋友在酒吧講的黃色笑話講給你老闆聽過嗎？你有沒有在葬禮上看過有人用 iPhone 在玩憤怒鳥？你有沒有在婚禮上聽到同桌的人大談她跟新郎過去的一段情？當別人告訴你你的行為不恰當時，你有沒有覺得很困惑？

我們大多數人都知道在某些場合不能講某些話。在社交場合表現恰如其份的人是在情境向度上敏感的人，那些講話不得體、做出破格行為的人則是在這向度的另一端，他們不明瞭社交場合不成文的規矩，會做出在某種場合可以接受但是在另一種場合卻是失禮的動作來。因為對情境的敏感度其實是直覺的，而不是我們有意識去教的，又因為社會情境和我們的行為通常都有情緒的潛在意識在內（婚禮：快樂、端莊；跟新郎的一段情：粗俗），我認為它是情緒形態的一個重要的部件。

社交的規則和別人對我們的預期，會因跟我們互動的人是誰和當時所在的環境不同而有所不同——我們跟很熟的朋友、跟家人、跟同事、跟老闆或跟不熟的點頭之交的互動，舉止行為都不一樣。如果你對待老闆像對待你的小孩，或把叫你停到路邊的警員當作一起上酒吧喝酒的老友，都會替你惹禍上身，更不要說把同事當作愛人看待。對社交規則的敏感及調節你的情緒和行為能力因人而異。你可以把情緒形態的情境敏感度向度當作自我覺識形態的外部導向版，就像自我覺識是反映出你對自己的生理和情緒的線索有多敏感，情境敏感度是反映出你對社交環境的敏感度。

在實驗室中，我們是測量不同社交情境中一個人情緒行為的改變，來決定他的強度。例如剛學步的幼兒在陌生的環境，如實驗室中，會很不安，在他熟悉的環境中則不會，而一名連在自己家中也不安的幼兒，可能對情境不是很敏感。針對大人，我們用在一個房間做第一次測驗、再在另一個房間做第二次測驗來看他對情境的敏感度。我們用測試環境的改變看這個人情緒反應有什麼改變，並推論這個人對情境的觀察力有多強，我們同時也蒐集大腦的資料。海馬迴在了解情境上扮演了重要的角色，所以我們用核磁共振造影（MRI）來測量海馬迴的功能和結構。

若想知道你在情境敏感向度上的落點，請回答下面這些題目：

1. 親密的朋友告訴我，我對別人的感覺很敏感。
2. 偶爾有人會告訴我，我在某個社交場合舉止並不得當，令我相當驚訝，因為我從來不覺得自己有這樣。
3. 我在工作上有時會不順利，因為我對老闆或上司的態度拿捏得不準，得罪了他們；或有朋友不願再跟我來往，因為我在好朋友難過時表現得太快活。

4. 當我和人們談話時，他們有時會退後一步拉開我跟他們的距離。
5. 我發現自己在說話前會先確認一遍要說的話，因為我會感覺到這句話說出來可能不恰當（例如在我聽到「親愛的，這條牛仔褲會不會使我看起來很胖？」時，我會想過了才回答）。
6. 我在公共場所，如餐廳，會特別小心自己說話有沒有太大聲。
7. 我常被提醒在公共場所不要提及某人的名字，因為那個人可能就在附近。
8. 我對去過的地方都有意識，即使是很多年前曾經開過的高速公路。
9. 當有人行為舉止不適合這個場合時，我會注意到，如某人在工作的場所太隨便。
10. 親密的朋友常告訴我，我在新環境跟陌生人在一起時風度儀態都很好。

假如第1、5、6、8、9和10題的答案為「是」，給自己1分；在第2、3、4、7的答案是「否」，給自己1分。第1、5、6、8、9和10回答「否」，不給分；第2、3、4、7回答「是」，也不給分。假如總分在8分以上，你對情境很敏感；如果在3分以下，你對情境不敏感。

注意力向度

你可以過濾掉干擾情緒的東西而使自己很專注嗎？你的思緒會從手邊的工作游離開，去到今天早上與配偶的吵架上嗎？你明天要做的報告，或是明天要去醫院看的檢驗結果，會使你無法專注在今天的工作上嗎？假如你趕著要交出成果，而上司每半個小時來到你身邊看你做到哪裡了，你在他離開後，會需要好幾分鐘才能再進入狀況嗎？你的孩子打電話來告訴你到現在仍沒有任何一所大學願意收他入學時，你還能專心工作嗎？

把注意力包括在情緒形態中好像很奇怪，因為我們一般都把注意力歸到認知能力中，不是情緒能力。我把它納進來的原因是，光是聲音和影像就已經夠干擾了，更不要說帶有情緒成份的干擾物。在一家嘈雜的餐廳中，假如我們聽到隔幾張桌子傳來喊叫聲，或是生氣的大吼接著玻璃打碎的聲音，我們就很難維持原本的談話，我們絕對會比處於僅是嘈雜但沒有情緒叫罵的情境，更難聚焦到我們的談話上。

情緒線索不但到處充斥在我們的生活和環境中，還是很強的干擾物，它常常干擾我們完成任務和保持平靜的能力。我們發現把干擾情緒過濾掉的能力跟過濾掉干擾感覺訊息的能力有相關。一個能專心的人可以在嘈雜的宴會中完全投入在一場談話上，而一個不能專注的人則不停的轉移注意力和視線到比較會抓住他注意的刺激上。有些人可以從情緒的漩渦中抽離出來，他們是在注意力這個向度聚焦的這一端；也有人一直被與手邊作業不相干的情緒衝動所干擾，他們是在不能聚焦的那一端。聚焦的人可以不理會充滿情緒的侵入刺激，過濾掉他們身旁空氣中的焦慮，專注在手邊的工作上；而不能專注者則一點辦法也沒有。簡單的說，注意力和情緒是親密的夥伴，因為很不幸的，情緒的刺激掌管著我們大部分的注意力。維持一個穩定的內在羅盤，使我們可以冷靜的聚焦，抵抗干擾物，就是情緒形態的層面了。

從很多方面來說，能夠過濾情緒的干擾等於提供了我們情緒生活其他面向的基石。所以能集中注意力就在其他的情緒形態向度上扮演了重要角色：例如自我覺識需要注意你的身體訊號，社會直覺需要注意社交線索。

在實驗室中，我們有好幾種測量注意力的方法——因為注意力有好幾種截然不同的形式。其中之一是選擇性注意力（selective attention），這是能在充滿刺激的海洋中，只對一件事注意，我認為這種能力是奇蹟（miraculously），因為無論任何時候，我們所接觸到的訊息量都是令人驚訝的多。即使就在你讀這些字的同時，你的周邊視覺（peripheral vision）就看到了你拿著這本書的手，你的耳朵聽到聲音。假如你認為你在一個安靜無聲的房間裡，先停下來不要閱讀，注意一下你耳朵能聽到的東西，你的腳踩在地板上，你的屁股坐在椅子上；停下來先不要讀，注意一下你身體的感覺——你了解我的意思了嗎？假如你以前沒有注意到這些直到現在，恭喜你，你是一個很能專注的人。然而，雖然有這麼多刺激在競爭你的注意力，我們通常只能注意在一件事上，而忽略其他的，假如做不到，我們就會在感官刺激的海洋中翻滾，永不著陸了。我們能這樣專注是靠兩個方法：一是強化我們想要注意的那個輸入管道，如這個句子中的字；另一個是抑制其他管道的輸入，如你屁股坐在椅子上的感覺。

另一個注意力的形式是開放、不加判斷的覺識，這是對所有經過你的思想、眼睛、耳朵或感覺的刺激統統保持接受狀態的能力。例如，假如你注意到腰有些不舒服，但是還能只是注意到，而你的思想不會被它綁架，那麼你就是在一個開放、不加判斷的覺識狀態下。假如你感到焦慮，開會要遲到了，因為電梯壞了，你告訴你自己：「哼嗯，我覺得我的壓力大到快要受不了了。」但是你沒有驚慌，你的眼睛在搜索樓梯，那麼你也是在開放、不加判斷的覺識下。對此很有技巧的人常給人處變不驚、有內在磁鐵的吸引力的感覺，他能聚焦在他要注意的地方，不讓自己被別的不相干事件所拉扯。

這種注意力就是很多靜坐冥想的人所冀求的，我會在第九章中詳細解釋。它會得出一種滿足感和情緒平衡的感覺（這是我認為注意力是情緒形態一部分的另一個理由），那些在注意力向度聚焦的人比較鎮定自若，不會被情緒的上下起伏所拉扯。開放、不加判斷的覺識對環境周邊的敏感很重要，對我們內在的思想和情緒也很重要，它在自我覺識和社會直覺上扮演了重要的角色；如果沒有開放、不加判斷的覺識，我們會遺漏很多細微的線索，不只是那些從自己身體和心智中出現的線索，還包括我們身處社交環境中細緻入微的線索。

要在實驗室中測量開放、不加判斷的覺識，我們從一個事實著手：即假如一個刺激綁架了我們的注意力，那麼我們就不會注意到其他只出現幾分之一秒的刺激。這種對第二個出現的刺激眼盲（或耳聾）的現象叫做「注意力眨眼」（attentional blink），它的做法是在電腦螢幕上閃示一堆字母，每秒十個，如C、P、Q、D、K、L、T、B、X、V等等，但是三不五時，有個阿拉伯數字出現在這些字母堆中，如C、P、Q、D、3、K、L、7、T、B、X、V，受試者要說出這些阿拉伯數字來。假如第二個數字在第一個數字出現後不到五百毫秒就緊接著出現的話，受試者會沒有看到第二個數字，即他會看到3，但是看不見7——他們的注意力眨眼了，所以沒看到。這原理是因為數字很少出現，它又是你的目標，所以當數字出現時會引起興奮的戰慄，需要一點時間讓大腦回到原來的狀態，好繼續注意獵物。注意力眨眼越長——需要間隔越長的時間才能看到下面一個數字——表示你的大腦需要那麼長的時間才能注意到下一個刺激，你就遺漏掉更多環境中的訊息了。

假如你要注意的刺激還包含有情緒的成份，你注意力眨眼的時間會更長。在這個實驗中，你不是要注意偶爾出現在字母堆中的數字，而是看一堆風景圖片中夾雜的一張小孩子哭泣的圖片，你需要更長的時間才能注意到第二張哭泣的圖片，這表示注意力有情緒的成份，或是更正確的說，情緒影響注意力。

然而，有些人幾乎沒有注意力眨眼。他們對一切刺激處之泰然，我們所感受到的那個小小的興奮（有數字出現在一堆字母中時），他們並沒有感受到，因此他們的注意力沒有眨眼，自然就看見3後面的那個7了。人在遇到情緒的刺激時會眨眼，反映出情緒平衡和泰然處之的特質。

在實驗室中，我們用注意力眨眼的方式來評估開放、不加判斷覺識的注意力，有時用字母中夾數字，有時用大自然景象中夾情緒的圖片。另外用給受試者聽簡單音的不同頻率，一高一低，從耳機中播出，來測量他們聚焦的注意力。我們先要求受試者注意高頻率的聲音，每次一聽到就立刻按鈕，但是聽到低頻率的聲音時不要按鈕；為了使作業更難一點，我們讓聲音有時出現在左耳，有時出現在右耳，一秒一次，左右、左右交替著出現。受試者的成績——他正確的按鈕次數減去錯誤的次數——就是他注意力集中的程度。為了要增加作業的困難度，我們有時告訴受試者，只有高頻率出現在左耳時才可以按鈕，或低頻率出現在右耳時，或任何的排列組合。我們發現當高頻率的音出現在不要注意的那一耳（即要忽略的那邊耳朵）時，受試者會按錯鈕；這表示他的注意力太廣了，他不夠聚焦，有的時候則是他沒有聽到應該按鈕的聲音。在此同時，我們用 EEG 或 fMRI 來看大腦的活動情形：如果我們在乎的是時間性，就用腦波儀，因為 EEG 對大腦活化的時間性比較準確；如果我們在乎的是空間位置、大腦活化的地點，就用核磁共振造影，因為 fMRI 在地點上比較準確。

在沒有任何儀器的輔助時，你可以回答下面的問題來評估自己的注意力形態：

1. 我可以在嘈雜的環境下專注。
2. 我可以在嘈雜、有許多感官刺激或有許多事發生的環境下，專注在我在想的事情上，思緒不會游離。
3. 假如我決定把注意力放到某件事情上，我發現幾乎每次都能做到。
4. 假如我想在家中工作，電視機的聲音和別人的談話聲會很干擾我。
5. 我發現只要安靜的坐下來，哪怕只是一下子，就會有一堆雜念湧進腦海中，我發現自己會跟著這些念頭走，常常不知道這些念頭是哪裡冒出來的。

6. 假如我被一些意外事件打斷正在做的事，我可以重新聚焦再專注回來做原來在做的事。
7. 在一個還算安靜的環境，例如坐在火車裡、公共汽車上，或在超市中等待付錢的時候，我會注意到很多周邊的事情。
8. 當一個重要的專案需要我全部的注意力時，我會盡量找一個最安靜的地方做。
9. 我的注意力常會受到環境中的刺激和事件所吸引，一旦被吸住了，就很難從中抽身，把注意力抓回來。
10. 在嘈雜的環境，如雞尾酒會或辦公室的小隔間中跟別人談話，我可以輕易地排除別人的聲音，但是假如我肯專注的話，我也可以猜出他們在講什麼。也就是說，我可以一心二用，一方面跟甲說話，一方面沒有漏掉背景中別人在說什麼。

假如你在第1、2、3、6、7和10題答「是」，給自己1分；假如你在第4、5、8和9答「否」，也給自己1分。如果第1、2、3、6、7和10題的答案是「否」，不給分；如果第4、5、8和9題的答案為「是」，也不給分。得分在8分以上表示你在注意力向度專注的那一端，得分在3分以下表示你在注意力不專注的那一端。

✦ ✦ ✦

現在你已經知道自己落在情緒形態六個向度的哪裡了，請拿出一張紙，畫上六條平行線，從上到下等距間隔：

- 請將第一條線標明為回彈力，然後接下去寫展望、社會直覺、自我覺識、情境敏感度及注意力，並且在各線左端標示出1，在右端標示出10。
- 在每一個向度的左右兩端寫上形態表徵：回彈力這條線，左邊為快速回復，右邊為緩慢回復；展望這條線，左邊為負面，右邊是正面；社會直覺這條線，左邊為白目，右邊為具社會直覺；自我覺識這條線，左邊是自我不透明，右邊為自我覺識；情境敏感度這條線，左邊是不敏感，右邊是敏感；注意力這條線，左邊是不專注，右邊為專注。
- 現在，把你在前面六份問卷上的分數，在每一條線上畫出相對位置來。

你現在可以一目了然的看出你整體的情緒形態了。或許你是正向的人，可以很快回彈，有社會直覺，但自我不透明，可以對周邊事物很清楚，做事也可以很專注；或許你是負向的人，但是可以很快回復，對判斷社會情境不太在行，常會有白目的行為，同時也對自己不甚了解，自我不透明，對人對事也不能專心。不管你的情緒形態如何，知道它是了解情緒如何影響健康和人際關係的第一步，接下去你要決定自己要移往這六個向度上的左邊還是右邊。

表 3.1　戴維森在情緒形態問卷的自我評估分數

【回彈力】

快速回復　　緩慢回復

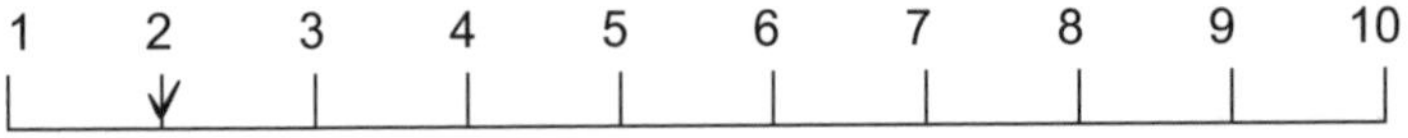

【展望】

負面　　正面

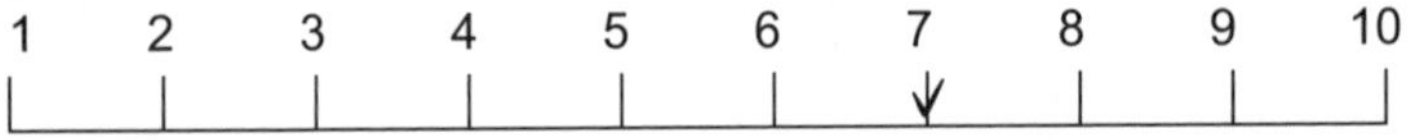

【社會直覺】

白目　　具社會直覺

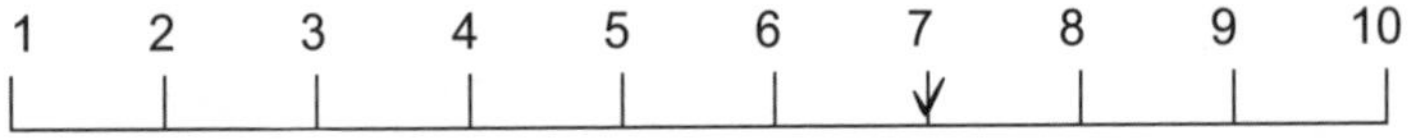

【自我覺識】

自我不透明　　自我覺識

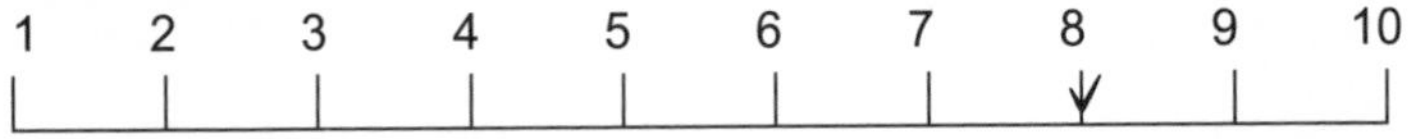

【情境敏感度】

不敏感　　敏感

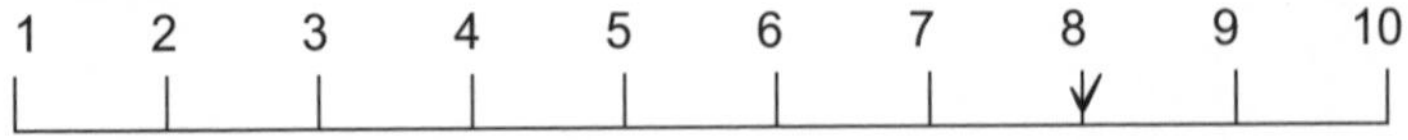

【注意力】

不專注　　專注

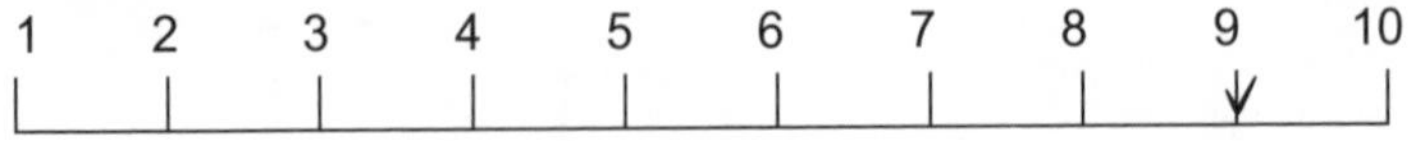

右頁是我的情緒形態計分圖。

我在〈前言〉中有解釋為什麼採用情緒形態的六個向度，而不採用坊間流行的人格量表，因為這六個向度有大腦活動的實質基礎，它是依穩固的大腦活動形態所建立的。在下一章，我會解釋我們如何發現這些神經機制，這些大腦活動形態的意義為何，以及為什麼它們對了解情緒形態和思考如何改變自己在這些向度的落點上有很重要的地位。

第4章

情緒形態的大腦基礎

事實上，情緒大腦的迴路常常與推理、思考的迴路重疊，
因為情緒和認知是分不開的，它們是綜合成一體，一致對外的。
它使我們能夠在人際關係、工作的世界安全地遊走，
也使我們的心靈成長。
情緒既不是干擾者，也不是中斷者，而是個促進者，
我們做的所有事情都離不開感覺，
難怪大腦中控制和調節情緒的迴路會和認知功能的迴路重疊。
情緒和其他的心智歷程之間並沒有清楚的界線，
它們是混在一起，你中有我、我中有你的。
因此，幾乎所有的大腦區域都在情緒中扮演角色，
或都被情緒所影響，甚至連視覺和聽覺都是。

在這個大腦的時代，當連廣告公司都想知道消費者的杏仁核是如何對某一廣告起作用時，很顯然的，我們的思考和我們所感受到的情緒都反映出大腦的活動形態。當我們腦海中浮現自己家的心像時，我們必須感謝視覺皮質使我們在心智之眼（mind's eye）中可以看得見東西，而且位置準確到就像我們的郵箱在前門旁邊那樣分毫不差。當我們聽到並了解一個複雜的句子時，那是顳葉的神經迴路在跟我們前額葉皮質的神經迴路互動，找出聲音訊號的意義。當我們計畫去度假，並且想著如何把每個人都準時弄到機場去時，我們動用到前額葉皮質，它像部時光機器一樣，可以把我們的思想傳送到未來去想像可能發生的事情。

六個情緒形態向度也是如此，它們反映出可以識別的某個特定神經迴路活動。每個向度都有兩個極端，如在展望中的正向和負向，它們通常是神經迴路強化或減弱活動的結果。要了解為什麼你會感受到你現在的感覺，如在上一章最後的計分圖中所顯現出來的那樣，你必須了解每一個向度的大腦基礎。這也是改變你自己在這些向度位置上的第一步。我承認自己是有偏見的，但是我認為任何一個想要改變基本的事物的計畫，就像我要改變情緒形態，只要它是有神經科學基礎的，都應該比較值得你相信它（譯注：這句話是因為戴維森的看法跟坊間的不同，而他認為他是有大腦神經機制的根據，不是隨便亂說的，所以他說雖然自己可能有偏見，但是他的偏見是根據神經科學的實證實驗而來的）。

因為你的心智生活是你的大腦決定的，所以你對自己落在情緒形態的六個向度上的位置其實是你某些神經迴路活化的結果這件事，不應該覺得驚訝。你該驚訝的是這六個向度的神經迴路居然都離大家以為的情緒中心——邊緣系統和下視丘——很遠。我們都很驚訝的發現，掌管計畫、策略和判斷這些執行功能的前額葉皮質居然控制著人們情緒的回彈力。

我在第二章中已經描述過這個實驗，那時我還在紐約州立大學波契士校區教書，但是我很快發現波契士校園太小了，無法提供我想做的實驗的必要設備。所以在我放出風聲說我想換學校不久，就聽說知名的心理生理學家藍彼得（Peter Lang）要離開威斯康辛大學麥迪遜校區，好與他的太太一起的消息（譯注：美國學術界有個不成文規定，不允許夫妻兩人在同一系所教書，因為系務會議投票時會同時有兩票，而人事權常由系務會議決定，所以一般都會避免）。威斯康辛大學想要找一個跟藍彼得研究領域相似的人（譯注：這樣原先購置的實驗儀器就不會浪費，因為美國研究學者換工作一般是不准把儀器一起帶走），所以他們找上我（威斯康辛大學的策略其實很好，他們找上升中的明星，而不像哈佛一樣找已經是閃亮的明星）。我很高興的接受了這份工作，因為威斯康辛大學心理系的名聲很響亮。

我在一九八五年九月搬到威斯康辛州的麥迪遜市，但是我太太蘇珊和我三歲的女兒還留在紐約，因為蘇珊尚未完成她在愛因斯坦醫學院（Albert Einstein College of Medicine）婦產科住院醫師的訓練。我找到一間附有一張破舊的沙發床的小公寓，就這樣住下來了，所以我在威斯康辛大學教書的第一年是星期四到星期天晚上在紐約，星期一一早飛到麥迪遜來上課。我的挫折回彈力、正向展望的情緒形態幫助我不被壓力擊垮。

有回彈力的大腦

在回彈力向度的一端是那些被困境打倒的人，他們只能很慢很慢的爬起來或甚至爬不起來；而在另一極端的人要不就聳聳肩，不理會這些阻礙，繼續過他的生活，要不就主動回擊，所以他們很快的從災難困境中回復了。就像我在第二章中描述的，回彈力是左前額葉活化得比右前額葉多，但是缺乏回彈力的人右前額葉比較活化。有回彈力的人左前額葉活化的量可以比沒有回彈力的人高三十倍。

這是對於大腦不同區域活化的程度可以決定這個人是落在情緒形態向度的哪一端的第一個提示。雖然我很興奮，但是不願貿然就對外宣稱我發現了個別差異的大腦基礎，除非我很確定這樣講時，我腳底下的地不會裂開把我吞沒，讓我剛剛萌芽的事業受到早夭的恥辱。這個研究所顯現出來的左、右前額葉差異相當小，我也只做了幾十個受試者而已；這個差異只有在一個實驗方法上出現，即在給受試者看情緒性的短片時。顯然我需要更多證據才能說服別人。到了威斯康辛大學麥迪遜校區後，一安定下來，我就開始更深的反思前額葉功能各種不同變異形態的意義，尤其是問前額葉究竟在情緒上扮演了什麼角色。畢竟，前額葉過去（現在還是）一直被認為是高層次認知功能活動的最高制約點，它掌管著我們的判斷、計畫和其他的執行力功能，怎麼可能還有餘力在情緒形態上扮演關鍵角色？

一個線索來自前額葉和杏仁核之間一大束的神經元。杏仁核跟負面的情緒和壓力有關，當我們覺得焦慮、害怕或受到威脅時，它會立刻進入警戒狀態。我想或許左前額葉可能抑制了杏仁核的活化，透過這個機制，幫助個體快速的從打擊中恢復。

為了測試這個想法，研究生傑克生（Daren Jackson）和我找了四十七名成人受試者，平均年齡是五十八歲，他們都是威斯康辛長期追蹤計畫（Wisconsin Longitudinal Study）的成員。這個計畫是一九五七年威斯康辛大學社會系的教授發起的，那一年，威斯康辛州三分之一的高中畢業生被找來參與這個計畫，當時是想持續追蹤他們幾十年來看他們的工作經驗、社經地位、家庭生活、創傷和健康的情形。參加者來到我位於布羅登心理大樓（Brogden Psychology Building）的實驗室，這是棟一九六〇年代中期興建的大樓，位於校園的中央，最大的特色是三樓的研究室沒有任何一扇窗。（據說目的是防止研究者因為窗外景色而影響他們正在做的實驗，但是主事者完全沒想到如果人覺得自己被關在石棺中，如何能增進他的科學產能？）

傑克生迎接每一名受試者，跟他們解釋這個實驗的目的和做法，讓每個人都簽了同意書（這是做人類實驗必定要填的）。他解釋說我們想測量大腦的電流量，來看看左前額葉活化強的人是否比右前額葉活化強的人有更大的回彈力，然後我們很仔細的給他們戴上腦波儀的電極帽。測試前的準備相當麻煩，每一個電極的海綿頭要先浸在鹽水裡，導電才會比較好，在隔壁的控制室中，有另外一名研究助理監控每一顆電極的導電是否正常，他需隔著對講機大喊「右前區第八十七、右頂葉第三十六」，表示這些電極需要調整，我們就用注射筒注射一些鹽水到那些電極頭的海綿上。每一名受試者都要戴一頂類似浴帽的塑膠帽，以免衣服被鹽水滴濕，所以從外面看起來，好像我們在經營一間未來主義的美容院。

一旦準備就緒，我們就先收集受試者八分鐘的大腦活動情況，四分鐘眼睛是閉的，四分鐘是張開的。然後我們在電腦螢幕上給他們看五十一張圖片，每張六秒鐘，有三分之一的圖片是令你看起來很不舒服的，如嬰兒的眼睛上長出一個大腫瘤；另外三分之一的圖片是令人感到快樂的，例如一個母親抱著她的嬰兒，臉上露出燦爛的笑容；剩下的三分之一是中性的圖片，如一張房間的圖片。有時，在圖片呈現的當下或圖片消失之後，受試者會聽到一聲短暫的「白噪音」（white noise，譯注：聲音並沒有顏色，這個詞是從視覺借過來的，當所有的色光聚集在一起時，變成白光，當所有人耳能聽到的頻率，從二十Hz到二萬Hz的頻率聚集在一起時，叫白噪音，聽起來很像短波電台收訊不良時的那種嘶嘶聲），我們在前面一章談過，這個白噪音會使受試者嚇一跳，他會不由自主的眨眼。我們把電極放在眼睛下面的眼輪匝肌（orbicularis oculi muscle）上，當受試者眨眼時，這塊肌肉會收縮，先前已有很多的實驗報告說明當人在負面情緒的時候，因驚嚇而眨眼的動作會比正常情緒時的眨眼來得強烈；而正向情緒時，驚嚇眨眼的力道比中性時弱。貼在眼睛下方動輪匝肌上的電極可以告訴我們眨眼的力道如何，讓我們知道受試者的情緒狀態，這是為什麼我們在他們看情緒圖片時和看完以後，會給他們白噪音的原因——我們藉此來推測他們從負面圖片所引起的負面情緒中回復到正常有多快。

我們發現在測量基準線時，左前額葉比較活化的受試者從最強的厭惡、恐怖、憤怒和害怕情緒中回彈得最快。從這裡，我們推論左前額葉送出抑制的訊號到杏仁核，叫它安靜下來，如下頁圖所示。

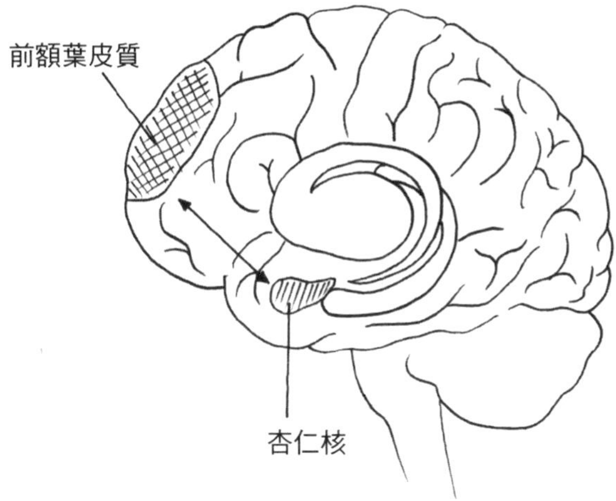

回彈力：訊號從前額葉皮質到杏仁核，再從杏仁核到前額葉皮質，這些訊號決定大腦能多快從不愉快的負面經驗中回復過來。

這個推論跟其他實驗室的研究反向，他們發現前額葉皮質某些地區比較不活化的人在負面情緒的經驗中，杏仁核活化的時間**比較長**，他們在負面情緒啟動後，比較不能把它關掉。我們的研究發現正好相反，左前額葉皮質的活化**縮短了**杏仁核的活化期，使大腦能從不愉快的經驗中回彈。

現在快轉到二〇一二年，感謝功能性核磁共振造影（fMRI），我們現在知道如果前額葉皮質和杏仁核之間的白質（white matter，它是連接神經元之間的軸突，因為外面包有髓鞘，所以看起來是白色的）越多，這個人的回彈力越強，如果白質比較少，即連接前額葉皮質到杏仁核的高速公路越少，回復的回彈力越弱。

讓我很快的加上一句，通常上面這種話會使人這麼想：「這下好了，我的前額葉皮質到杏仁核的連接一定不夠，所以我才會這樣，我完了，我命中注定每次碰到挫折就會溶化成一灘神經質的水窪，我沒救了。」我在第八章中會解釋，我們現在知道大腦完全可以增加它區塊之間的連接；在第十一章中，我也會教你如何增加前額葉和杏仁核之間的連接。同樣的，你也可以提升左前額葉皮質基準線的活化程度。

總結回彈力連續向度的兩個極端：很慢回復、不易從挫折中走出來的人從前額葉皮質到杏仁核的訊號比較少，這可能因為前額葉皮質本身的活動力比較低，或是左前額葉皮質到杏仁核的連接比較缺乏。那些很快可以從挫折中恢復過來、有著很強回彈力的人，有著很強的左前額葉皮質的活化力，也有很強的連接使訊息可以來回於前額葉皮質和杏仁核之間。前額葉皮質抑制杏仁核的活化，使與負面情緒有關的訊號安靜下來，這樣大腦便能有效的計畫下一步該怎麼做而不受到負面情緒的干擾，這對回彈力來說是個不壞的工作定義。

社會直覺的大腦

我應該謝謝提姆，他是個十三歲的自閉症男孩。我會認識他是我請他來幫忙我了解情緒形態中很重要的社會直覺向度。在這個向度極端的人大腦活化的情形和連接的方式跟別人有很大的不同。提姆非常聰明，能夠了解語言，也會說話，只不過他的語音很單調，沒有句調，在聲調和字的間隔上都平淡無味，沒有重音、沒有差異。舉個例，當一個人跟你說話音量跟音調都大幅提高時，你知道這個人在生氣，當他說話的速度慢下來，音量減低，聲調變平時，你知道這個說話的人在悲傷。從提姆的話語你分不出來，他說話就像機器人一樣，沒有變化。

更令人驚訝的是，他跟人說話時眼睛沒有辦法看著對方的面孔，當我跟他說話時，他偶爾會偷偷看我一下，但是大部分的時間眼睛是看著別處，就是說他的眼睛會停留在除了我的臉以外的任何地方。當我們把提姆帶進實驗室做實驗時，眼動追蹤軟體證實了這一點：當我們在電腦螢幕上給他看人的面孔時，他花很少的時間在眼睛的周圍，但是典型的孩子看臉一定先看眼睛。當我們把提姆放進MRI中，檢查他看臉時大腦活化的情形時，他的大腦掌管臉部辨識的梭狀臉區的活化程度非常低。提姆梭狀迴活化的程度越低，越不知道他所看到的那張臉是什麼表情。他在做這個臉部情緒辨識的作業時，杏仁核的活化程度很高，但是當他把眼睛從圖片上眼睛的部位移開時，杏仁核活化的程度就下降了。提姆不自覺的發展出一個策略，來減少他看著人眼睛時的焦慮和不舒服的感覺。

我們智人是視覺的動物，用眼睛從別人的臉上蒐集社交的訊號。從像提姆這樣的兒童、青少年和大人的研究中，我得出結論：缺乏社會直覺，無法在社交場合做出合適的行為，是來自梭狀迴活化程度的不足以及杏仁核的過度活化，如下頁圖所示。

這個大腦形態的特性，就是那些在社會直覺向度中白目端的人大腦的情形。相反的，有著高活化程度的梭狀迴和中低活化程度的杏仁核，是在社會直覺中很能接收到微弱社交信號的人。

自從我們在二〇〇五年發表自閉症的大腦活化情形的論文後，其他實驗室也確認了我們的發現，

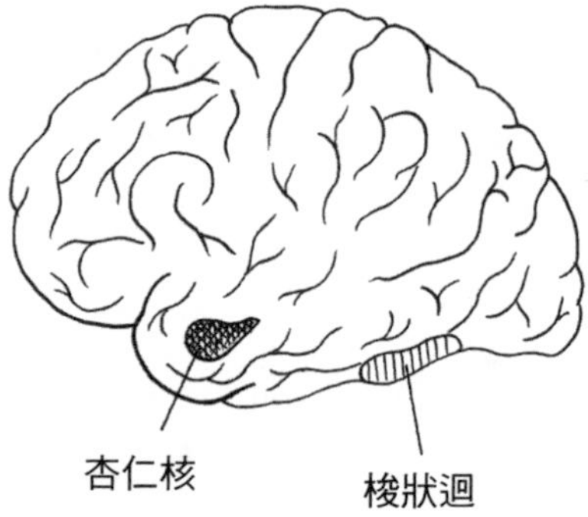

社會直覺：梭狀迴區域的低活化加上杏仁核的高活化，形成了社會直覺向度白目這一端的極端行為；梭狀迴的高度活化加上中度的杏仁核活動，是社會直覺大腦的標記。

尤其是杏仁核的活化程度是社交敏感度不同原因所在的研究。例如，好幾個實驗聚焦在減少杏仁核活化的分子研究上。催產素（oxytocin，或叫激乳素）這種荷爾蒙在田鼠身上的作用就是一例。在一九九〇年代曾經大紅的草原田鼠（prairie voles），是極少數堅守一夫一妻制的哺乳類，另外有一種牠的近親，住在丘陵的田鼠則是一夫多妻制，牠們有百分之九十九的基因相同。實驗者發現草原田鼠在一夫一妻制的關係中，體內有很多的催產素，而丘陵的田鼠沒有；一夫一妻制的草原田鼠大腦中有很多的催產素受體，丘陵的田鼠沒有。人類也是一樣，實驗證明催產素與母愛的行為有關（它在分娩和哺乳時會分泌出來），也跟愛情、依附及滿足的情緒有直接的關係。

當然，人類的行為太複雜了，無法歸因到大腦荷爾蒙的層次，但是現在已經有很多證據顯示，感受到愛和依附的感覺會提升大腦中催產素的濃度。無論如何，催產素的實驗確定了杏仁核在社會大腦中所扮演的角色。有一個實驗是把催產素這種荷爾蒙噴到受試者的鼻腔中，使它直接進入大腦，結果它降低了杏仁核的活化；也就是說，催產素產生承諾、依附的感覺，這個感覺降低了杏仁核的活化。當然還有其他降低杏仁核活化的方式，這些研究替社會直覺的大腦奠下了基礎。

情境敏感的大腦

前面說過，情緒形態的六個向度是我在研究情緒時自己跑出來的。至於情境敏感向度，是猴子幫助它跑出來的。

一九九五年，我開始與好友兼同事卡林（Ned Kalin）合作，研究恆河猴焦慮氣質的神經機制。要做這個實驗，我們一定要先能辨認這種氣質——要先知道哪些猴子是神經質的傢伙，哪些是適應很好的乖寶寶。卡林從一個大家都知道的事實著手——即人類幼兒和猴子在面對陌生的情境時會僵住，這是一種焦慮的行為，叫做行為抑制（behavioral inhibition）。他設計了一個實驗，讓這些恆河猴看到人的黑色側影而暫時僵住，然而每隻猴子僵住不動的時間不一樣，從十秒到超過一分鐘。

從一百隻看到人類側影的猴子中，我們找出十五隻僵住的時間較長的；但很奇怪的是，十五隻中有三隻常常會無緣無故僵住，即使沒有看到黑影也如此。所以這三隻猴子不但在看到人影時有極端的反應，就是在沒有任何引起反應的情境下也會有極端的反應出現。這是一條線索，表示牠們對原本生

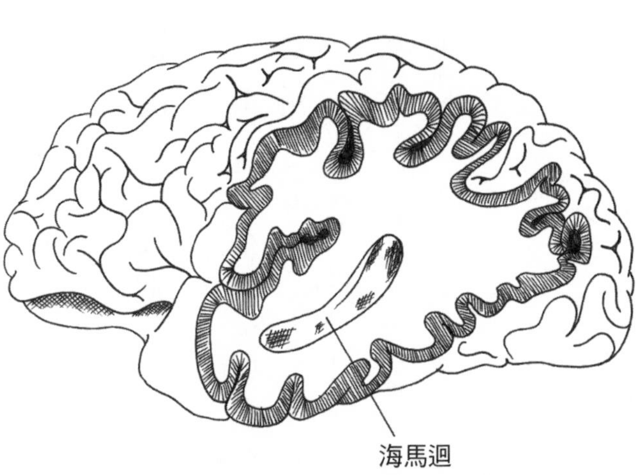

情境：雖然海馬迴比較為人所知的功能是在長期記憶中所扮演的角色，但是它也在情境的辨識中有舉足輕重的地位。它活化的程度低會對情境不敏感，顯得格格不入，活化的程度高則對情境敏感，適應良好。

活的熟悉情境也不熟悉。牠們把安全、熟悉的情境跟新奇、可能有威脅的情境弄混了，把熟悉的情境當作不熟悉、有威脅的地方了。

大腦中，區別熟悉和不熟悉情境的地方在海馬迴，可從上圖中看出。

一般對海馬迴的了解大都在處理記憶上所扮演的角色：它似乎可當做短期記憶的暫留區，使訊息能順利轉入長期記憶中。但是最近卡林恆河猴的實驗發現海馬迴的前端，很接近杏仁核那裡，同時也扮演了在不同情境調節抑制行為的角色。

這個發現符合我們所觀察到的創傷後壓力症候群（post traumatic stress disorder, PTSD）患者，常常有不正常的海馬迴失能。你可能知道PTSD是尋常的經驗會激發過去創傷所造成的痛苦回憶，例如車子排氣管突然發出巨大聲響會使遠離戰場的退伍軍人誤以為他仍在戰場上，這個隨時隨地激發痛苦回憶的情形使他不能過正常的生活。但是你可能也知道基本上，PTSD 就是一種對情境的不正常反應。在戰場上有焦慮和恐懼是正常的、恰當的，但是有 PTSD 的人在非戰地仍然經驗到這種焦慮和恐懼就不正常了。假如你是海軍陸戰隊隊員，在進入戰地時聽到爆炸聲，你的腎上腺素飆高，你的杏仁核大量活化，那是正常的，但是在你家附近的工地聽到爆破聲而有同樣的反應，就是不正常。

這就是我在二〇一〇年開始研究，有沒有可能用靜坐冥想和其他禪修的心智訓練方式減低戰場歸來退伍軍人的壓力。我對威斯康辛軍區司令提出研究計畫書時，他告訴我就在那個禮拜他部隊中兄弟所發生的事。因為他們剛剛從阿富汗返國，身上有錢（在戰地無法花錢），一名士兵就買了一輛他一直想要的摩托車，載著太太去兜風。當一輛救護車鳴笛靠近時，這名士兵恐慌了，他猛踩油門，加足馬力向前衝去，結果車毀人亡。這樁悲劇正說明了如果大腦不能了解你現在身在何處，區辨出在平靜的鄉間、相當安全的地方突然聽到很大的聲音，跟在戰場上聽到很大聲音的不同，你會送命。

許多實驗都發現 PTSD 跟海馬迴縮小有關，這其實有道理的：一個縮小的海馬迴可能沒有辦法形成情境的記憶，區分出阿富汗街頭槍戰的危險跟威斯康辛州安全的鄉下。從這裡可以得到結論，海馬迴不尋常的低活化程度是對情境不敏感的原因。在很敏感的極端是海馬迴過度活化，這會使人對情境特別注意，也會自動的抑制情緒。當一個人非常注意社交情境時，他會變成情緒麻痺，不知道該怎麼辦；就像赴晚宴的客人，坐在一張擺示得非常漂亮的餐桌前，發現她面前有六根叉子，她會不敢動，因為她不知道先動哪一根才是對的，她怕出醜。同樣的，一個對情境非常敏感的人可能會做出她認為這個情境所要求的行為來，所以她在丈夫面前是一個樣，在老闆面前又是另一個樣，在朋友面前還有第三個樣，直到最後她不曉得自己究竟是什麼樣。

海馬迴和大腦其他區域連接的強度差異，尤其是和前額葉的連接，是影響情境敏感度的原因。海馬迴經常性的與大腦執行功能的前額葉溝通，以及跟儲存長期記憶的其他皮質區溝通，海馬迴跟這些地方連接的強度會增加對情境的敏感度，而弱的連接會造成對情境的不敏感。

現在已有很多人類和實驗室動物的實驗顯示，海馬迴和它所溝通的大腦區塊跟登錄和提取情境資訊有關。例如對實驗室中的老鼠而言，所謂情境就是很原始的籠子的地板或是籠子的大小。要測試老鼠了不了解情境，研究者把一個中性的刺激（如一個聲音）和一個不愉快的刺激（如電擊）配對在一起，這時老鼠會繞著籠子跑以避開電擊。如果每一次老鼠聽到聲音就得到電擊，牠很快就會把聲音和電擊聯結在一起，下次一聽到聲音就馬上繞著籠子跑，不會等電擊真的到來才跑（這個實驗典範可以一直回溯到巴夫洛夫〔Ivan Pavlov〕，他把鈴聲跟狗的食物配對在一起，使狗聽到鈴聲就開始流口水，預期食物要出現）。但是假如後來當這個聲音出現而電擊並沒有跟著出現，老鼠就學會了下次聽到聲音時不必再逃避電擊了，這個現象叫消除（extinction）。下面是加上情境的情況：假如老鼠在一個地板是鐵絲網的小籠子裡，學會聲音不再跟電擊配對時，當牠被移到木頭地板的大籠子時，牠會回到原來學習的情況，認為聲音出現，電擊就會出現，又會開始跑以逃避電擊。假如這隻老鼠的海馬迴正常，牠會區辨得出情境，假如海馬迴被破壞了，牠就不再能區分出兩者的不同，就沒有辦法展現出消除的行為來，這種實驗結果強烈的指向海馬迴是情境學習的要素。因為學習是在知覺（perception）之後，所以這樣的結論——海馬迴的活化是情境知覺的基礎——應該是合理的。

自我覺識的大腦

在我念研究所的時候，我開始研究當時稱為「壓抑防禦」（repressive defensiveness）的人格類型。有這種人格的人否認自己有焦慮或壓力，然而他們的身體說的卻是不同的故事，我們會在下面這個實驗中看到。我們請受試者做「情緒句子聯想作業」（emotional-phrase association task），當他們讀一個句子時，要立刻說出第一個進入他們大腦的句或字，有的句子是中性的，如「檯燈在床旁的桌子上」，有的句子是有性暗示的，如「那個妓女跟學生睡覺」，有的是有攻擊性的，如「他的室友踢他的肚子」。有著高程度壓抑防禦的受試者會把情緒的句子評為「一點都不驚訝」，但是他們的心跳和膚電反應（測量皮膚出汗，代表焦慮）卻比常模高。很顯然，這些不是最自我覺識的人，後來的研究顯示，有這種壓抑防禦的人並不是有意識的壓抑自己的反應，或說謊表示沒有感到什麼不同，他們其實是真正無視體內正發生了什麼，因此就不能正確的感知他們的內在狀態。他們所說的感覺跟他們身體客觀測量出來的狀態差了十萬八千里。

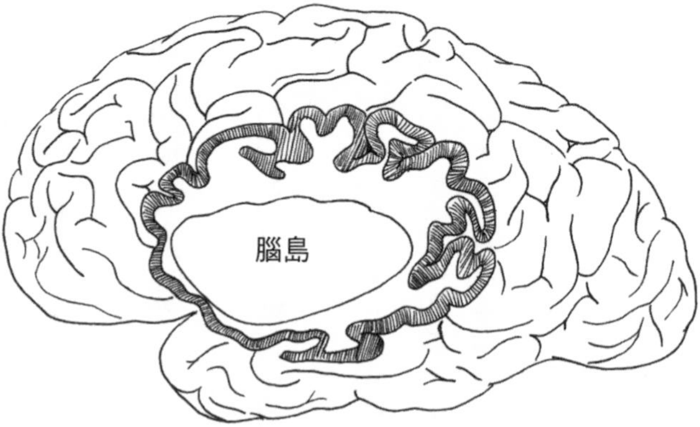

自我覺識：腦島從內臟接受訊息，高程度的活化支持了高度的自我覺識，低程度的活化是低度自我覺識的原因。

在當時，我對極端缺乏自我覺識的人沒有什麼方法可以研究，但是現在有腦造影儀器，大腦中自我覺識最重要的地方在腦島（insula），呈現在上面的圖中。

腦島在顳葉和額葉之間，它有著我們稱之為身體五臟六腑的地圖，這表示內臟器官：心、肝、大腸、性器官、肺、胃、腎都在腦島上有它特定的位置。我所謂的地圖就好像皮膚上的每一點在身體感覺皮質（somatosensory cortex）上都可以找到相對應的位置，那裡每一個神經元都接受身體表皮每一點所送進來的訊息，從前額到腳趾，我們皮膚的每一個區域都送訊息到身體感覺區的某一定點神經元。就這方面來說，身體的表面是像地圖一樣，複製到身體感覺皮質區上了。腦島也是一樣，它接受我們內臟器官所送進來的訊息，形成一幅地圖，即腦島的某一特定地區接受某個特定器官的輸入，所以它變成大腦的監控站，從頸子以下，身體的每個地方都歸它管。腦島同時也送訊號到器官去，例如叫心臟跳得快一點，或肺吸氣吸得快一點。最近的研究發現，除了腦島，身體感覺皮質區也跟接受內在感覺有關係，下次當你感到害怕、覺得心跳加速時，或你很憤怒、臉變紅時，你可以感謝你的腦島和你的身體感覺皮質，是二者在作用，使你產生這些反應。

所以，不令人驚訝的，當腦島從大腦的其他地方接到指令，會立刻去執行它的任務，使心跳加快些；當更多接受心臟輸入訊息的神經元加入工作，更多的神經元把訊息傳到大腦各處，使腦島整個動員起來時，人們就對自己的心跳敏感了。英國的研究者透過腦造影發現那些能夠比較正確評估自己心跳的人，腦島都比較大，腦島越大，評估越正確。

很有趣的是，高的腦島活動力不但跟身體感覺的自我覺識有關，也跟情緒有關。英國在二〇一〇年曾經做過一個實驗，他們請受試者回答一份問卷，裡面的題目是設計來看看這個人在情感表達障礙（alexithymia）這個向度上的落點，例如：「當別人難過或疼痛時，我很難去想像他們的感覺。」「當被問到我是什麼感覺，有什麼情緒時，我通常是不知道答案。」「我沒有辦法說出我內在的模糊感覺是什麼。」回答完問卷後，他們測量這些受試者腦島的活動力。結果發現，越是不知道自己的感覺是什麼的人，腦島的活動力越低。

這些訊息加起來就讓我們看到，有著高程度自我覺識的人腦島的活動力越強，那些不自覺的人腦島活動力低。在向度的極端，特別高腦島活化程度的人有著特別強的身體線索覺識，有時甚至導致驚恐症（panic disorder）和恐病症（hypochondrias），有這些病的人對自己的脈搏、呼吸、體溫和其他焦慮的測量都非常敏感，常會高估。因此，只要心跳得快了一點，就馬上引發緊張的反應，以為自己得了心臟病，快死了。

展望的大腦

我一九八二年那個發現左前額葉皮質高度活化與正向情緒有關、右前額葉皮質高度活化與負面情緒有關的實驗，只是情緒形態展望研究的開幕鈴聲而已。早期的發現是用腦電波圖（EEG）做的，在頭皮上貼電極來收集頭皮下大腦電流活動的情形，推測大腦的活動。當時這是唯一研究正常大腦非侵入性的研究工具，我們用了很多年。但是功能性核磁共振造影（fMRI）在一九九五年研發出來後，它馬上變成研究大腦功能的最佳利器。fMRI 除了比 EEG 有更好的空間解析度之外，還可以測量皮質下區域，例如杏仁核的功能（EEG 只能收集皮質表面的訊號，無法深入皮質下）。也釐清一下，fMRI 跟標準的 MRI 用的是同樣的儀器，只是軟體不同，MRI 是看腹部有沒有長瘤，大腦血管有沒有破裂，「功能性」是把大腦中血液帶氧的差別透過電腦軟體轉換成腦功能圖，大腦如果有在工作就需要比較多的血流量，看那個大腦區域帶氧血紅素和去氧血紅素的差異，就知道它工作的情形了。

二〇〇七年，我跟一位非常有才氣的研究生赫勒（Aaron Heller）坐下來談，他在二〇〇五年才剛剛加入我的研究室，我們想找出一個正向情緒的指標，這個指標是憂鬱症患者所沒有的。它可能看起來非常可笑——憂鬱症患者不快樂，對吧，用快樂當作指標不就成了？但是憂鬱症其實還缺少很多其他的正向情緒，例如憂鬱症患者沒有動機去完成目標（假如他們是實驗的老鼠，我們稱之為缺乏趨前行為〔lack of approach behavior〕），有的時候他們對正在移動的東西沒反應，好像什麼都沒看到，什麼都不注意，兩眼茫然，他們不會注意到鄰居花園裡盛開的花，或是街角新開了一家咖啡館。他們通常也缺乏持續力，許多憂鬱症患者完全了解他們的計畫（例如要帶家人出去），有許多該做的事，但是他們就是缺乏那個完成的動力。他們好像體內的動機線路短路了，赫勒和我想要找出這些現象的大腦機制。

當我們正在想該怎麼做時，我突然想起十五年前自己做過一個實驗，不過從來沒有發表。在那個實驗中，我給憂鬱症患者看一小段喜劇演員史提夫・馬丁（Steve Martin）的搞笑電影，目的是要引起他們正向的情緒，如快樂，我發現憂鬱症患者對這些電影片段的反應跟沒有憂鬱症的人一樣正向。這個結果挑戰了過去的觀念，認為憂鬱症患者無法經驗到快樂或其他正向的情緒。假如憂鬱症患者在正向情緒上有差異，它至少沒有顯現在觀看這些喜劇短片中。但是這個實驗沒有測試我認為有憂鬱症和沒有的人最大的差別：他們如何能維持正向的情緒，而不是他們能不能感受到正向情緒。

為了驗證這個想法，我們在當地的報紙和氣象台登廣告，徵求受試者（憂鬱症患者總是盯著氣象報告看，因為他們擔心暴風雪等環境的威脅，尤其住在中西部麥迪遜這種地方，他們隨時保持氣象警覺，因此，氣象台是一個徵求憂鬱症患者做實驗非常好的地方）。我們找到二十七名有臨床憂鬱症的人及十九名健康的正常人。因為我們要測量他們在看會引起情緒的短片時大腦的活化情形，因此，我們設計了一個系統可以把影像投射到 MRI 圓筒形隧道的天花板上。

當受試者來到實驗室時，他們被帶到一間房間，裡面有部模擬的儀器，先讓他們熟悉一下躺在 MRI 中的感覺，有的人有幽閉恐懼症，有的人會很焦慮，這些受試者我們不能用。而且真正的 MRI 啟動後，聲音非常嘈雜，躺在機器中的人耳邊會充斥像挖馬路的噪音，所以我們把真正的儀器聲音錄下來，在模擬的儀器中播放，使受試者明瞭真正實驗開始時會是什麼樣子。因為掃描的時間很寶貴，費用也很高昂，所以假如他們不適合做這個實驗，那麼絕對要在實驗開始前先知道，以免浪費時間和金錢。

那些仍然願意做的人，我們請他躺在 MRI 中，一旦他覺得舒服了（每個人都戴有耳機，可以聽到我們在控制室的聲音，也配有麥克風，可以跟我們說話），我們就把影片投射到他們臉上面的螢幕上，所有的圖片都是歡樂的，或至少會使受試者浮出一抹微笑——如小孩子很高興的在玩耍，大人在跳舞，人們在吃東西，食物好吃到看了會令人流口水。

我們告訴每一名受試者，在一個情境中，他們只要看這些圖片就可以了，不需要特別去處理他們的情緒反應；在另一個情境中，他們要強化並維持這些圖片所帶給他們的正向情緒，越久越好。直到二十秒後，影像消失，他們可以試一些認知策略來延長正向情緒，如想像自己跟圖像中的小朋友一樣身處在這個快樂的情境，或想像圖片中的人是他的好朋友、家人，或想像他們所感受到的快樂可以一

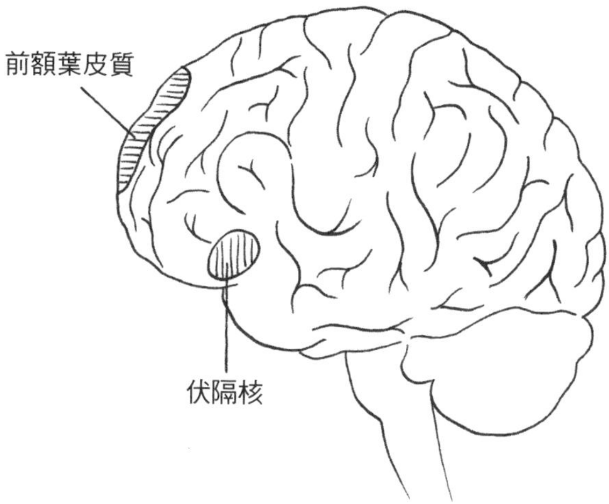

展望：前額葉皮質和紋狀體的伏隔核形成一個報酬的迴路，從前額葉皮質來的訊號可以在紋狀體中維持高活動力，紋狀體是大腦中產生報酬、獎賞一個關鍵的地方，所以它的活化會帶來正向的展望。紋狀體的活化程度低是負面展望的標記，這可能是前額葉皮質的輸入不夠。

直維持下去。我們認為這些策略可以強化或延長一開始的快樂感覺。他們躺在MRI中的四十五分鐘內，會看到七十二張圖片（譯注：人在密閉的空間不能躺很久，四十五分鐘可以說是接近極限了，我們實驗室最長做到五十分鐘，受試者就會要求出來）。赫勒跟我坐在控制室中，我們除了要確定電腦有呈現圖片並收集fMRI資料外，還得確定受試者躺在裡面沒有動（假如動了，資料就沒用了）。

從這些資料中，我們清楚的看到憂鬱症患者和健康人之間的差異。當他們第一次看到這些快樂情境的圖片時，大腦的回饋和報酬中心活化起來了——在上圖中可看到——這個地方是大腦的腹側紋狀體（ventral striatum），在大腦中線皮質下，許多研究都發現人們期待要得到什麼東西或感到快樂時，它會活化起來。比較特別的是在紋狀體內的一組神經核叫伏隔核（nucleus accumbens），這裡跟動機和得到報酬的感覺有關，它同時也跟多巴胺（dopamine）這種神經傳導物質的受體在一起，多巴胺跟正向情緒動機和慾望及大腦自己產生的鴉片劑（opiates）有直接的關係。伏隔核旁邊擠滿了多巴胺的受體，所以無論憂鬱症患者或正常人在看引起快樂感的圖片時，伏隔核活化的程度沒有差異，每個人在看到圖片時，都能感受到一開始的那種快樂感覺。但是這個相似性不能維持很久，正常人可以維持這個快樂的情緒一直到實驗結束，但是憂鬱症患者的正向情緒在幾分鐘之內便消失了。

為什麼？原因是伏隔核自前額葉皮質接受訊息，而前額葉皮質是高層次認知功能的所在地，它下指令，強化並維持快樂的感覺。這表示你可以自己這樣想——我甚至敢用「叫你自己」（will yourself）這樣想——我要感覺快樂。從前額葉皮質源源不斷的送訊息下來到伏隔核，告訴它：不要放手，不要放棄！這是健康的人大腦所發生的事，但是患有憂鬱症的人就不是如此了。當時間過去，憂鬱症患者前額葉皮質送到伏隔核「繼續維持」的訊號越來越弱，使回饋報酬系統的活化也越來越弱，看起來，這訊息像是沒有從前額葉皮質傳遞出來，或是在傳遞的路上走丟了，就像水從有洞的水管中漏掉了一樣。

我們想知道報酬系統活動減弱對真實世界的行為有何影響，所以在他們做完 fMRI 實驗後，我們請受試者填一份簡單的問卷，上面列出不同的正向情緒，如快樂、有趣、鼓舞、驕傲，請他們以一個五點的量表告訴我們這些形容詞如何能描述他們當時的心情。能夠維持報酬系統活化與人們報告他們正向情緒有多強有直接的關係：在看到一張兒童遊戲的圖片後，那些越能維持神經元活化的人，越報告他們感到快樂。很重要的一點是，這對正常人和憂鬱症患者都是一樣。一般來說，有憂鬱症的人問題不在他不能感受快樂，而在他無法維持前額葉皮質和報酬系統的持續活化。最近實驗室老鼠的發現顯示，伏隔核中多巴胺的活化跟報酬系統中的動機有關，動機又跟驅力（drive）和持久性有關。而大腦內伏隔核中自行分泌的鴉片劑跟我們的愉悅感有關。當伏隔核中的鴉片受體活化起來時，會刺激附近的大腦區域腹側蒼白球（ventral pallidum），根據動物研究，這個地方是大腦極樂（hedonic pleasure）的所在。

這些發現都顯示伏隔核和前額葉皮質是維持正向情緒的地方，伏隔核的活動力越強，越能把這個人推向情緒形態展望向度的正極，因為它維持前額葉送下來的訊號的能力越強。這個區域的活動力低是負極的原因。

注意力的大腦

我們處在不停有刺激出現的海洋中，其實我們能夠專注聚焦做一件事可以說是奇蹟，因為每一分鐘都有無數的訊息進入我們的大腦中，更不要說大腦自己產出的念頭。有些時候能夠專心做一件事可真是不容易，這個注意力的勝利使我們可以選擇外在或內在的物體來做我們意識覺識的中心，而去忽略其他的。

人類能夠專注於一件事其實是經過兩個相關的機制：一個是加強要注意的管道中的訊息，也就是說，我們可以增強攜帶我們在讀的那些字影像的視覺訊號強度，使它比其他的視覺訊號——例如拿著書的手——更清晰些。第二個機制是抑制要忽略的管道中的訊息。我們通常是二者並用。回想一下，上次你在一個嘈雜的餐廳想要跟同伴說話，為了聽清楚他說什麼，你把他聲音內在的音量調大了，同時也去壓抑隔壁桌傳來的聲音。甚至嬰兒都有選擇性注意的能力，他可以專注在媽媽的臉上，忽略其他感官送進來的訊息。

有兩種注意力形式是與情緒形態有關的：選擇性注意力和開放、不加判斷的覺識。選擇性注意，如我在第三章中解釋的，是指有意識的選擇聚焦到環境的某一個特質上，而忽略其他的。這種能力是其他情緒形態向度的建構基石，因為不能有選擇性注意力就沒有辦法自我覺識，也沒有辦法對情境敏感。開放、不加判斷的覺識反映出從外在環境收取訊號以及接受自己大腦中所跳出的思想、念頭和感覺。它可以增廣你的注意力，敏感的覺識到我們周遭一些輕微的線索，它使我們能這樣做，又不會被某一個刺激所纏住而忽略別的刺激。很久以前，當我還是研究生的時候，我就懷疑選擇性注意的個別差異是情緒差異的基礎（這是遠在我發展出情緒形態模式之前）。那個時候我做了一個研究，把明尼蘇達大學（University of Minnesota）心理學家泰利根（Auke Tellegen）所發展出來的一份問卷給受試者做，這份問卷是設計來測量你有多容易被一件事情所吸引，完全忘記周遭的一切。例如一名學生全神貫注在做數學測驗，甚至沒有聽到火警的鈴聲，這名學生在泰利根的測驗上會得分很高。問卷要學生評估每一個敘述有多準確的描述到自己，例如：「我被詩般的語言所感動。」「我常會被電影、電視或戲劇中的角色所感動，進入忘我的境界，完全忘記周遭，我走進了故事中，把它當作是真的，而我正是故事中的主角。」「當我在聆聽音樂時，我會全然陶醉在音樂中，其他什麼都看不到了。」

我把這個泰利根測驗給一百五十名哈佛大學大學部的學生做，你可以想像他們應該是一群很能注意聚焦的學生，我們選了最高分的十名和最低分的十名，做為注意力向度中聚焦的注意力形態和不能聚焦的注意力形態。我們用 EEG 測量這二十名極端的受試者的腦波，觀察在看到閃光和觸覺刺激（一隻機器手臂去輕觸受試者的前臂）時，大腦的運作情形。我們要他們去數光閃了幾次、手臂被機器人碰觸了幾次，然後記錄他們的視覺皮質和身體感覺皮質活動的情形。

你可能不會預期一個人多沉醉在音樂中，可以和他大腦對閃光的反應有多強烈有關係，但是它們有：受試者在數光閃了幾次時視覺皮質活化的強度，以及在數手臂被碰觸了幾次時身體感覺區活化的強度，和他在泰利根專注量表（Tellegen Absorption Scale）的分數有相關。那些能夠完全專注的人有很強的選擇性注意，他們的視覺皮質或身體感覺皮質比那些不能專注的人更活化。這是我覺得注意力的差異可能很重要的第一個線索。

然而，只有用現代的大腦記錄技術，我才能找出控制注意力的大腦神經迴路，其他的實驗已經顯示前額葉皮質區在選擇性注意上扮演重要的角色，它強化了應該注意的刺激（例如在嘈雜的餐館中，放大我們伴侶所講的字的音量相對於其他背景噪音），以及減弱我們要忽略的刺激（其他人的談話聲音）。知道這個事實以後，我們設計一個實驗，給受試者戴上耳機，每秒一個高音或低音或左或右送入他們的耳朵，我們請受試者在聽到高或低音在左或右耳出現時，就按鍵；也就是說，在五分鐘內，如果高音出現在左耳時按鍵，那麼，下面的五分鐘，低音出現在右耳時按鍵，這樣做完四組的排列組合。在此同時，我們用 EEG 收集腦波。

用現代的方式來分析大腦的電訊號時，我們發現了一件教人很驚奇的事：受試者越能聚焦在做正確的作業上，例如在右耳聽到低音時按鍵，前額葉皮質所送出來的電訊號越跟聲音的到達同步（synchronize）。這個同步鎖住（phase-locking）表示大腦的活動是可以被外界的刺激所制約而變成同步，當腦波與外界刺激到達同步時，注意力達到最高點，也最穩定，這點可以從受試者按鍵的正確率上看出。這個同步鎖住的現象只在前額葉皮質看到，其他的大腦部位並無，這突顯了前額葉皮質在調節選擇性注意上的重要性。

開放、不加判斷的覺識也是來自大腦活動的特定形態，如我們在二〇〇七年眨眼的注意力實驗上所發現的。我在第三章中有談到，注意力的眨眼只有在你的心思還停留在上一個要注意的物體上時才會發生，因為你暫時性的對環境失去覺識。它不是你進入無意識狀態（coma），而是你沒有注意到你面前發生的事，例如一連串的字母中突然蹦出一個數字來。在注意力眨眼作業測量大腦功能時，我們發現這個現象也在人們過度注意前面一個數字如在T、J、H、3、L、D、9、M……中的3，結果過度的注意3就會影響後面9的被注意。換句話說，有高度開放、不加判斷覺識的人比較會注意到第二個數字，而低開放度的人幾乎一定會錯過第二個數字，EEG的資料顯示出大腦的機制：在誘發電位（event-related potential, ERP）的P300波上。所謂誘發電位是某個特定外在事件或刺激所激發的大腦電流反應，P300指的是正波（P是Positive）反應，出現在刺激出現後的300毫秒左右。太強的P300訊號表示在第一個數字上投資了太多的注意力，使你錯失了第二個數字；太弱的P300表示投資的注意力不夠，使你連**第一個**數字都沒看到。這個開放、不加判斷的覺識品質意含著平衡，使你不會深陷已經在做的刺激中，無法抽身，它是對所有的刺激開放。

總結上述：注意力向度極端專注的人，前額葉皮質對外在刺激有很強的同步鎖住現象，也有適度的P300訊號活動。在不專注那一端的人，前額葉皮質顯現非常少的同步鎖住現象，以及很弱或很強的P300訊號。

在本章中，我丟出了很多的大腦發現，但是我希望你在讀完這一章時有兩個很清楚的概念。第一是，每一種情緒形態向度底下都有很強的、不可能弄錯的神經活動形態，在支持這些向度所顯現的行為；第二是，這些神經活動通常發生在那些一九七〇年代，甚至八〇年代的研究者想都沒想過的大腦區域。如我在第二章中所說的，當時的研究者不把情緒當一回事，把它當作阻礙大腦研究的討厭東西，認為情緒妨礙了他們對認知、推理、判斷和計畫等高層次功能的研究。

事實上，情緒大腦的迴路常常與推理、思考的迴路重疊，我認為這裡有個很重要的訊息：情緒和認知是分不開的，它們是綜合成一體，一致對外的。它使我們能夠在人際關係、工作的世界安全地遊走，也使我們的心靈成長。當正向情緒給我們動力時，我們最好能專注在自己要做的事上，去了解一個新工作或新學校的社交網路，去拓展我們的視野，使我們可以很有創意的綜合各種不同的資訊，去維持我們的興趣，去把一件事從頭到尾做到完。在這些情況中，情緒既不是干擾者，也不是中斷者，它完全不是七〇年代研究者想的那樣，它是個促進者，我們做的所有事情都離不開**感覺**，難怪大腦中控制和調節情緒的迴路會和認知功能的迴路重疊。情緒和其他的心智歷程之間並沒有清楚的界線，它們是混在一起，你中有我、我中有你的。因此，幾乎所有的大腦區域都在情緒中扮演角色，或都被情緒所影響，甚至連視覺和聽覺都是。

這些關於情緒神經組織的事實，在了解為什麼我們的知覺和思想會被情緒經驗所改變上有重要的言外之意。它們同時也有助於解釋我們如何能應用認知的機制特意的調節和轉換情緒，我們在下一章中馬上會看到。但是這引起一個問題。情緒形態各個向度的大腦機制似乎對我們做為一個人來說，是非常基本的，所以它很容易被假設為天生的，就好像一個人的指紋，或他的眼睛顏色，或他的個性，我們會認為它是不能改變的。至少我當時是這麼想的，我在下一章中會詳述。

第5章

情緒形態是如何發展出來的

我們的DNA就像大規模的CD收藏，

你有這張CD不代表你會把它播出來聽，

就像你有這個基因不代表它一定會被啟動（或說一定會被表現出來）。

基因的表現與否強烈受到環境的影響，

在優良的環境中成長可以使不良的DNA沉默，

阻止基因傾向在大腦中產生影響我們的行為和氣質。

這就好像我們從來沒有播放那張CD一樣。

有研究發現在不同環境長大的同卵雙胞胎到五十歲時，

一個身上基因是關閉的而另一個是活化的基因差異，

比他們在三歲時的差異多達四倍以上——

這是環境為什麼可以把一個相同的基因體轉譯成不同的人。

當我最初發現情緒形態的六個向度有神經生物學上的基礎時，我假設它們是天生的、固定的、不能改變的，是孩子一生下來進入這個世界就建立的。就像其他的科學家（及新手父母，我的女兒艾美麗是一九八一年出生，我的兒子賽斯生於一九八七年），我驚嘆造物者的神奇，我注意到新生嬰兒有他的個性，有的嬰兒很好奇，動作不慌不忙，有的很焦慮，愛哭鬧。艾美麗是個很陽光、很外向的孩子，很容易交上朋友；我們推她出去散步時，她坐在娃娃車中，對周邊所有的事都發表意見。到她八歲時，搭飛機已經不要跟我和我太太坐在一起，等到飛機降落時，她已經把坐在隔壁的乘客祖宗三代都打聽得很清楚了。賽斯正好相反，他是個討人喜歡、很聽話的乖巧孩子，但是從不魯莽，他是那種先試水溫才決定要不要下水的人，他絕不會立刻跳到水池中。

情緒的DNA

簡單的說，孩子來到這個世界時，似乎已經有事先設定好的氣質和情緒形態，表示這一定是由父母那兒遺傳來的，是基因設定的。畢竟，剛出生的嬰兒怎麼可能有任何生活的經驗去影響他的情緒形態呢?剩下當然就是基因了。的確，那些比較同卵雙胞胎和異卵雙胞胎的研究都顯示，基因使我們害羞或大膽、冒險或小心、快樂或不快樂、焦慮或溫和、聚焦或散漫。這些研究是認為同卵雙胞胎來自同一個受精卵，所以有著相同的基因序列——相同的A、T、C、G序列。而異卵雙胞胎來自兩個不同的受精卵，有著不同的卵子和精子，所以在基因上的相似性跟兄弟姊妹是一樣的，只有一半的基因相同。所以同卵雙胞胎在基因上比非雙胞胎的兄弟姊妹相似二倍，也比異卵雙胞胎相似二倍。換句話說，當雙胞胎之間的相似性大於異卵雙胞胎時，就表示這項人格特質有很強的基因關係。

所以雙胞胎的研究在想知道氣質、人格特質、情緒形態的基因關係時，真像座金礦。在這些特質中，同卵雙胞胎比異卵雙胞胎更相似的有害羞、社交性、情緒化、容易愁苦、衝動性、適應性及正向和負向情緒的平衡。雖然它們看起來是很奇怪的一群，但我是特別把它們選出來的，因為每一項都反映了情緒形態六個向度中的一個。

- 害羞和社交性跟你在社會直覺向度的落點有關。
- 情緒跟你的回彈力和展望有關。
- 容易感到愁苦跟回彈力有關。
- 適應性反映出對情境的敏感度。
- 衝動跟你在注意力向度的落點有關（不能專注會使你比較容易衝動）。
- 正向或負向情緒是回彈力和展望向度的產物。

就上面這些向度來說，基因佔百分之二十到百分之六十，也就是說，一個人和另一個人在這些特質的差異是五分之一到五分之三，這到底是高還是低就看你的觀點了。一名強烈的基因決定論者會認為任何東西低於百分之百都是可疑的低，而認為人來到這個世界像張白板的就會認為百分之二十是相當的高。提供一些參考基準：遺傳到鐮刀型紅血球貧血症（sickle-cell disease）的機率就是百分之百，而宗教的遺傳性是零。

雖然生活在這個基因的時代裡，很多人都假設每一種人格特質都是基因的產品，但其實不然。以精神分裂症（schizophrenia，編按：台灣精神醫學會最近正推動更名為思覺失調症）來說，雖然這種精神疾病有很強的基因部分，當同卵雙胞胎之一發展出這種病時，另外一名也有的機率是百分之五十（同卵雙胞胎的基因完全相同，但是都得到這種病的機率也才一半）；憂鬱症的基因部分就更少了，而且跟性別有關：憂鬱症女性的遺傳率是百分之四十，男性是百分之三十。很有趣的是，有多容易把一個吵鬧的嬰兒哄安靜似乎沒有什麼基因的關係，我自己對雙胞胎的研究顯示焦慮症的基因部分就比憂鬱症更少了。即使在有基因成份的人格特質中，基因也不代表所有，基因會使一個孩子走向某個特定情緒形態的路，但是某些經驗和環境可以讓這孩子從那條路上轉向，往另外一條路去。

天生害羞？

氣質天生機制這方面研究的開山始祖是哈佛大學的凱根（Jerome Kagan）教授，我在研究所的第一年就認識他了。他是一位完美的科學家，從以前到現在都對他的研究很熱情。他專門研究孩子氣質的發展，不論什麼時候，我或任何其他研究生在走廊上碰到他時，他都會問道：「今天大自然有對你揭開她的面紗嗎？」他一直軟硬兼施的要我們去找出什麼因素決定孩子後來的成就。在那個時代，你可以在辦公室抽菸，而凱根的煙斗讓他的辦公室有一股不可能錯認的特殊味道。凱根是行為抑制的先驅，行為抑制其實是焦慮的一種，這個名詞是描述在看到新的、不熟悉的刺激時，會僵住不能做反應的情形，如我們在第四章中所說的那些猴子。在日常生活中，這個行為的表現就像很害羞的樣子，看到陌生人手足無措。凱根是第一個系統化的檢視幼兒害羞行為中個別差異的生物相關性的科學家。

他的主要發現來自長期觀察幾十名被認為有行為抑制的孩子，從他們小時候一直追蹤到二十多歲。凱根先請父母描述他們的孩子，在一份行為抑制的量表上評分，然後他親自觀察這些兒童，也做他們的大腦造影。fMRI 的報告顯示，那些在小時候被分類為強烈行為抑制組的孩子，杏仁核活化的程度比幼時被分類為非抑制組的高很多。杏仁核在恐懼和焦慮上扮演了重要的角色，專對環境中有威脅的事件做反應。杏仁核的高活化反映出行為抑制的孩子和大人一個很重要的特性：他們太過警覺，不停的在尋找可能的威脅和危險的來源；他們會被一般人不會注意到的微小聲音嚇到。凱根研究最基本的發現就是行為抑制是氣質一個非常穩定的特質，九歲害羞的孩子變成十六歲害羞的少年，變成後來害羞的大人。因為凱根發現行為抑制似乎與大腦有關——杏仁核的過度活化，又因為在一九八〇年代和九〇年代，大部分科學家相信基因會塑造大腦的結構和功能，行為抑制的不變性變成流行文化的一部分，最常看到的標題就是「天生害羞，永遠害羞」。

直到幾年以前，說情緒形態有基因上的關係就表示這個人格特質是不可能改變的，一直到墳墓方休的「福賜」，畢竟，基因決定你鼻子的形狀、你眼睛的顏色（那時還沒有整型手術）。傳統智慧也的確看到有些人格特質，不論是生理上的或心理上的，是有這個特性。

但是基因的革命完全推翻了過去「基因等於不可改變」（genetic equals unchangeable）這個教條，它的戲劇性幾乎和巴格達的海珊（Saddam Hussein）銅像被推倒一樣驚人。科學家發現了兩個驚人的事實：基因主導的特質可以表現出來也可以不表現出來，完全依孩子生長的環境而定；這個基因的開啟和關閉決定於我們的經驗。現在流行的說法是沒有一個單一的因素，基因的或環境的，可以解釋情緒形態的變異性。但是這就好像說太陽很熱一樣，它本來就是顯而易見而且沒什麼可爭辯的。其實更有趣的在後面，它跟過去的想法完全相反，過去認為假如某種行為有基因上的基礎，那你一輩子逃不掉，因為你怎麼可能改變你的DNA？但是現在知道即使是有基因基礎的特質也可以戲劇化的改變，父母對孩子的態度和孩子的經驗可以改變這個基因。

後天在先天上的效應

有基因基礎的特質可以改變的原因在於，只有基因並不足以使這個特質表現出來。基因必須被啟動，而人類和實驗室動物的研究顯示生活的經驗可以把基因啟動或關閉。在那個老掉牙的先天和後天誰重要的辯論中，現在知道後天可以影響先天。

這是從一九八〇年代後期科學家研究一個荷蘭家族的報告上發現的，這個家族有十四名男性，都犯了衝動型攻擊性犯罪，包括縱火和強姦未遂。一九九三年，科學家發現這十四人都有相同的X染色體的一個基因。這個基因會製造一種酶叫MAOA（monoamine oxidase A），這種酶跟神經傳導物質血清張素（serotonin）、正腎上腺素（norepinephrine）和多巴胺的新陳代謝有關。正常的基因（長的）會製造很多的MAOA，不正常的（短的）基因則只製造很少量的MAOA。大腦中MAOA越多，神經傳導物質被分解得越快。

大約有三分之一的人有短的MAOA基因，三分之二的人有長的MAOA基因。動物的研究找到低MAOA（來自短的基因）跟攻擊性的關係，或許當MAOA在大腦中不足時，大腦只好想辦法增多，這增多的過程會引發攻擊性行為。的確，有短的MAOA基因形態的人對威脅會起毛髮豎立的反應，他們一看到憤怒的臉，杏仁核這個恐懼中心就大量的活化起來，這可能可以解釋那個荷蘭家族男性成員的暴力行為。MAOA基因現在叫做「暴力基因」，報紙上大標題寫著「暴力在你的血液中」，也有人提議每個人都要去做基因篩檢，看看有沒有短的基因形態，最好在犯人還不會走路時就阻撓其萌芽，免得日後犯罪。

但是後來又有一個重要的實驗，紐西蘭的科學家篩檢了四四二名男性，找出來他們身上是有好的長的基因還是短的不好的基因，然後從一大堆的犯罪案件和其他的公共紀錄中來看他們到二十六歲時哪一個有反社會行為或犯罪行為，也做心理測驗來看他們有沒有反社會人格，或青少年行為偏差或其他的心理疾病，也至少與一名跟這個人很熟的朋友面談。結果發現有百分之六十三的人有高 MAOA 活化的基因，百分之三十七的人有低活化的基因，下面是令人驚異的事：MAOA 基因和反社會行為並沒有統計上的顯著相關。也就是說，有的時候，低活動的 MAOA 男孩長大會變成罪犯，有的時候不會。但是這個「有的時候」就足以讓你瞠目結舌了。假如一個有低活動力 MAOA 基因的人小時候被虐待，就如這個樣本群中百分之八的孩子，那麼他長大以後，非常可能展現出反社會行為。那些有著一模一樣的基因，但是來自溫馨家庭，被愛、被關懷的孩子，在這研究中佔百分之六十四，他們並沒有比高活化程度 MAOA 的人有更多的反社會行為。基因本身無法增加犯罪的機率，它還需要一個壞的環境來助紂為虐。

科學家追蹤這個實驗去看紐西蘭的孩子中，另一個跟行為有關的基因，即血清張素傳送基因，有沒有相似的先天—後天的關係。這個基因在染色體17上，它製造酶，把血清張素這種神經傳導物質趕出突觸。所以它跟抗憂鬱症的藥物血清張素再吸收抑制劑（Selective Serotonin Reuptake Inhibitors, SSRI）有相反的作用。SSRI 是使血清張素在突觸待久一點，因為它阻止血清張素的回收，它在突觸的量就會多。結果，不令人驚訝的，短的基因會使血清張素的轉運子（transporter）比較少，憂鬱症的情況就比較嚴重。但科學家再一次發現基因不是命運：在有著短的轉運子基因的男性中，只有那些在二十歲初期生活很緊張的人，才是憂鬱症的高危險群；即使有著憂鬱症的基因，但是日子過得很平穩也不會有較高的憂鬱症罹患率。

這是對於我們的情緒和心理命運並不完全掌控在那些雙螺旋排列基因的第一道提示。有基因基礎的害羞、攻擊性或違法犯紀並不見得一定會展現出來，要看這孩子有著什麼樣的生活經驗。現在應該把基因看成是音樂的收集，不論你是把音樂收集在iPod或ＣＤ或黑膠唱片上（現在還有人知道什麼是黑膠唱片嗎？），我們聽到的音樂完全看你是在放哪一張哪一首，現在不應再認為ＤＮＡ是決定你的細胞要做什麼的軟體程式，或是無人彈奏的自動鋼琴裡的樂譜（有打洞的卡），由它來決定要彈哪一個音符。現在我們知道，有某個基因不代表它的音樂會是我們生活的一部分。或是換個比喻，把基因想成裝滿子彈的槍，只有環境可以扣下扳機。

但是我們的生活經驗是如何到達細胞的層次，開啟或關閉基因呢？跟過往一樣，第一條線索來自實驗室動物的研究。一九九〇年代，生物學家明尼（Michael Meaney）看到他養的老鼠中有一些非常的焦慮，受到抑制，只要把牠們放到陌生的環境中，一點聲音就使牠們跳得一丈高，甚至僵住不敢動。這些神經質的老鼠對壓力經驗的反應是分泌出一大堆的壓力荷爾蒙醣皮質素（glucocorticoids），它會使心跳加快、肌肉緊張準備逃命或打架。但是其他的老鼠卻悠哉遊哉，把牠們放在陌生的開放環境中，牠們會很高興的去探索，就好像青少女逛服裝店似的。牠們處理壓力的方式是沉著應變，遭到電擊時，牠們只會分泌少許的醣皮質素；一旦性情溫和的母鼠變成媽媽後，會定期的舔舐、清理牠的孩子，這是鼠類的擁抱和愛撫，相當於我們人類的睡前講故事。相反的，焦慮的老鼠太緊張以致無法履行牠的母親職務，牠們不去舔舐和清理自己的孩子，如果鼠界有兒童保護法的話，這些媽媽會被送去上父母教育課程。

為什麼有的老鼠可以這樣聳聳肩，讓壓力緊張經驗過去呢？明尼和他的同事在一九八九年發現這些老鼠在面臨壓力時，分泌很少的醣皮質素，就好像一個孩子如果很清楚母親的脾氣，他不必被叫第二遍就會去清理自己的房間。所以這些對醣皮質素很敏感的老鼠，一點點的壓力荷爾蒙就可以讓牠走很長的路，所以牠的身體不會浸泡在壓力荷爾蒙中；身體中有比較少的壓力荷爾蒙，這隻老鼠就比較溫和，不會緊張兮兮，碰一下就跳起來，比較不害怕，比較不神經質。而那些對壓力荷爾蒙很敏感的老鼠，是因為牠們大腦海馬迴有很多醣皮質素的受體。受體顧名思義就是一個儲存醣皮質素的地方，當大腦有豐富的受體時，身體就不需要製造很多的壓力荷爾蒙把訊息傳遞上去，就好像如果你家的青少年有三隻耳朵，你就不需要這麼大聲跟他叫說不准把吃過的盤子留在房間裡。

到一九九〇年代中葉時，明尼發現了為什麼有的老鼠大腦中有比較多的醣皮質素受體，使牠們可以忍受壓力，原來在牠們小的時候鼠媽媽有充分的舔舐牠們、清理牠們。這個感受到母愛的經驗造成牠們一生的差別，把牠們大腦的軟體設定為碰到挫折聳聳肩就過去，陌生環境沒什麼可怕的，先去探索一下再說。但是那些母親不理牠的鼠寶寶，長大後變得很害怕，過度緊張，碰到任何陌生或沒有預期到的事情時，會僵住不能動。

因為神經質、焦慮的母親會生下神經質、焦慮的寶寶，每個人都假設這種焦慮和神經質是遺傳性的，是基因的，當然，也一定是固定的、不可變的。既然放鬆的母親會生下放鬆的孩子，每個人也假設溫和是基因的、可遺傳的和固定的。但是明尼長久以來對這個焦慮和溫和是遺傳性的、像眼睛的顏色一樣不可改變的教條心存懷疑。所以他就弄了一個老鼠寄養家庭，讓神經質的媽媽去扶養溫和媽媽的寶寶，讓溫和的媽媽去扶養神經質媽媽的寶寶。在這裡，後天勝利了。那些種不好，生為焦慮、神經質、不理孩子媽媽的寶寶，被好心的、專注孩子需求、天天舔舐牠的母親收養後，長大變成放鬆、有好奇心、喜歡探索環境、快樂的、適應良好的老鼠，牠的一切就像牠的養母。那些生自很有愛心、很溫和媽媽卻不幸有個冰冷不在意牠的養母的小鼠，長大後變成緊張、敏感、容易受驚嚇，在陌生環境中就縮起來不會動的老鼠了。而且當牠們自己變成父母時，這些雌鼠就跟牠的養母一樣，也是對小孩不睬不理，完全不像牠的生母；而那些先天命不好，但是後天碰到一個好養母的老鼠，做媽媽後會盡心的舔舐牠的孩子，把牠們清理得乾乾淨淨，牠們就像牠們的養父母，後天戰勝了先天。

你可能會說，這隻母鼠教會了牠的養女如何做個好媽媽（但是怎麼教？動物不會說話，如果不是在基因中，這行為怎麼可能出現？），但明尼認為不是這麼簡單，有更深奧的運作。他知道在海馬迴中有一個使老鼠焦慮地製造壓力荷爾蒙受體的基因，這個基因就是溫和的母親有很多而神經質的母親只有很少的那個基因。你還記得，受體越多，看到遠處有隻餓貓出現時，所需的壓力荷爾蒙越少就能產生必要的反應；相反的，受體越少，牠越需要分泌高量的壓力荷爾蒙來應付眼前的危機，就變得越焦慮、越神經質。所以很顯然的，要找出原因應該去看這些製造荷爾蒙受體的基因。

結果明尼和他的同事發現這個製造壓力荷爾蒙受體的基因，受到生命初期經驗的改變。在好媽媽扶養下的小鼠，這個基因比徒有不關心、冷漠媽媽的小鼠活動力高了兩倍（記得嗎？基因活動力越高，它所製造出來的醣皮質素受體越多，受體越多，老鼠越溫和）。明尼發現造成這個現象的生物機制是當母鼠舐寶寶時，這個動作讓醣皮質素受體基因被啟動。但是假如母親是冷漠的，很少舐孩子的，這個壓力荷爾蒙受體的基因是沉默的：一組原子（叫做甲基組〔methyl group〕）就坐在基因上，把它關掉。明尼的實驗顯示生活的經驗可以深入到DNA的層次，將它開啟或關閉。這個結果是如此的令人驚異，一份世界著名的頂尖科學期刊拒絕他的論文，因為環境可以影響基因，將它開啟或關閉太違反教條了，他們不敢登（後來明尼找到一位心胸比較開闊的編輯，他的這篇重要論文終於在二〇〇四年刊登在《自然神經科學》〔*Nature Neuroscience*〕期刊上）。人類雖然不是老鼠，但是我們的DNA也可以被甲基組關閉，明尼很快在後續的實驗中發現。他拿到了魁北克自殺者大腦銀行（Quebec Suicide Brain Bank）自殺者的大腦組織。這家銀行顧名思義就是自殺者把他們的大腦捐出來，供人研究，希望以後能找出防止自殺的方法。這些腦裝在塑膠盒中，冰凍在蒙特婁道格拉斯心智健康研究院（Douglas Mental Health Institute in Montreal）的冰凍庫中，不只大腦的組織，它還包括這個人的心理和醫療紀錄。明尼共研究了三十六個大腦，三分之一的自殺者是童年不幸的受虐者，三分之一的自殺者不曾被虐待，三分之一是非自殺者。分析這些大腦後，他發現相較於非自殺者，童年受虐的自殺者大腦顯著的更甲基化（methylation），有那個可以關掉製造醣皮質素受體基因的甲基組。這個基因跟冷漠母親所養大的老鼠身上的那個基因是相同的，人類跟老鼠一樣，當這個基因沉默後，他的壓力反應系統就很容易被啟動，使這個人很難去對付生命中的挫折。這個壓力反應系統的不正常活動已經證實跟自殺有關。明尼二〇〇九年的研究發現完成了這個因果關係的鏈：受虐兒會改變他大腦中基因的表現方式，這個基因的改變會使這孩子無法應付生命中的不順和挫折，這種失能使這個孩子易受自殺的傷害。

明尼的研究跟傳統認為基因乃固定不可改變的教條是完全相反的，明尼的研究顯示出我們的ＤＮＡ就像大規模的ＣＤ收藏，你有這張ＣＤ不代表你會把它播出來聽，就像你有這個基因不代表它一定會被啟動（或是如遺傳學家說的，它一定會被表現出來）。基因的表現與否強烈的受到環境的影響，所以即使我們有焦慮的基因傾向，在很好的環境中長大可以使這個焦慮ＤＮＡ沉默，阻止它在大腦中產生影響我們的行為和氣質。這就好像我們從來沒有播放那張ＣＤ一樣。

甲基組坐在一個叫做假性基因改變（epigenetic change）的ＤＮＡ上頭，它沒有真正改變基因的序列，還是原來的Ａ、Ｔ、Ｃ、Ｇ，它改變的是這個基因是否要表現出來。這可以解釋為什麼同卵雙胞胎一個有精神分裂症，一個沒有，它的共發和諧率（concordance）沒有想像的高。剛出生時，雙胞胎在基因上是非常相似的，如果雙胞胎之一的某個基因沉默了，另一個雙胞胎的這個基因也是沉默的。但是當雙胞胎慢慢長大，隨著生活經驗不同，他們慢慢累積了一些假性基因改變。有時是因為機率，碰巧改變了；有時是因為經驗，發生越來越多假性基因改變，把一些以前是活動的基因關掉，讓一些過去是安靜的基因釋放出來活動。

二〇〇五年有一個研究顯示經驗對基因有多重要，這個研究發現有些相似的生活形態、大部分時間是在一起生活的雙胞胎，比有著不同生活形態、大部分時間沒有一起過活的雙胞胎，有著更相似的基因因果關係（epigenetics，譯注：這個名詞是生理學家瓦丁頓〔Conrad Waddington〕在一九四二年創造出來的，它是指基因體研究中沒有改變DNA的序列結構而產生的可遺傳的改變，它是生物學的一支，專門研究基因及其產物的因果互動關係）。到五十歲時，在不同環境長大的同卵雙胞胎，一個身上基因是關閉的而另一個是活化的基因差異，比他們在三歲時的差異多達四倍以上，三歲時他們的生活經驗是很相似的，所以基因上的差異不大。這是環境為什麼可以把一個相同的基因體轉譯成不同的人。

羅比進場

我一直對測量孩子的基因表現很感興趣，看著他們一邊長大，這個測量的數字一邊改變。尤其在我們做了羅比這個機器人的實驗後。這是我們第一個長期的情緒形態研究，它分析凱根發現的那個從孩童期到成年期都不會改變的行為抑制。抑制跟情緒形態回彈力的向度有關，也就是說，抑制的或害羞的孩子回彈力較弱，他們要花比較長的時間才能從任何一個引起他們緊張的情境中回復過來。例如在一個不熟悉的環境或必須跟陌生人說話互動，沒有抑制行為的孩子比較容易回彈，他把這種情境當作機會，化危機為轉機，他們從一開始的焦慮中回復之快使他們幾乎沒有注意到自己有焦慮。實際上，我會堅持就是這種缺乏回彈力比害羞還更基本，它才是真正的原因。因為跟陌生人說話、探索不熟悉的地方和其他大膽的行為，使害羞的人焦慮、緊張，這個緊張的感覺可能延宕很久不散，所以他們會避免這種情境，他們表現出害羞的樣子（那些自我覺識的人有意識的逃避這種情境，而那些自我不透明的人是潛意識的在做這件事，後者會說，他們正巧喜歡在家工作，每天晚上都搞到很晚）。因為我在當時認為孩子天生就有情緒形態，這些形態又一直持續到生命終結，我是假設我們可以找到一種跟著這名孩子一輩子的回彈力——固定的、穩定的、不可變的。

在一九八〇年代，地方報紙都有一版專門刊登誰家添了小寶寶，誰又過世了。這個版面對需要受試者來做實驗的科學家而言真是座金礦。威斯康辛大學的辦公室會很盡責的把每一則出生新聞登記下來，建立一個以生日為順序的嬰兒資料庫。假如科學家需要幾百名三歲的嬰兒來做實驗，他只要到辦公室去要一份三年前出生的嬰兒名單就可以了，他不必自己去找，但還是需要自己打電話給這些父母。所以我們就去取得一九八五年出生的嬰兒名單（那時是一九八八年），去除那些住在四十公里以外的孩子，問剩下的父母親願不願意參加一個行為抑制的實驗——害羞的實驗。大約有百分之七十的家長同意，這反映出威斯康辛大學在這些家長心目中的地位，我們於是開始安排他們來實驗室做實驗的時間。

總共有三六八位父母抱著寶寶來做實驗，絕大多數是母親，只有少數幾名是父親抱來。我的研究生芬曼（Rona Finman）把這些父母帶到一間滿地散落玩具的遊戲室的一角，旁邊有幾張椅子，請他們坐下來填一些基本資料，如寶寶姓名、種族，外加氣質如何（情緒陰晴不定？焦慮？害羞？），此外，父母也要填自己的基本資料。在父母填表格時，寶寶可以去玩地上的玩具，有積木、洋娃娃、小卡車等等。我們一次做兩名寶寶。

幾分鐘以後，遊戲室的門打開，進來了一個遙控機器人，羅比。它只比這些寶寶矮一點，底下有三個輪子，眼睛會閃光，頭可以轉左或轉右，當它發出聲音時嘴會一張一合。我們遙控使它靠近每一名寶寶，用電腦的平板聲音說：「嗨！我是機器人羅比，我來跟你玩，你要跟我玩嗎？」我的學生芬曼則指示媽媽專心填問卷，不要管孩子在做什麼。

寶寶的反應真是無奇不有，包羅萬象，有些爬到羅比的身上摸它、跟它說話，有些僵在原地，不敢講一個字。例如，一位老師和一名州政府職員的孩子就僵住了，沒有任何回應，這個孩子叫威爾，他一看見羅比滑進房間，就丟下手上正在玩的玩具，眼睛瞪著機器人，密切的注視著機器人的一舉一動，充滿警戒心；當羅比靠近他時，威爾退後幾步，但仍然保持著警戒性的僵化。在機器人重複了好幾次它想跟他玩，沒有反應後，機器人就說它要走了，講完轉身，從進來的門出去。我們幾乎可以看到威爾鬆了一口氣，他又活過來了，接著繼續去玩剛剛玩到一半的東西。另一名寶寶山姆就完全不同了，山姆是一名營造商之子，媽媽是圖書館員，他一看見羅比進來，就立刻跑過去抓著它，跟它笑，不停的跟它講話。芬曼差一點以為山姆要折斷羅比頭上的天線了，假如天線斷了，我們就不能用遙控器來控制羅比了。山姆在羅比身上跳上跳下，對著母親大聲喊道：「媽，快看，一個機器人！」母親則遵循著芬曼的指示，不管發生了什麼事，不要管它，專注在填你的問卷上。

你把威爾和山姆的表現乘以一八四，就會了解我們在這二十五分鐘觀察到了什麼東西。我們把威爾歸類到害羞、沉默、擔憂、回彈力差，他們不能克服在陌生情境看到陌生人的恐懼。我們把山姆歸類為非常的外向、社交性、回彈性高，能夠吸收看到一個會說話的機器人所帶來的震驚，馬上適應這個奇怪的情境。用專業術語來說，我們看到幾乎沒有任何行為抑制的孩子和高強度行為抑制的孩子、有很大的回彈性和一點回彈力也沒有這麼極端的現象，還有很多孩子是落在這兩個極端之間。在這次行為評估六個月之後（我們需要整整六個月的時間去整理機器人羅比跟寶寶互動的資料），我們請父母再把寶寶帶回實驗室來，好蒐集他們基本的腦波 EEG 活動基準線資料。EEG 的基準線測量指的是當一個人什麼事都沒有做，只是在休息狀態時，大腦活動的情形，當然我們不能控制這孩子有沒有在做白日夢或默默的在唱《芝麻街》的歌。

這些寶寶在害羞和社交性向度上的差異不是什麼驚人的發現，你只要在公園的沙坑旁站幾分鐘就會看到了。我們要追求的是其他的東西。我前面說過，發展心理學一般的說法是孩子的氣質是不能改的，是持續不變的，這句話就是我們想要測試的目的。

我們根據這些三歲寶寶對羅比這個機器人的反應，從三六八名寶寶中挑出七十名做長期追蹤，一些像威爾那種害羞的孩子，一些像山姆那種天不怕、地不怕，不到十秒就把羅比當作最新結交的好朋友的孩子，以及中間在平均數附近的孩子，他們要花一點時間才能跟羅比親近，敢跟它講話。我們請這些父母親在孩子七歲時帶他們回實驗室，九歲時再回來一次。

哈佛大學凱根教授認為氣質是固定的、不能改變的人格特質，我預期這些在三歲時跟羅比在一起很害羞的孩子在七歲我們再測試他時，也是害羞的，而那些三歲時很外向、大膽的孩子也會維持這樣的性格；但是在科學上，即使是大家所預期的結果也應該被驗證一下，看它是不是真的如此。凱根的研究中有幾點讓人不放心，尤其是對瑞克曼（Maureen Rickman）這位羅比機器人研究中的大功臣而言。

瑞克曼在一九八〇年代初期，在威斯康辛大學麥迪遜校區念大學時主修神經科學，那時候還沒有這個科系，只是一個研究所的專案。但是瑞克曼說服了學校當局讓她以神經科學為主修，她從那時起獻身神經科學領域，畢業後花了五年的時光研究嬰兒，尤其是聽力的發展。就像她說的：「我很想做一些有意義、會流傳下來的事情，我聽說有個人是在真人身上做實驗，用EEG找出大腦特定區域的功能，去看焦慮的人大腦是什麼樣。」那個人就是我，我收了瑞克曼做我的研究生。

我跟瑞克曼解釋，我要做的其實跟凱根的研究很像，去看三歲時有行為抑制的孩子到童年末期是否依然如此，這個人格特質底下的大腦活動形態是否也是不變。此時瑞克曼已經成為這長期追蹤計畫中不可缺的一分子，我們那時正在做第三次的評估，這些孩子現在是九歲。在她還沒有接觸到孩子之前，她的第一份作業是重讀凱根的〈一旦害羞，永遠害羞〉（Once Shy, Forever Shy）這篇論文，從這篇凱根發現童年的行為抑制會持續到青少年期的論文，瑞克曼注意的不是這個大家所熟知的結論，而是令人費解的實驗方法細節。

某天下午她來到我的辦公室，問我有沒有注意到這些研究一些特殊的地方。在凱根的研究中，對孩子害羞的測量標準是他們父母親的評斷，瑞克曼覺得這可能是個問題：父母親對孩子的看法常有很多既成的偏見：「這個孩子是粗暴的」、「這個孩子是聰明的」、「這個孩子是害羞的」。父母對孩子的這種分類法會不會使他看不見孩子後來氣質的改變？父母親會不會在孩子三歲時看到他很害羞，就以為他一輩子很害羞？這種用父母親的觀察做為測量的標準會不會偏導了凱根的發現？當然父母親對孩子的評價不是凱根唯一的測量標準，但是它是其中的一個，而這可能會是個問題。

在實驗方法上還有另一個問題，瑞克曼更深入研究時，注意到凱根用孩子自主性說話的第九個字的長度做分類的標準。假如你看不懂這是什麼意思的話，瑞克曼也是在這裡搞不清楚。凱根是計算這孩子進到實驗室後所講的第九個字，認為害羞的孩子字講的比較少，而缺少行為抑制的孩子比較會講贅言。是否說「這是什麼？」的孩子比那個說「媽咪，媽咪，坐在那邊的那個人是誰？」更害羞呢？有的時候，害羞會使某些人很焦慮，他們會不停的講廢話；有的時候，害羞會使人閉上嘴巴不出聲，瑞克曼問：「他是怎麼得出這個害羞的測量的？不論你選哪一種測量法，一定要有表面上的效度，而且要合理，你必須有很好的理由說明你為什麼要選這個測量法。」

凱根也用了比較容易了解的害羞測量法：一個孩子在陌生人面前是否僵住不會動，以及他在這種情況下身體中壓力荷爾蒙的強度。但是用父母親的評估及孩子說的第九個字這種測量法，使我們認為他的結論可能不是像別人以為的那麼牢不可破。

瞎米！氣質不見了

對九歲的孩子，機器人羅比發揮不了什麼作用，所以我們必須把孩子放在三個不同的情境中去測試他的行為抑制。在第一個情境，我讓我的研究生坐在房間內讀書，當孩子進入這間房間時，他會看到裡面有個陌生人。有的孩子馬上過去問：「你在看什麼書？」有的孩子不理他，自顧自去玩房間內的玩具。在第二個情境，一位科學家戴著張牙舞爪、咆哮露齒的狼面具跟孩子說話，然後把面具拿下來，問孩子要不要摸摸它戴戴看。有些孩子會因害怕而退縮，有些孩子會躍躍欲試。最後，我們把孩子帶到一間房間，裡面充滿了帶有威脅性的玩具，例如兩公尺長的隧道，一根平衡木及一副大猩猩的面具掛在木桿上。我們測量孩子有多快去到陌生人的旁邊，他讓不讓陌生人坐在他旁邊的地板上跟他玩，要過多少分鐘這孩子才會跟陌生人談話，他要花多久才會走到離陌生人一公尺的地方，他對狼面具的反應為何，他有沒有在「危險」的房間內玩任何的玩具。

除了觀察孩子的行為之外，我們另外加了兩個測量，就像我們在他們三歲時所做的一樣，我們收集這些九歲的孩子六個月以後的 EEG 基準線形態，我們發現大膽、沒有行為抑制的孩子，在三歲時和九歲時，左前額葉皮質都比右前額葉皮質活化得厲害。而害羞的、比較有行為抑制的孩子，右前額葉皮質活化得比較強。

我以前看過很多次這種額葉活動的不對稱性，在憂鬱症患者身上（他們右腦的活化比左腦強），在滿足的嬰兒身上（他們左邊比右邊強），在人們看有趣的影片時（左邊比右邊強），在看悲傷的影片時（右邊比左邊活化）。但是這是第一次，這個不對稱性連接到跟情緒沒有這麼直接的關係上：這一次，我們看到左右的不對稱性跟害羞還是大膽連上了關係。在每一個年齡，我們都發現大腦活化程度跟行為的高度相關。左前額葉皮質比右邊活化的孩子比較少顯現行為抑制，而右前額葉皮質比左邊活化的孩子有最強的行為抑制程度。大膽的孩子很快就從挫折中回彈過來，他們可以繼續去做原來在做的事，但是害羞的孩子就需要很長的時間才能從挫折中回復過來。這是為什麼他們在陌生的環境中會僵住很長一段時間；這個發現肯定了我認為情緒形態回彈向度是反映在左右前額葉皮質不對稱形態的猜測。

我花了一整年的時間蒐集這些孩子行為和 EEG 的資料，又花了一年的時光分析它們。在這漫長的時間裡，我們一直在想三歲時候的行為抑制會跟他九歲時候的一致嗎？當瑞克曼把資料拿來給我看時，她幾乎沒有辦法隱藏她的驚訝。她非常仔細的計算每一個測量——跟機器人說話的時間，靠近機器人或陌生人的時間，玩多少兇悍的玩具——計算出這孩子在三歲時跟他現在九歲時，這些行為的相關，她的驚訝反映在她發現，或是更正確的說，她沒有發現，三歲、七歲和九歲時的測量之間沒有相關。或是更正確的說，抑制行為從三歲到九歲整個測量的相關是.03。對非統計學專家的你來說，相關1代表兩個東西是完全一模一樣的，你身高多少公分跟你身高多少英寸的相關是1。相關0是兩個東西沒有任何的關係，紐約洋基隊（Yankees）在職棒球季打贏的場次跟新娘名叫薇拉的相關是0。

但是三歲和九歲時抑制行為的相關是.03只代表一件事：抑制行為並不是一個穩定、長久的人格特質。在害羞、大膽和中間組中，約有三分之一的孩子從頭到尾一直在同一組中，但是有三分之二的孩子從一開始的三歲組中移動，到九歲時已是在不同的組中。我們因這個實驗的結果跟凱根的相抵觸而吃驚，所以我請瑞克曼去請教我們大學中兒童發展領域的專家高史密斯（Hill Goldsmith），他同時也是個統計天才，以確定我們的實驗沒有出錯。我很擔心我們是否不該把測量孩子跟機器人玩的時間或跟陌生人說話的時間綜合起來看，或是任何我們用來分類孩子是大膽、害羞還是在中間的方法有問題。瑞克曼根據高史密斯的忠告又重新做了一次分析，她再次來到我的辦公室，又確信又驚訝的說，結果還是跟上次的一樣，有三分之二的孩子換了組！一名在三歲時害羞的孩子，到九歲時有同樣的機率是害羞、大膽或是居兩者的中間。跟前面的發現一樣，三歲時很大膽不害羞的孩子，十年後的氣質跟三歲時的關係就像丟銅板一樣，是隨機的。

為了確定我們對行為的測驗沒有問題，我們也分析了這些孩子大腦前額葉的腦波形態。或許行為資料有些地方我們疏忽了，但是 EEG 是絕對客觀的，然而 EEG 的資料也跟氣質是固定的教條相衝突：有些孩子三歲時 EEG 的形態跟九歲時看來相似，但是整體來說，三歲時 EEG 的形態和九歲時的形態的相關少於 0.1。當我們發現從三歲到九歲大腦活動的形態不變的孩子，正是行為抑制形態也沒有改變的孩子時，我們真的鬆了一口氣，這表示我們的測量是有效度的。這些在左前額葉皮質或右前額葉皮質比較活化的 EEG 形態，正好就是行為比較大膽或比較害羞的孩子。

這個結果並不是我所預期的，三歲時，大腦和行為**不能**預測這個孩子到九歲時的情形。對大多數人來說，他們三歲時的大腦活化情形和九歲時非常不一樣，這是對我自己的人格穩定有基因上根據的假設的一大挑戰，它刺激我重新思考人類大腦的可塑性。

這個資料非常引人注目的地方在於，直到那時，兒童發展的流行模式都是說，假如這個寶寶生來是落在害羞和焦慮的那一端，有人清一清喉嚨就會把他嚇得大哭，那麼他以後會成長為焦慮的孩子，未來是焦慮症的高危險群。這個模式又更進一步說，假如你是超越正常範圍的大膽孩子，你會爬上家具、端著餐盤從樓梯把手上滑下來，三天兩頭跑急診室，長大後會變成不聽管教的野孩子，將來販毒或做藥頭。「但是，」瑞克曼說：「假如你看我們的資料，你會發現他們的氣質是改變的比穩定不動的多。這跟他們長大後有比較好的社交技術，比較能跟陌生人說話沒有關係，而在於他們不再是焦慮的孩子。舊的模式說，他們躲在學習和社交技術的披風下面，表面上看起來很大方，內心仍然是害羞和焦慮，這是不對的，因為我們發現他們的**大腦改變了**。一名過去是害羞的孩子現在在中間組或甚至大膽的那一組中，而一名過去天不怕、地不怕的孩子現在移到中間組甚至到害羞組中。對三分之二的孩子來說，這整個系統——大腦、生理、氣質和行為——全都改變了。這挑戰了氣質是穩定不能改變的想法。」

瑞克曼接著說：「我們現在看到的是，假如你教一個孩子學習別人對你說話時你要回應，這個行為會改變內在的生理活動，一名害羞的孩子可以變得大方；假如你把害羞的孩子放在一個焦慮的情境——這並不是說非常焦慮的情境而是指在遊戲場所的沙坑或有其他孩子一起玩的情境——但是你在旁邊支持他，這樣就會教導他如何應付有別人在一起的情境。至於大膽的孩子，你教他去看環境中危險的信號，你教他停下來，看一下別的孩子在做什麼，教他們不必永遠都得做開路先鋒，或接受別人的挑戰。我們在這個研究中發現這改變是很徹底的，一直到他們的驚嚇反應（譯注：凱根最早做嬰兒的實驗時，是趁嬰兒不注意時給他聽很大的聲音，然後去看有多少會被嚇哭，有多少會轉頭去看聲音的來源）。它絕對不是被外表所覆蓋，如前面說的，躲在披風下面。孩子絕對不是一旦害羞，一輩子害羞，即使他們表現出不害羞的行為了，還一口咬定他們骨子裡還是害羞。在他們大腦中，害羞或大膽的神經活化形態已經改變了。」

瑞克曼後來離開學術界，在麥迪遜開了一家專門針對兒童心理治療的診所，但是這個開創性的發現功勞還是她的。她說：「我現在工作的對象是三歲以上的幼兒，這個發現使我更能幫助人們了解什麼是個別差異，而這樣的個別差異不一定是個問題。或許你天生就很緊張，一點小聲音就會使你跳起來，你是緊張型的，很敏感，但是這種緊張型只有在引起你不便時才是問題。你不要把個別差異想成病態，孩子有**各式各樣**，跟別人不同的孩子不一定是有問題的孩子，很多帶孩子來求診的父母在我告訴他們不一定要給孩子吃藥後，都明顯的放鬆許多，父母一定要了解孩子、保護孩子，為他們的利益發聲。」

害羞的怎麼變成大膽的

那麼一個大膽的幼兒怎麼會長大變成一名害羞的青少年，而一名害羞的幼兒又怎麼長大變成一個大膽的青少年呢？讓我們來看一下威爾和山姆的例子。威爾這個一恐懼就僵住的寶寶有個很外向的姊姊，他也很幸運，有個肯花時間教導他跟人交際的老師，雖然他在九歲時並沒有變成一個非常外向的孩子，但是很穩當的移到中間組去了。山姆的爸爸得了癌症，在山姆五歲和七歲時兩次住院治療，這個打擊無疑地對家庭造成很大的改變，使得山姆從非常大膽移到了中間組。

雖然威爾和山姆都沒有移到另一個極端，但是他們都從極端移到了中間；將近一半的孩子從中間移到兩端，但是也有孩子從一個極端移到另一個極端。在三歲的時候，尚恩是最沒被抑制的孩子，他直接走到機器人羅比的旁邊，對他微笑，開始跟它說話，我以為他打算把羅比帶回家去跟他一起玩。但是當尚恩八歲時，父親突然死於癌症；當我們看到九歲的他時，已經完全改變了，陌生人一進來他立刻僵住，不敢玩危險房間中的任何玩具。他變成我們研究中最膽小、最受抑制的孩子。

現在你了解為什麼我很喜歡去測量基因在人們身上的表現了：我很想知道三歲時，看到羅比進來就害怕的孩子身上的「害羞基因」到哪裡去了，使他在九歲時敢去跟戴著面具的陌生人玩。我也很想知道，三歲時直接走到羅比身旁跟他玩的孩子身上的害羞基因發生了什麼事，使他九歲時縮在角落，不敢看旁邊椅子上在閱讀的陌生人。我很想知道跑趴的威爾姊姊如何影響威爾的ＤＮＡ，那個愛護威爾、支持威爾跟別人交往的老師又如何關掉威爾大腦中的某些基因，開啟另一些基因。我很想知道，當尚恩看到父親躺在醫院中，身上插滿了管子時，他所經驗到的高壓力荷爾蒙如何改變他的基因，父親過世後，這情緒的震撼，以及後來歲月中他所經驗到的焦慮（沒有爸爸了，我該怎麼辦？）又如何改變他的ＤＮＡ。很不幸的是，雖然我們很準確知道老鼠大腦中壓力荷爾蒙受體基因在哪裡，卻不知道人類的在哪裡，就算知道，人們也不喜歡讓你把他的大腦組織挖一點出來看。這種研究只能在願意把大腦捐出來做研究的人身上做，所以那些把大腦捐出來供別人研究的自殺者是我們唯一的樣本來源。明尼對這些大腦的分析也就非常珍貴了。

這個兒童的研究對我在大腦可塑性上的了解意義深遠。在發展的過程中，大腦一些最有特性的特質，例如額葉皮質EEG的活動，可以產生巨大的改變。

我們該怎麼解釋我們的發現跟凱根的發現之間的不同點？我們後來發現這其實有個別差異的關係在裡面。有些人的氣質和個性從小到大都沒有改變，有些人則改變得很多，所以有些孩子的行為和大腦腦波的形態隨著時間過去都很穩定沒有變動，有的孩子的行為和腦波形態卻隨著時間過去而改變。凱根碰巧研究到的是一群沒有改變的孩子，那些小時候害羞就一直持續到青少年期都害羞的樣本群，但是只有百分之十五的孩子是如此。就像我們看到威爾、山姆和尚恩的例子，新的環境（有愛心、很支持的老師和有影響力的手足）以及破壞性的生活經驗（親人的生病或死亡）都會影響氣質和情緒形態。假如我們的環境保持穩定（這裡環境指的是我們的個人經驗），那麼我們的氣質和情緒形態也會維持穩定；假如不是，情緒形態會改變。

這些關於情緒形態主要面向可塑性的發現，提供了父母親和老師找出孩子情緒形態並去塑造它的基礎，這對其他有基因機制的人格特質也可應用。即使這個孩子天性傾向於焦慮，但是在一個放鬆、充滿愛的環境中長大的話，也可以減低基因對他的影響，使某些基因不要表現出來。同樣的，一個天生比較害羞的孩子也可以發展成為有社交性的青少年和大人，假如父母不要過度保護他、寵愛他，而是鼓勵他跟別的孩子互動的話。環境不只是塑造孩子的行為或大腦的功能，它還影響基因的開和關，因此，環境可以使遺傳來的人格特質展現出來。

第6章

情緒形態如何影響健康

情緒形態影響我們對自己的感覺、我們對身旁他人的感覺、我們的行為、我們對壓力的反應、我們的認知功能。

但是情緒形態也影響我們的身體健康，它的生理性後果，和我們的呼吸系統、免疫系統、心血管系統、腸胃系統及內分泌系統都有關係。

簡單的說，它影響我們頸子以下的健康。

事實上，我敢直言就所有的人類行為和心理狀態來說，對我們的身體健康最有影響力的是我們的情緒生活。

但是這些大腦區域活動的形態如何走出腦殼，進入身體去產生影響健康的改變呢？

身體的回饋又如何影響情緒形態內在大腦迴路的功能？

指甲刮過黑板的刺耳聲，一把匕首刺入你的眼球，還一直往裡面刺，刀片慢慢的劃過你的腳底。等一下，你後面的腳步聲是什麼？

我不是故意要使你汗毛豎立，對不起，其實我是故意的，不過我有理由：我要你去經驗一個完全來自你心中的生理反應。或許你在聽到指甲刮過黑板時，不會皺眉頭、眨眼或蓋住耳朵，也許一個尖銳東西刺進眼球的念頭或影像不會使你不舒服、坐立難安，但是我很確定你所看到的或是想像的**某些東西**，會引發你頸部以下的生理反應。你的感覺和思想源自你的大腦，它是來自你大腦中的灰質神經細胞，傳到你的身體。的確，威廉・詹姆斯認為情緒本來就是身體事件的知覺，現代的神經學家雖然沒有說得那麼強烈，也認為情緒不但是心理的成份，同時還有身體的激發：當你感到焦慮時，血壓會上升，脈搏會增快；當你感到滿足時，這個感覺會強化你的免疫系統，使你比較不容易被病菌感染，不會像那些人一樣常常生病。從我到現在所告訴你的一切，你應該知道情緒形態影響我們對自己的感覺、我們對身旁他人的感覺、我們的行為、我們對壓力的反應、我們的認知功能，以及我們對某些精神疾病的罹患率。但是情緒形態也影響我們的身體健康，它有生理性後果（physiological consequences），和我們的呼吸系統、免疫系統、心血管系統、腸胃系統及內分泌系統都有關係。簡單的說，它影響我們頸子以下的健康。事實上，我敢這樣說，就所有的人類行為和心理狀態來說，對我們的身體健康最有影響力的是我們的情緒生活。身心醫學（psychosomatic medicine）的創立者，幾世紀之前就已經研究心理因素和疾病的關係。世界上最早的醫師，例如紀元前三世紀希臘的解剖學家伊瑞西斯屈特斯（Erasistratus）、西元二世紀的蓋倫（Galen，他是羅馬皇帝馬可・奧勒留〔Marcus Aurelius〕的御醫）以及十世紀的波斯哲學家阿維森納（Avicenna），他們都用脈搏來推論相思病（lovesickness），認為失戀會在人的身體上留下印記。希臘的哲學家布魯塔奇（Plutarch）就曾轉述過一則故事，希臘國王塞琉克斯（Seleucus）請伊瑞西斯屈特斯去為他的兒子安提歐克斯（Antiochus）診斷，他得了不知名的病快要死了，群醫束手無策；伊瑞西斯屈特斯觀察到當國王的新王后史崔東尼斯（Stratonics）出現在這年輕的病人旁邊時，王子的病症就明顯惡化，他的聲音變得虛弱中斷、臉紅潮、眼瞼下垂、突然的冒汗、脈搏不規則，同時會產生頭暈的現象，意識不清、害怕、突然的蒼白，從這些徵狀，伊瑞西斯屈特斯下結論，國王的兒子愛上了他父親的少女王后，他決心一死也不要把這愛意顯露出來（這故事有個好的結局，當這位慷慨的國王聽到這個消息後，便把新婚妻子讓給他痴情的兒子，但是布魯塔奇並沒有說及這位年輕的王后是怎麼想這件事的）。

行為醫學

身心醫學又稱之為心—身醫學，部分理由是psychosomatic 這個詞有輕蔑的意思，暗示不管這個人的症狀是什麼，問題都來自他的頭。現在，這叫做行為醫學或健康心理學。不管名字叫什麼，它現在都累積了一些可觀察到的成果。研究發現社會孤立會增加大腦中腎上腺皮質醇及其他壓力荷爾蒙的濃度，會使血壓升高，減弱免疫系統，結果是獨居又沒有堅強的社會網絡支持的話，他對流行性感冒疫苗的抗體反應就比較差。假如我們研究那些獨居很自在的人——很不幸的是，目前這種研究還沒有人做——我懷疑社會孤立並不是生理衰退的原因，相反的，強迫一個內向的人去社交更可能造成有害的後果。

在這個向度的另一端，社交網絡密集的人比較少發展出心血管疾病，比較少感染到傷風感冒或其他傳染病，而且活得比較長。不過，這並非放諸四海皆準，做個交際花往往有更大的風險可能感染到各種細菌。假如你強迫自己去參加派對、辦公室的活動、生意上的應酬，而不是真的喜歡的話，那麼長壽和免疫系統的好處不會因為你去參加社交活動而增加，相反的，因為你覺得是個壓力，強迫自己去社交反而有害。

行為醫學同時也顯示憂鬱沮喪會提升死於冠狀動脈疾病的機率。你可能會想要抗議說，那些悲傷、寂寞的人會做自我毀滅的事，像抽菸、酗酒，這是為什麼他們會短命，身體會不好。但是這些研究已經把這些因素考慮在內並排除了，而研究一而再、再而三發現的是，一般來說，情緒狀態本身就可以預測健康問題。

既然情緒會有生理性後果，情緒形態當然也會有：在某個特定情緒形態向度大腦活化的形態，跟掌管健康和疾病相關的生理系統有關聯。你大腦的想法影響你身體的運作，而且這個溝通是雙向的，所以身體狀況也會影響大腦的運作。

對你來說，這些不應該是很教人驚奇的話。畢竟大部分人都有這種情緒影響身體的經驗，如太過緊張時，會嘔吐；非常高興時，身體的能量會大幅提升；太過悲傷時，會失眠。但是直到最近，少有研究同步測量心智和身體的變化（這個身體是指大腦以外，所謂周邊生物學〔peripheral biology〕），主要是因為某些特定科學研究的區域是非常狹隘的。一個研究情緒的人不會想到去測量肺或免疫系統，就好像一個勞力士錶的修理工匠不會去看你的暖氣爐一樣。

情緒在健康上沒有引起醫學注意的另一個原因是，在科學上它們之間有很大的鴻溝。雖然行為醫學已經累積了相當多證據來說明心理社會因素在疾病上所扮演的角色，但是在機械的分析上還沒有達到標準，它缺的是大腦事件（據我們所知，所有的情緒都在大腦中有表徵）和身體後果的直接關聯。健康心理學如果要被別人當一回事，並且納入醫學的主流中，它必須提出心理和社會心理因素**如何**影響周邊生物學的大腦分析，說明這些因素如何影響健康；簡單的說，它必須提出大腦科學的證據。

我認為要達到這個目的不難。情緒形態六個向度的主要發現，就是它們都跟特定的神經迴路有關係，在這些迴路中都有特定的活化形態，如我們在第四章描述的。這給了我們一個起始點：這些大腦區域活動的形態如何走出腦殼，進入身體去產生影響健康的改變呢？身體的回饋又如何影響情緒形態內在大腦迴路的功能？

情緒形態會影響身體健康這個事實，其實開創了一個全新的研究領域，把身心醫學提升到一個新的境界。因為它表示你可以控制你的感覺和思想，使它有益健康，我們全體——包括醫師、醫院和病患——都應該嚴肅看待心智，尤其想要了解病因和擬定預防與治療方法時。

想不生病，快樂是妙方？

幾十年來，當健康心理學家談到情緒對健康的影響時，幾乎都是指負面情緒，如憤怒、敵意、沮喪、憂鬱、害怕、恐懼、焦慮；現在有堆積如山的證據顯示，一般來說負面情緒會減弱免疫系統，增加心臟病的風險等等，如我在前面所提過的。二〇〇五年，兩位著名的健康心理學家統計了憂鬱沮喪和健康關係的論文篇數，以及快樂和健康關係的論文篇數，結果發現前者是後者的二十倍以上。直到最近，健康心理學家才注意到正向情緒的效果：快樂、欣喜、滿足、熱切、興奮、熱情、喜愛和健康的關係。當他們開始這類研究時，整個聯結關係全部顯露出來，目前行為醫學最強、最一致性的發現就是正向情緒和健康的關係。但是建立這個關係很辛苦，原因出在身心醫學必須克服的另一個障礙，即找到可靠有效的方式去評估一個人的心情。

這可能看起來很簡單，去問某個人，一般來說他有多快樂，對他的生活有多滿足，你就得到答案；但是，很令人驚訝的，人們在這方面的反應非常糟。我們怎麼知道的呢？因為評估你對生活有多快樂滿足是大致穩定的，應該不會隨著今天和明天而改變——畢竟，你的家庭狀況、事業、健康和其他幸福感覺的部件不會隨著今天到明天而改變（除了突發的災難或中了樂透彩券）——但事實上，人們的評估變動得非常大，看你是在什麼時候問他這個問題。記得嗎？這個問題不是「你現在覺得怎樣？你現在的心情怎樣？」而是「一般來說，你對你的生活有多滿意？」假如你在下雨天問人們他一般的幸福感覺，他們的回答會比在出太陽時來得低；假如你是在下了班、通勤塞車終於回到家中時問，他們的幸福感會比在辦公室或學校中午時間來得低。

因為這個問題是要在沒有不好的天氣或塞車時得到的答案，例如你對你的婚姻有多滿意，對你的事業有多喜歡，對你的孩子有多驕傲，所以問的時間是個問題。這個問題在尋求整體幸福感和身體健康之間有無聯結上尤為重要。假如對幸福的評估受上面的這些原因影響，則它是不可靠的，那麼任何與健康的關係當然也就不可信了。的確，幾十年來，健康與幸福之間關係的研究一直都有相矛盾的結果出現，一部分原因就在快樂的測量上。很幸運的是，心理學家康納曼（Daniel Kahneman，譯注：心理學界第一位諾貝爾獎得主）發現，你不能相信人們告訴你他有多快樂或對生活有多滿意，因為人們的回答與他當時周邊的環境和他當時的心情有關係。康納曼二〇〇二年拿到諾貝爾經濟學獎是因為他在判斷和決策制定這個領域的創新發現，同時也是因為他發現主觀的幸福測量上有偏見存在以及該如何規避它。他發現如果你不要直接問人們有多快樂，而是問他們當下的經驗如何，再把這些答案合計起來，建構出一個一般性的幸福評估，這樣得出的答案比較一致性也比較正確。在實際操作上，是給人們一支手機，實驗者在幾個禮拜的期間內，隨機打電話給他們，請他們報告當時的心情，當把許多報告集合起來時，就得出一個快樂和幸福的指標。這種做法比較不受到瑣事的影響，比如路上有好事的駕駛者放慢速度想看對面的車禍，害你跟孩子的晚餐之約遲到了。

一旦科學家找出了公式左邊（快樂程度）的測量方法後，我們就可以著手進行右邊（健康）的評估，來看幸福是否可以影響身體。為了怕你不清楚，我再說一遍，當我說到快樂程度時，我指的是長久性，心理學家稱之為特質的東西，不是心理狀態，不是某個人典型的情緒經驗，也不是對事件的反應。康納曼所發展出來的方法最主要就是捉住情緒的特質，而不是情緒的狀態。另一個重點：我所報告的實驗都是用所謂預期的設計（prospective design），我們測量在實驗一開始時的情緒特質，然後決定某個特質能否預測在實驗進行期間健康的改變。這個健康的改變不可能是情緒特質的**原因**，也就是說，生病不可能是沮喪的原因，年復一年避免流行性感冒也不能是強烈滿足感的原因。沮喪和滿足是先發生的，這表示我們把後來健康的改變歸因到情緒的基準線的立場是很穩固的。

但是很多其他有關心—身與健康關係的研究就不是如此了。例如，有研究將正向情緒跟家居老人較低的中風率連上關係，跟有冠狀動脈疾病的家居老人復發再回醫院治療的機率較低拉上關係，以及正向情緒有助於婦女懷孕、胎兒足月才出生，或是做人工受精時比較容易受孕扯上關係。這些研究雖然很有創意，卻沒有排除負面情緒特質是某些症狀不顯著疾病發生的可能原因；也就是說，它們沒有排除比較糟的健康狀況引起負面情緒（心血管疾病使你身體不舒服，所以你有更多的負面情緒，而不是你有負向情緒，所以發展出心血管疾病），比較好的健康引發正向情緒，使你感到比較有活力，而不是比較好的情緒使你比較健康、有活力。

你可能讀到過正向情緒跟疾病的結果有關——「正向的思考使乳癌（或其他威脅生命的癌症）患者生存下去」，然而支持的證據其實很曖昧；並沒有很多研究驗證這個說法，而少數的研究結果又非常混亂，我對這種研究的看法（很多行為醫學的大老都跟我有同樣的看法）是，正向情緒似乎對那些目前有有效療法的病患有好處，如第一期的乳癌、冠狀心臟疾病和愛滋病，但是對預後不佳的病患如轉移性黑色素瘤（metastatic melanoma）或末期乳癌或腎臟癌的病患反而有害。一個理由是持續性的正向思考（「我會沒事！」）會使病患不講出病症，因此錯失應該得到的治療，或使他們沒有按時服藥或接受醫師建議的篩檢或治療。有時太多的正向樂觀反而會誤事。最近有好幾個研究對正向情緒和健康的益處有很令人信服的報告。倫敦大學學院（University College London）有兩位世界著名的健康心理生物學教授史泰蒲透（Andrew Steptoe）和馬莫（Michael Marmot）蒐集了倫敦二一六名、年齡從四十五歲到五十九歲的公務員（一一六名男性，一〇〇名女性）健康和幸福的資料，然後分析這些資料看三個重要的生物指標：心跳率、腎上腺皮質醇的濃度和血漿纖維蛋白質（plasma fibrinogen）的濃度（這二一六名受試者也參與有名的白廳公衛研究〔Whitehall studies of public health〕，所以關於他們的幾十種生物和醫學測量其實都已經完整蒐集）。較低的心跳率一般來說，是跟比較好的心血管健康有關，這是為什麼運動員的心跳率通常都在四十左右甚至三十幾；腎上腺皮質醇是人體對恐懼或威脅刺激出現時，大腦送出訊號，由腎臟上面的腎上腺所分泌的壓力荷爾蒙，它幫助身體啟動能量，抑止發炎來應付立即的危機，因為有的時候壓力會引起受傷發炎。但是如果分泌太多的腎上腺皮質醇，或是在不需要的時候分泌了——即不是為了應付立即的威脅，而是對慢性的背景焦慮作反應的話，它會傷害大腦和身體，甚至殺死大腦的神經元。血漿纖維蛋白質是一種分子，在發炎和冠狀動脈疾病中會看到它。因為在壓力的生活情境中，血液中血漿纖維蛋白的濃度會升高，所以它是發炎的指標，通常和糖尿病、心血管疾病和氣喘有關聯。

那些評定自己是最不快樂的人，腎上腺皮質醇的濃度比那些自認快樂的人高了百分之四十八。這些不快樂的人也有很高的血漿纖維蛋白，因為要對兩個產生壓力的作業做反應：一是史楚普（Stroop）測驗，這個作業是請受試者儘快的念出顏色字義的墨水顏色，例如用綠色筆寫出「紅」這個字，受試者要念出「綠」色而忽略顏色字（紅）的字義；受試者一不小心就會念出紅來，所以這是個壓力大的作業。第二個作業是依鏡中的星狀描繪出星形來，看到的左邊其實是右邊，因為鏡影。除此之外，實驗者還要求受試者在幾秒內做完它，事實上這時間太短了，短到不可能完成，因此受試者會備感壓力。但是在生理上，人們應付壓力的方式很不同。在不快樂組，他們血漿纖維蛋白質增加的濃度是快樂組的十二倍。

這些發現很清楚的指出快樂是跟健康有關的生物指標。史泰蒲透和馬莫並沒有因此就滿意了，三年後，他們把這些人重新找回實驗室來，重複這些生物指標的測量，他們發現在正向情緒上得分高的，仍然有低的腎上腺皮質醇和纖維蛋白質以及低的心跳率。前面的發現並非運氣好，偶然得之。

下一步是要決定快樂是否真的影響身體健康。在這麼多實驗中，做得最好的一個是卡內基—美隆大學（Carnegie-Mellon University）的健康心理學家柯恩（Sheldon Cohen），他找了三三四名十八歲到五十五歲的自願者，要他們每天評估快不快樂連續三個禮拜，由實驗者不定時的打電話給他們（即康納曼的快樂和幸福評估法）。研究的特別之處還有實驗者要他們在一份九個正向和九個負向的形容詞上，選出最能代表他當時心情的形容詞，如快樂、愉悅、冷靜、輕鬆、活力、生命力，或是悲傷、沮喪、緊張、有敵意。做完三個禮拜的情緒鑑定後，他們去到柯恩的實驗室，實驗者在他們的鼻子裡點一種帶有感冒病毒的水，接下來五天受試者被隔離，住在實驗室中，他們可以看電視、閱讀、聽音樂、吃飯、睡覺，但是不准離開。實驗者每天來檢查受試者有沒有感冒的症狀，假如有，有多嚴重。嚴重的指標之一是鼻塞的程度，實驗者在受試者的鼻孔中噴一些染劑，看它多快散佈到喉嚨後方；另一個測量法是看受試者用了多少衛生紙擤鼻涕。

柯恩跟他的同事發現那些最高正向情緒的人，感冒的機率比正向情緒最低的人少了三倍；他們也發現有最多社交互動的人，尤其又有正向情緒的人，最不會感染到感冒病毒。這個情形即使在實驗者控制了每個受試者基本的免疫能力（即受試者在實驗開始時身體中有多少感冒病毒的抗體）之後，也仍然存在。有趣的是，有著最高正向情緒的人，感冒的症狀比較輕，用比較少的衛生紙擤鼻涕；也就是說，假如兩個人感冒同樣嚴重，鼻塞的情況一樣嚴重，有著同等量的鼻涕，比較快樂滿足的人所報告的症狀比較輕，而脾氣不好、沮喪的人，即使生理上病情一樣，會報告說他們感冒嚴重得不得了，有多難受。這個實驗提醒了做正向情緒和健康實驗的人，假如你只是問人們他們的健康如何，這些正向情緒的人會告訴你他身體好得很，即使在生理客觀指標上，他沒有比那些沮喪、脾氣不好或總是在生氣的鄰居好。這正是為什麼做研究要像柯恩一樣去實際測量生病的程度，而不能只是動動嘴巴，問一下有沒有類風濕性關節炎、纖維肌痛或其他健康狀況就了事了。

沒有任何單一的研究能夠建立科學的事實，快樂和健康的關係也不例外。雖然我認為柯恩的實驗是足以證明情緒和健康關係的最嚴謹的實驗，還有很多做得很好的實驗也得到了同樣的結果。例如有個研究團隊拿到一批非常珍貴的資料，發表了很多論文，這些資料得自聖母修女學校（School Sisters of Notre Dame）一群年輕修女。在一九三〇年九月二十二日（當時她們的平均年齡為二十二歲），修女們接到修道院院長的一封信，要她們每個人寫一篇自傳。這些資料現在還保存著，肯塔基大學（University of Kentucky）的史諾頓（David Snowdon）分析了這一百八十篇自傳，從裡面找出正向的、負向的或中性的情緒字眼，當研究者計算這些正向情緒的字和句子時，他們發現正向的字越多，六十年後這些修女還活著的可能性越高。但是負向字眼和句子的頻率卻沒有跟早逝的風險連在一起——這是一個很重要的提示：是正向情緒而不是缺少負向情緒，支持了這些修女活到高壽的晚年。

另一個很好的研究是二〇〇〇年所做，追蹤六十五歲到九十九歲的墨西哥裔美國人兩年，發現在研究開始時有著比較高的正向情緒的人，在兩年期間死亡的機率只有那些低正向情緒者的一半。這個研究突出的地方是研究者控制了一長串的疾病，如心臟病、中風、癌症、糖尿病和關節炎，以及體重過重、抽菸、喝酒及負面情緒的程度。即使在控制了會使生命縮短的疾病和習慣之後，這個正向情緒和死亡風險降低之間的聯結仍然成立。

同樣令人信服的是另一個二〇〇一年的研究，它測量健康的老年人的正向情緒，結果發現在研究開始時正向情緒越低的人，在後來的六年中有比較高的中風機率，尤其是男性。在這裡，研究者也排除了許多其他因素——如年齡、收入、教育程度、婚姻狀況、肥胖、血壓、抽菸、家族心臟病史、糖尿病、負面情緒——但是中風的風險差異仍然存在。

二〇〇八年有一個研究回顧了七十個研究，結果發現正向的心理幸福感和快樂可以降低健康的和已經罹病者的死亡率。例如，心理上感到幸福的健康人跟心血管疾病死亡率的降低有關，它也降低了病患因腎衰竭及愛滋病感染而死的死亡率。

綜合上述，這些和很多其他的發現（我只有舉出幾十個研究正向情緒和長壽或疾病關係的實驗中的極少數而已）給人們一個強烈的感覺，快樂和健康之間是有很大相關的。概括的說，快樂的人在各種不同的測量上，從腎上腺皮質醇到感冒，有比較好的健康情況，活得比較長。但是我並不是說，這個研究到此就完滿結束了，相反的，這些研究並沒有解開有正向情緒和沒有負面情緒之間的關係。看起來，有正向情緒的好處就是沒有負向情緒，因為研究都是把負面情緒連到疾病上，這是真的嗎？這可能看起來有點吹毛求疵，但是其實不然，因為有非常實際的理由。在展望向度的量表上，假如缺少負面情緒是得到良好的健康的唯一條件，那你只要在向度的中間就好了，反正已遠離了陰沉的負面情緒；但是假如正向情緒的出現才是健康的真正原因，那麼要促進健康，你必須把自己往量表正向那一端移動才行。

另一個有關正向情緒和健康關係的警告是：雖然英國的研究發現正向情緒與低的腎上腺皮質醇和血漿纖維蛋白的濃度有關，這是找出正向情緒如何影響健康機制的一個重要步驟，但是還是有很多我們不知道的東西。例如，那些覺得滿足、有能量活力、樂觀的人往往比較照顧身體，得到充足的睡眠和運動，他們通常也有比較多好朋友和緊密的社會支持系統，而這又與疾病的風險低、較不會英年早逝有關係。最後，如同柯恩指出的，醫師和其他提供健康照護的人比較喜歡照顧愉悅的病患，比較可能幫助他們參與醫療實驗，使致命的疾病得到新藥治療的機會，也比較願意多花點時間勸說他們採取比較健康的生活習慣等等。從另一方面來說，大腦的狀態，就是我們稱之為情緒的這個東西，很可能有機制使它們進入身體，影響頸部以下的身體健康。

我是在這種情況之下開始想，是否某種特定的情緒形態會跟身體健康也有關係。來看其中一種情緒形態，展望形態的正向看法有好幾個方式可以影響健康。

- 或許最顯著的便是它會影響行為。這可能有點虎頭蛇尾，因為正向情緒只能間接的影響健康，但是這還是重要的。一種幸福的感覺，經驗到快樂喜悅，及長久的快樂跟飲食健康正常有關，它也跟定時運動、好的睡眠品質有關。這些都會強化健康，抵抗疾病，防止身體和心智的老化。
- 正向情緒也可比較直接的作用在生理上，影響心臟血管系統及內分泌荷爾蒙。就這兩種情況，之間的關聯是交感神經系統，是我們神經系統中潛意識的部分，控制著我們對威脅的戰或逃的反應。假如交感神經系統的活化程度減低，心跳率就會降低，通常這被認為是心血管健康的指標，血壓也會降低，減少中風的機率。使神經內分泌系統安靜下來會降低血液中腎上腺素（epinephrine）和正腎上腺素（norepinephrine）這種戰或逃荷爾蒙的濃度。

- 正向情緒是透過免疫系統這個強有力的機制來影響我們的健康。研究顯示它可以增加生長激素、催產素（又叫激乳素）和泌乳素（prolactin）的濃度。生長激素和泌乳素可以和白血球細胞的受體結合，提升免疫系統偵察員的警覺度及攻擊強度，有效的消滅感染源；而催產素可以降低血壓和壓力荷爾蒙腎上腺皮質醇。
- 正向情緒可能還有更直接更有效的方式來幫助我們的身體。大腦中有一些神經元叫交感神經纖維（sympathetic fibers），它連結胸腺（thymus）和淋巴結，這兩個地方是免疫系統細胞的製造工廠。透過正向情緒活化大腦中這些交感神經元，可能更加活化胸腺和淋巴結，釋放出對抗感染的細胞。交感神經纖維同時會釋放出很多可以和白血球細胞受體結合的物質，加強它們對侵入者的攻擊性。

因為正向情緒影響健康的機制有很多種，我們很難說究竟哪一種機制是真正的功臣。在描述情緒形態如何影響身體健康的發現之前，讓我用一個我們最近做的小實驗來說明大腦和身體的強烈連接。

肉毒桿菌和身到心的連接

過去，我們一般都認為是大腦對身體下指令，告訴它怎麼走、怎麼轉；而脖子以下的身體乖乖的服從大腦的指令，從來不會反駁。但是，事實上它是一條雙向道：身和心的溝通是雙向的，假如別人踩到你的腳，你會很痛，假如別人替你按摩，你會很舒服，大腦其實是靠身體傳來的回饋決定情緒的。我們怎麼發現的呢？這要感謝美容藥品保妥適（Botox，這是從肉毒桿菌〔Clostridium botulinum〕中提煉出來的，本身是一種神經毒）。自從保妥適二〇〇二年開始用於美容整型上以減少皺紋後，它就大為風行，因為保妥適可以暫時麻痺肌肉幾個禮拜，甚至幾個月，結果是皺紋會消失。我們對皺紋消失沒興趣，但對肌肉麻痺有興趣。我在第二章裡有提到達爾文，至少在達爾文的時代，科學家就已經懷疑在臉上做出某種情緒的表情可以使人真的感受到那種情緒：如果你臉上的肌肉在笑，你至少會覺得快樂一點；若是嘴角下垂，你會覺得有些憂傷；如果皺起眉頭，你會覺得有點生氣。我們用臉部回饋假設（facial feedback hypothesis）做為我們實驗的指導原則，我們告訴麥迪遜市的美容整型診所，我們想找女性的自願者來做實驗，請他們轉介那些已經排好日期要注射肉毒桿菌來消除眉頭皺紋的女性，到我的實驗室來。

我與同事，心理學教授葛倫伯（Arthur Glenberg）和他的研究生哈瓦士（David Havas）一起做這個研究。他們研究的是住在某個地區的人如何處理並了解語言，尤其帶有情緒的語言。在這個實驗裡，我們測試了四十一名婦女在接受肉毒桿菌注射之前和之後讀一些句子的時間長度，這些句子會引發不同的情緒。例如我們用「態度惡劣的電話推銷員不肯掛斷電話，讓你去吃你的晚餐」這種句子引起你的不快和憤怒；我們用「你在生日那天打開電子郵件信箱，發現沒有半個人寫信祝賀你」來引起悲傷的感覺；我們用「在炎熱的夏天去親水公園玩水真是令人身心舒暢」來激發快樂的感覺。假如臉上的表情可以幫助人們比較快的了解句子的意思，那麼我們預期注射過肉毒桿菌的受試者在讀憤怒和悲傷的句子時會比較慢。注射肉毒桿菌的婦女的皺眉肌麻痺了，不能把兩邊的眉毛擠在一起以表達憤怒的情緒，因為不能做出憤怒和悲傷的表情，所以我們預測她們閱讀帶有憤怒或悲傷情緒句子的時間要比較長。但是因為皺眉肌跟我們的微笑無關，所以這個肌肉的麻痺不會影響微笑的表情，我們預測她們閱讀快樂句子的時間不會改變。

實驗發現正是如此。我們請她們在讀完句子後按鈕。為了確定她們真的有讀完這些句子，我們在閱讀幾題之後，問她們有關句子內容的問題。這些受試者閱讀快樂句子的時間沒有變（平均一・三秒），但是讀憤怒和悲傷的句子就增加到一・五五秒了，也就是說，在注射了肉毒桿菌後，她們需要多花四分之一秒的時間來讀憤怒和悲傷的句子。在認知心理學和反應時間的測量上，四分之一秒就像永恆一樣長（譯注：沒有那麼誇張，但在反應時間的測量上，我們是用毫秒〔min-second〕為單位，一秒切成一千分為一毫秒的單位，因此二百五十毫秒就是很大的差距），注射前和注射後的表現有達到統計上的顯著性。所以這個實驗證明了阻止形成憤怒和悲傷的肌肉活化，會減慢閱讀帶有憤怒或悲傷句子的速度。我們認為這些受試者不能做出憤怒或悲傷的表情時，她們大腦的腦島和身體感覺皮質區就沒有接收到從左腦語言區在做語意解碼時送過來的訊號，所以在了解句子的意義上就慢下來了。

這個研究讓我們看到大腦和身體的溝通是雙向的，最近有越來越多的證據支持這個看法。例如，請受試者橫著咬住一隻鉛筆，這會引發微笑，而另一組受試者則是用嘴唇夾住鉛筆的一端，這時他不能微笑，研究者告訴受試者他在研究「心理動作的協調」（psychomotoric coordination），使受試者不會懷疑實驗的真正目的，然後請他們在咬或夾著鉛筆的時候去評估卡通好不好笑。那些橫咬著鉛筆的受試者評定卡通好笑的程度遠高於嘴唇夾著鉛筆笑不出來的那一組。但是這個雙向性究竟有多重要？

氣喘：心智—大腦—身體連接的模式

二〇〇〇年的某一天，我與我的同事和學生坐在心理系大樓中，我實驗室的會議廳，大家在腦力激盪，要想出一個「好」的疾病來，使之可以顯示情緒形態和健康之間的關係。我們有三個條件：第一，它必須是個可以客觀測量生理效應的疾病，它的症狀不能只是心理上主觀的壓力或緊張；第二，它必須有很強的證據顯示社會心理的因素，尤其是某些壓力特大的生活事件會影響這個疾病症狀的嚴重性，這表示大腦的情緒迴路和情緒形態在這疾病上一定要扮演某個角色；第三，它必須是個很普遍，佔據健保相當多資源的疾病，這樣一來我們的發現（情緒形態和大腦情緒迴路的介入可以減少這種疾病的發生）才會引起大家的注意，對真實世界有貢獻。結果出線的是我從來也不會想到要去研究的氣喘，但是在科學界，你永遠不會知道你的研究會把你帶到哪裡去。

因為我或實驗室的任何人對氣喘都不熟悉，我們必須去找個熟悉這種病的人加入研究。做科學研究一個很快樂的地方就是跟自己領域以外的人互動，很幸運的是，威斯康辛大學麥迪遜校區中充滿了這種人，包括世界級的氣喘研究團隊。更幸運的是，世界最有名的氣喘病專家，也是城市氣喘病大型計畫的主持人巴瑟（William Busse）醫師對我的研究有興趣，願意合作。他先前的研究已經顯示壓力會加劇氣喘的發作，他立刻了解大腦**必然**有關係。壓力事件是很複雜的事，例如國稅局來函要查你的稅，或是上網查你的退休金帳戶（401(k)，譯注：美國退休制度，因為相關規定明訂在國稅法第401k條中，所以得名；簡單說是年輕時每個月放錢進不須扣稅的退休金帳戶中，交由投資公司投資生財，五十九歲半之後可以提領出來用）發現它縮水了，或是你聽說公司要裁員，卻沒有辦法跟你的老闆談一下，這些都會對你的大腦造成壓力。

在巴瑟早期的氣喘研究中，他曾經和心理學家柯（Chris Coe）合作過，柯的專長是神經心理免疫學（psychoneuroimmunology），這是一門專門研究心智、大腦和免疫學的跨領域學科。他們找來二十名有氣瑞病的大學生做實驗，給他們吸入少量的過敏原（如豚草〔ragweed〕、塵蟎和貓皮屑，一般在醫院中要找出病患對什麼東西過敏時——叫做篩選測驗〔screening test〕——貓皮屑所引發的肺功能降低效果是最大的）；一學期兩次，把這二十名學生找來實驗室，一次是剛開學功課壓力還不大時，一次是快要期末考在開夜車時。學生同時要提供痰的樣本，看他們肺部在接觸到過敏原後發炎的情形——氣喘病患者在吸入過敏原後肺會發炎，所以他們要收集痰來看肺發炎的嚴重情形。在接觸到過敏原之前，學期初學生肺的情況跟學期末時是一樣的，但是在吸入豚草、塵蟎、貓皮屑這些過敏原後，期末時的情況就比學期初時嚴重了百分之二十七。雖然他們吸入的過敏原在期初和期末都是相同的，但是身體的反應卻不同，壓力會使身體對過敏原的反應明顯變糟。

這內在的機制我們到現在還不是完全了解，但是最近的實驗報告指出它跟腎上腺皮質醇有關。壓力會增加身體中腎上腺皮質醇的濃度，剛開始時腎上腺皮質醇好像對氣喘有幫助，它會抑制發炎；但是為什麼肺會在高濃度的腎上腺皮質醇之下發炎得更厲害呢？因為時間久了免疫細胞就對腎上腺皮質醇的反應變小了，干擾到腎上腺皮質醇正常的抑制發炎功能。很不幸的是，治療氣喘的醫師很少考慮到肺以上的身體部件，居然會對肺的疾病扮演重要角色。

這個實驗和其他相關的實驗清楚的指出，雖然氣喘一般被認為是呼吸道的疾病，可能跟免疫力有關，其實也跟強烈的情緒有關——所以它有神經學上的關係。學生在期末考時所感受到的壓力會引發比較嚴重的氣喘症狀，假如他們在那段時間接觸到過敏原的話。這個實驗和其他跟壓力促發氣喘症狀的觀察顯示，大腦跟呼吸道和肺是有溝通的。所以我們決定探討壓力和氣喘症狀之間的關係，或更正確的說，來看大腦哪一種活動形態會影響氣喘中呼吸道的阻塞和肺部發炎。

要做這個實驗，我們第一步是找出產生壓力的好方法。我們設計出史楚普作業的氣喘版，我在前面有提過什麼叫史楚普作業，這個作業最早是在一九三五年時，心理學家史楚普研發的。受試者要念出墨水顏色，如「綠」這個字在一組的情境中是用綠色墨水寫的，在另一組的情境中是用紅色墨水寫的，受試者要說出墨水的顏色而不是字的意義（因此在第一組是念「綠」，在第二組就要念「紅」了）；第一組的念名反應時間會比第二組快，因為在第二組時，「紅」這種墨水顏色受到「綠」這個字的干擾了。最近的情緒史楚普研究是要受試者念出充滿情緒字眼的字的墨水顏色，結果發現焦慮症患者在念出**焦慮**、**緊張**、**神經質**等字的墨水顏色，就比念中性字如**房子**、**窗簾**的墨水顏色慢。在原始的史楚普作業和修正版的史楚普作業中，受試者念得慢的原因是我們沒有辦法不去念字，因為我們都是熟練的讀者，看到字大腦會自動處理，已變成一個自動化的歷程，因此當字義與寫這個字的墨水顏色相抵觸時，我們的反應速度就會慢下來。（譯注：史楚普作業是個應用得非常廣泛的心理學作業，我的實驗室用修正版的史楚普作業去測試性犯罪者和暴力犯，也得到同樣的干擾效應。讀者應該馬上想到，如果這個效應跟閱讀字的熟練度有關，那麼小孩子的這個干擾效應就應該比較小，實驗結果顯現果然如此。）

所以在第一個氣喘研究中，我們在麥迪遜市找了六名氣喘病患，請他們到實驗室來，跟他們解釋，他們會吸入三種物質其中一種：一種是食鹽水，這不會引發咳嗽或喘鳴（wheezing，一種呼吸時可聽見的高頻率口哨聲）；一種是會誘發氣喘的藥物乙醯甲膽鹼（methacholine），它使呼吸道收縮，產生氣喘發作時胸部緊縮、呼吸不過來的症狀，但是不會引發肺發炎（有時醫師用這種藥來確定病患是否有氣喘）；第三種是過敏原（我們用豚草或塵蟎）。受試者和實驗者都不知道噴霧器中裝的是什麼，我們不希望因為知道噴的是過敏原而影響受試者的反應（譯注：這叫「安慰劑效應」〔placebo effect〕）。在吸入不知名的東西後，我們把受試者送入MRI中。

當受試者躺入MRI圓筒形隧道後，我們把受試者頭頂上的螢幕打開，透過他所戴的耳機，我們請他做史楚普作業。我們所選的字是跟氣喘有關的字，如**喘鳴**、**窒息**、**緊繃**，以及其他負面的字，如**討厭**、**憤怒**、**焦慮**。這些字是用不同顏色墨水寫的，我們請他按不同顏色的鈕來代表念出顏色，因為在MRI中不可動，移動會破壞測量的精準度，而說話時頭會動，所以必須改用按鈕。我們每隔一個月請受試者來實驗室測試一次，總共做了三次，每一次他所吸入的東西是不同的。

這個實驗是我的研究生羅森克倫茲（Melissa Rosenkranz）負責的，我們坐在控制室，看著第一名受試者的資料送進來時，可以感覺到我們是對的。當氣喘患者看到跟氣喘有關的字，如**喘鳴**，他大腦的兩個地方劇烈活化起來，腦島和前扣帶皮質（anterior cingulate cortex）。前者負責監控身體各部位，並在情緒發作時把訊號送到內臟器官；後者在環境的監控上扮演重要角色，啟動幫助促發目標導向的行為。此外，這兩個地方在受試者吸入過敏原後，大量增加大腦對氣喘相關字眼的反應，遠比受試者吸入生理食鹽水或乙醯甲膽鹼時活化得更厲害。氣喘患者在看到跟氣喘有關的字時，大腦這兩個地方的活化程度最高，同時也有最嚴重的肺發炎情況（我們是在fMRI掃描之後二十四小時，請他們回到實驗室時測量的）。事實上，**只有**那些對氣喘相關字有最強反應的氣喘患者有最嚴重的肺部發炎。

這些發現的意義是，對氣喘患者而言，像**喘鳴**、**窒息**這些字充滿了情緒，會引發一連串的活化，一開始在大腦，然後在身體。氣喘患者對與氣喘有關的字敏感度不一樣，這些最敏感的氣喘患者幾乎都是在回彈力形態中很慢回復那一端的人，他們很容易被挫折所擊倒，掙扎著回到原來的情緒狀態。當他們吸入過敏原之後，過敏原使大腦更加敏感，使他們對跟氣喘有關的字過度反應，例如**窒息**、**緊繃**、**呼吸不過來**。他們對情緒字的反應，活化了腦島和前扣帶皮質，透過大腦這兩個地方到系統的通道，它們又加速了肺部的發炎反應，促使免疫系統釋放出調節發炎情況的分子，如腎上腺皮質醇。

回彈力只是情緒形態在氣喘上扮演角色的向度之一而已，自我覺識在此也有參與。你應該記得在第四章，我們談到這個向度的大腦機制是作用在腦島，對非常容易受到壓力影響的氣喘患者來說，他們的腦島是過度活化的，尤其是看到跟氣喘有關的刺激字，如**喘鳴**和**窒息**。腦島的過度活化可能會減弱肺的功能，這顯示**降低**自我覺識對氣喘患者比較好。

這些關於氣喘的新發現顯示，治療氣喘可能有新的方式。因為已經可以非常清楚的看出大腦在調節肺的發炎上有參一腳，而肺發炎正是氣喘最主要的原因。假如我們可以改變跟它有關的神經迴路，說不定可以改善一些症狀，改善這個疾病發作的方式。第十一章我會詳述如何可以用靜坐冥想的方式來轉變我們的心智以改變大腦，在打坐時，一些跟氣喘有關的大腦神經迴路，如腦島和前扣帶皮質，可以被改變。例如，我們曾經訓練受試者專心一致的觀察他自己的思緒和感覺，不加任何判斷，所謂眼觀鼻，鼻觀心，從第三者的角度來觀察你當下的感覺。這種訓練可以使氣喘患者在看到跟氣喘有關的字時，不會有任何的情緒反應；假如可以做到這一步，它就可以防止這些字激發生理的反應最後導致氣喘發作。用這個方法，心智的訓練可以改變大腦活化的形態，而大腦活化的形態可以產生跟健康與疾病有關的實際結果。

情緒形態和免疫力

從上面這些例子中，你看到心智影響身體強有力的證據，或更確切的說，情緒影響生理，生理又影響健康。除此之外，我們對情緒形態和健康還有什麼可說的嗎？

你應該記得我會投入情緒形態的研究，主要是因為我發現前額葉皮質左、右腦活化的程度不一樣，它促使我想去了解情緒大腦機制的個別差異，因為我發現左前額葉皮質活化強的人比較樂觀，有正向情緒，而右前額葉皮質活化得比左腦強的人比較有負面情緒。在研究過程裡，我發現某些研究顯示破壞老鼠左腦或右腦的皮質區會帶來完全不同的免疫反應。破壞左半腦皮質區，會變得憂鬱，而憂鬱會壓抑免疫系統，但是破壞右半腦的皮質不會。我對這個發現很好奇，決定去看看在人身上是否有相同的基本效果，即破壞或減低左腦的活化，會不會不只引發心理疾病，如憂鬱症，同時也引發身體上的疾病？

所以我回頭去找曾經參加過我的實驗，左、右腦前額葉皮質有顯著活化差異的二十名大學部的學生，不論他是強烈的左前額葉活化或是右前額葉活化，我把他們找回實驗室，先抽血，分析他們自然殺手細胞（natural killer, NK）。這是一種白血球細胞，是人類先天免疫系統最主要的成份，它會攻擊腫瘤，殺死被病毒感染的細胞。我們發現左前額葉皮質比較活化、有著比較正向情緒形態的人，殺手細胞活化的程度比較高：比起右前額葉活化程度高的負面情緒的人，他們的殺手細胞活動量高了百分之五十。這真是個驚人的重要發現，跟在老鼠身上觀察到的一樣。因為二十名受試者是相當小的樣本群，所以我在幾年後重做這個實驗，結果仍然一樣，左前額葉活化強的人，殺手細胞的活化程度高。

但是很高的自然殺手細胞活動的意義又是什麼呢？我想測試比較清楚有效的免疫功能。二〇〇三年，我發現找出人們對疫苗的反應是一個最好的方法，對疫苗的反應就代表了這個人免疫系統的發展。羅森克倫茲負責找出前額葉皮質和疫苗的免疫反應之間的關係。她找了五十二名中年男性和女性，在流行性感冒盛行的季節（在威斯康辛州是從晚秋到春天）到實驗室來做實驗。他們第一次報到時，她先測量大腦活動以找出他們前額葉的不對稱性，然後護士研究員芭芭拉給他們注射流行性感冒的疫苗，請他們在二週後、四週後和二十六週後回到實驗室來（總共三次）。每次他們回來報到時，我們抽血看他們體內的流感抗原，來了解這個人對流感疫苗的反應。

這個實驗的資料花了很長時間才蒐集完，因為第三次的抽血是六個月以後，而腦波的分析又花了九個月，這對一名年輕的研究者來說是很挫折的事（我前面提過，羅森克倫茲是我的研究生）。所以當她最後得到實驗結果時，興奮之情是可以了解的。有一天下午，她衝進我的辦公室，打斷正在進行的會議，把她的實驗結果一股腦、滔滔不絕的說出來：左前額葉皮質比較活化的人有著比較正向的情緒形態，免疫反應比較強；最強的左前額葉皮質活化者，抗體濃度是最強的右前額葉皮質活化者的四倍。這是非常大的差異，我幾乎確定它一定有臨床上的顯著性。抗體濃度越高，你越不會傳染到流行性感冒。

心—腦連接

我在本章開始時曾提到科學家可以是非常的狹隘，除自己專業以外的東西對其他都沒有興趣。我在一九九〇年代的後期遇到了像這樣心胸狹窄、個性孤僻有著心智窠臼（mindset）的人。那時生物醫學的研究者正在發展用 MRI 來評估心臟功能，而不必像以前一樣用心導管（angiography）這種侵入性的方式。當我聽到這個消息時，馬上想到我已經有一群受試者在我們實驗室一樓接受 MRI 的掃描，因為我在觀察他們在不同情緒下大腦活化的情形，**我可以同時看一下他們其他的器官，看會不會因情緒狀態而改變**。

當我去找我的同事，跟他們談我的想法，用 MRI 去看正常人心理狀態的情緒，會不會影響他的心臟。他們的反應非常冷淡，而這些都是一流的 MRI 專家，正在發展用 MRI 看心臟功能的我的同事！他們告訴我，心臟的 MRI 是設計來評估疾病的，他們不能想像情緒能對心臟產生足以在 MRI 的片子上看得出來的影響力。這使我很擔心，我們平常在實驗室所用的激發情緒的方法，可能不足以在心臟的MRI片子上看得出差異。在我研究生涯中，第一次，我決定用電擊來引發受試者的恐懼感，而不像以前一樣用圖片或影片來使他們產生恐懼感。

心理學家用電擊在動物和人身上研究恐懼或學習已有很長的歷史。例如，我們在老鼠聽到一個聲音或看到一個閃光時，去電擊這隻老鼠，牠很快就學會把刺激和電擊聯結起來，以後每一次這個刺激出現，老鼠的心跳就加快，牠會嘗試逃開這個電擊。對人來說，也有無數的實驗是用電擊，包括對焦慮症患者和正常的控制組，結果發現焦慮症患者學習把電擊和刺激聯結起來的速度比正常人快。或許最有名的實驗就是米爾格蘭（Stanley Milgram）的假電擊實驗，他請受試者對坐在另外一個房間學習配對聯結（paired-association）的「學生」在他們答錯時施以電擊，其實在另外一個房間的慘叫聲是放錄音帶，並沒有人真的遭到電擊。這個實驗是看人對權威人士，如科學家，可以服從到什麼地步，願意用高壓電去電擊一個完全不認識的無辜陌生人，只因為研究者叫你這樣做呢？答案是肯定的，人會因此而去凌虐無辜的人。（譯注：讀者可以參考《電醒世界的人》一書。米爾格蘭是上個世紀最偉大的心理學家，也是我最敬佩的人，他的實驗每一個都是經典。這個實驗是想了解納粹才三十萬人，如何能殺掉六百萬的猶太人？人的良知何在呢？）

我對用電擊一直不放心，因為它是很不自然的刺激，更不要說電擊實驗受試者是很不人道、違反倫理的事。假如有別的方式來製造出受試者的恐懼和焦慮，我絕對不會用它，但是我同事對用圖片或影片來產生負面情緒抱著非常懷疑的態度，我決定用電擊來試一下，看效果會不會強到可以測量。

在這個實驗裡，我用所謂的「威脅電擊」（threat of shock）方式而不是真正的電擊。我們透過校園廣告找到二十三名大學部的學生，跟他們解釋他們要躺進MRI中，看投射在隧道天花板上的幾何圖形，如菱形和圓形。當菱形出現時，他們可能會受到電擊，其他的形狀不會。我先讓他們試一下電擊是什麼樣，我給他們二十毫秒的弱電擊（二十毫秒為五分之一秒），所謂的弱電擊是你用舌頭去碰觸一個充了電的九伏特電池的感覺（用舌頭是因為口水導電），然後他們就躺進MRI中，開始看天花板。

站在控制室中看著大腦資料時，我很驚訝受試者看到「小心電擊！」的菱形出現時跟「不要擔心」的圓形出現時，神經活化的形態有這麼大的差異。我專注的是大腦會因恐懼而活化的幾個部位，如杏仁核、腦島和前額葉皮質區。感覺到威脅跟感覺安全會有不同的神經反應形態並不稀奇，但是當心跳的資料傳進來時（我們有測量心跳的強度），我立刻看到情緒可以向下到胸腔，干擾心跳。心臟的收縮是由交感神經系統負責的，交感神經系統是我們戰或逃最主要的部件，它跟壓力、緊張有關係。大腦在三個主要地區——前額葉皮質、腦島和杏仁核——的活化越強，心臟的收縮就越強。當菱形出現時，有人心跳收縮沒什麼改變，有人改變很大。

我們可以憑著受試者大腦活化的程度區分出他們心跳的情形。大約有百分之四十的心臟收縮個別差異，可以歸因到腦島和前額葉皮質對帶來威脅的菱形的反應強度。這個高的大腦活化透過交感神經系統的高速公路下傳到心臟，使心臟跳得更用力。這個情緒形態上的差異如果持續下去，一定會對健康造成影響。

具體化的心智

心智是具體化的（embodied），因為它存在於身體中，這個三磅重、像豆腐一樣的大腦，跟身體是雙向的溝通，所以心智的情況會影響身體，而身體的情況也會影響心智。情緒也是具體化的，它可以影響腦殼以外的生理反應，它可以說是最具體化的心智活動。情緒形態底下的神經迴路與免疫系統、內分泌系統，和自主神經系統有非常強的雙向連接。從大腦到身體這個方向的交通連接，是心智影響我們的健康；這表示知道某一個人的情緒形態，對提供他健康醫療保險的人來說可能是重要的，因為這可以評估他的健康風險，就跟知道這個病患抽不抽菸一樣有效度。因此改變你的情緒形態對你生理系統可能有益處，也對你整體健康情況有益處。從身體到大腦另一方向的交通，改變我們動作形態也會影響我們的心智如何去處理情緒的訊息。這個意義遠大於警告那些注射肉毒桿菌的人，臉部肌肉的麻痺會限制他們情緒的範圍，它也表示，身體在改造情緒時可以是一個得力的助手，表示強調身體健康的活動（如瑜伽）對調控情緒會有幫助。這部分的研究才剛剛起步，但是大家已經看好這個身體到大腦連接研究的光明前途了。

第7章

正常／不正常：當差異變成病態

幾乎所有的精神疾病都跟情緒的失調有關，

所以雖然情緒形態本身不能引起精神病，

它的確會和其他的因素互動來決定一個人會不會發展出精神病。

假如我們能了解情緒形態哪一個向度跟某種精神疾病有關，

以及它們如何促成該精神疾病的核心症狀，

我們就比較可能了解正常和病態之間的連續性。

找出不同情緒形態對某種精神疾病的作用，

可以幫助我們找出該疾病在基礎大腦系統的精確位置，

就可以用改變該疾病核心的情緒形態來治療它。

比起臨床治療師目前以評估症狀做為病患分類基礎，

較好的方式是把人們放在有神經科學根據的連續向度上來評估。

我認為這是精神疾病研究的未來。

那麼，究竟怎樣才叫情緒正常呢？當我在〈前言〉中介紹情緒形態的六個向度時，我希望我有說得很清楚，沒有什麼叫做理想的情緒形態。事實上，我更進一步解說：在情緒形態的向度上，不但沒有哪一點比另一點好，而且假如這個世界沒有那些落在不同情緒形態向度上不同點的人，文明也絕對不能進步到我們今天這個地步。

假如你喜歡 iPad、手機、網路銀行、臉書、第二人生（Second Life，譯注：這是一個免費的虛擬3D世界，可以上網去交友），那你應該很高興有人寧願跟機器打交道也不願跟真人說話——這些人可能是落在社會直覺向度上白目的那一端。假如你會因政治謀殺沒有像它應該發生的那麼頻繁而感到釋然，那你應該會為了國安人員落在社會直覺形態的社會直覺端而感到高興，因為他們必須對環境中非常細微、非語言的線索保持高度的敏感。假如你喜歡現代社會中成功的老師和有效率的領導者，那你會很高興有人是在回彈力形態中快速回復的那一端，他們也是在展望形態中正向的那一端，和社會直覺形態中社會直覺的那一端（老師和領導人需要對他周邊的一切線索保持高度的敏感性），在情境敏感度形態中敏感的那一端（他們需要對社會情境中的細微事件敏感才能在某個情境中做出適當的反應）。簡單的說，情緒形態的差異性讓我們社會具多樣性，每個人的長項使我們的社會更豐富多元。

然而，有的時候，某種情緒形態可能太過頭，以致干擾到日常生活的功能。當這種情況發生時，它就變成病態了。這與身體生理功能的測量沒有兩樣，血壓、膽固醇的濃度、心跳率及其他生理的測量是在一個連續向度上的某一點，情緒形態也是。就像血壓或膽固醇，超越這一點，就是高血壓、高膽固醇，被認為有中風或有心血管疾病的高危險性，情緒形態也是一樣，超過了就是病態。一線劃下健康和疾病的分界是有點武斷，而且標準會變動（當生物醫學的研究更進一步時，我們就看到健康的膽固醇標準下修了），但是一般來說，這個邊界就是告訴你，在某個生理測量項目中你失功能了。雖然它可能是有爭議性的，例如什麼叫做健康的肺功能？它的容量應該是多少？但是我想我們都會同意，當你爬樓梯爬沒兩層就覺得喘不過氣來，需要休息時，你就跨過了邊界，進入病態的領域了。

對情緒形態來說也是一樣。當你的回彈形態很慢，一點點的挫折都使你進入嚴重的驚恐或焦慮狀態時，它就是病態了。當你對未來的展望是這麼的負面，在生活中找不到一點快樂，甚至認真考慮要終結自己的生命時，這也是病態了。當你的社會直覺形態非常白目，你不了解基本的社交互動，很難形成良好的人際關係或交到知心朋友時，這也是病態——有些人甚至落到自閉症的頻譜上了。當你的自我覺識形態是這樣的不透明，你看不出所承受的壓力已高到要壓垮你，完全沒有任何線索告訴你需要降低壓力，這會增加你生病的風險（我在第六章中有詳細談到這一點）。當你的情境敏感形態是如此不切實際，你不了解你身處的環境，誤把救護車的警笛當做戰場上的救護直升機，這就是病態，甚至進入創傷後壓力症候群（PTSD）的候選名單了。當你的注意力形態如此的不聚焦，你連最簡單的作業都不能完成，也不能學習學業或事業所要求具備的最基本學識和技術，這就是病態了，而且有可能是注意力缺失過動症（attention deficit/hyperactivity disorder, ADHD）的族群。

在這些情緒向度的另一端也可能是病態。例如，假如你的展望形態非常的正向，你可能有雙極症

（bipolar，譯注：也常稱為躁鬱症，即躁時自信心非常高，天下沒有做不到的事，鬱時跌進谷底，一動也不動，只想自殺），或是躁狂症（mania）的各種形態，它的特徵就是不恰當的各種正向情緒。你可能過度的自我覺識，被你的身體送來各種各樣的訊號所淹沒，幾乎要到驚恐症發作的邊緣。你也可能非常專注在錯過了什麼東西或錯過了什麼人，你應該注意他而沒有注意到，太注意小節就會看不到大局。

你從這些例子中應該可以猜到，幾乎所有的精神疾病都跟情緒的失調有關，所以你可能會認為情緒形態其實就是一個人有多可能變成精神病。雖然情緒形態本身不能引起精神病，它的確會和其他的因素互動來決定一個人會不會發展出精神病。情緒功能的錯亂正是情緒性疾患（mood disorders，一般來說包括憂鬱症、雙極症等因情緒失控而罹患的疾病）和焦慮症的核心**原因**，這不令人驚奇：憂鬱症病患沒有辦法維持正向的情緒，如快樂，或甚至表示出有興趣（譯注：憂鬱症一個很顯著的症狀是突然對他原本極有興趣之事不再感興趣了）；而焦慮症和社會焦慮症病患幾乎無法關掉負面的情緒，一旦這個負向情緒啟動了，他們就在裡面打轉，跳不出來。但是或許比較令人驚訝的是，情緒的騷動不安竟然也是精神分裂症和自閉症的核心原因之一。精神分裂症最常見的特徵缺乏快樂感（anhedonia），就沒有辦法從正常的活動中得到任何愉悅感；而自閉症的人無法解讀社交的線索，如陌生人臉上的表情，他們會把別人臉部的表情解釋成威脅，一直往後退躲進自己的世界中，你幾乎沒有辦法把他們自殼中哄出。

精神病的神經機制

假如我們能了解情緒形態哪一個向度跟某種精神疾病有關，以及它們如何促成該精神疾病的核心症狀，我們就比較可能了解正常和病態之間的連續性（譯注：佛洛伊德就說過，沒有什麼叫正常人和病人，我們每個人都在那個連續向度的某一點，有人比較偏向正常，有人偏向病態，如此而已）。找出不同情緒形態對某種精神疾病的作用，可以幫助我們找出該疾病在基礎大腦系統的精確位置，就可以用改變該疾病核心的情緒形態來治療它。我認為這是精神疾病研究的未來。目前，臨床治療師還是以評估一名病患的症狀，如果有足夠的症狀符合某個疾病的特徵，如社交恐懼症（social phobia）或強迫症（obsessive compulsive disorder, OCD）或雙極症，那麼病患就被分類為該病的患者。這種評估法的問題是它無法顯現病患之間的差異，有人這裡多，有人這裡少，但是統統堆在一起，說你有這種病其實是很武斷的。更重要的是目前《精神疾病診斷手冊》（*Diagnostic and Statistical Manual of Mental Disorders, DSM*）第四版上有三百六十五種獨特的精神疾病跟大腦功能並不相符（第五版預計二〇一三年出版，這是美國精神科學會〔American Psychiatric Association〕經過六年，無數精神科醫師和臨床心理師共同努力的結果），一種比較好的方式，也是我在一九九六年擔任心理病理學研究協會（Society for Research in Psychopathology）的主席後一直在推動的，是把人們放在有神經科學根據的連續向度上來評估。

讓我用一個例子來解釋為什麼這個方法可以奏效。有許多精神疾病都有不能感受到快樂的症狀，憂鬱症是最顯著的例子，但是不能感受到快樂或滿足——缺乏快樂感——也是精神分裂症的核心症狀之一。許多人以為精神分裂症主要症狀是妄想、幻覺，這些的確是精神分裂症「正向症狀」（positive symptoms），這裡的「正向」是指這個症狀有出現，但是精神分裂症同時還有負向症狀（negative symptoms），表示正常人有的他沒有，最顯著的負向症狀就是他們無法感受到快樂。在情緒形態的架構中，不能感受到快樂就是在展望的頻譜中最負面極端的那種人。所以展望形態就可能在精神分裂症中扮演某種角色，它也可能在憂鬱症、焦慮症、成癮和其他有正向情緒障礙的疾病中扮演重要角色。

本章在探索正常和不正常中間的分界線，特別從三個情緒形態的向度來討論：社會直覺形態、展望形態和注意力形態。第一個跟自閉症有關鍵性的關係，第二個跟憂鬱症的風險有關，第三個跟注意力缺失過動症有關係。

自閉症的頻譜

我會對自閉症有興趣應該感謝我的女兒。當艾美麗大到可以注意到別人時（對她來說，就是出生之後不久）她就非常的有社交性，像隻花蝴蝶。這個人格特質在她念高中時特別突出，因為她去幫助一名十一歲的自閉症女孩茉莉，準備她的猶太教成年禮（bat mitzvah，譯注：這是猶太教徒的一個重大典禮，孩子要背熟猶太經文，全家盛裝，親戚朋友也都會出席，禮成有豐盛的晚宴，其鄭重及盛大程度僅次於猶太教的婚禮），除了教茱莉希伯來文之外，艾美麗還是茱莉重要的社交連接者。我永遠不會忘記茱莉的成年禮，因為我看到艾美麗如何在茱莉的生命中扮演了舉足輕重的角色，沒有艾美麗的協助，茱莉不可能站在所有人面前，流暢的背誦出祈禱文和猶太的經典。傳統上對自閉症的描述有三點：第一是社交互動的不正常，自閉症者常避免跟別人眼睛接觸，別人叫他他不應，也不了解別人的感覺。第二點是在溝通上的困難，有些自閉症者幾乎不說話，或是語調不正常，或是說話的節奏不對，有時根本就不懂意思而一直重複別人的話，或是不能自主性的啟動對話。第三點是所謂的刻板行為（stereotyped behaviors），一直重複不斷的做某一個動作，如不停的拍手或前後搖晃身體，或有一些奇特的儀式，如在吃飯前一定要先喝一口牛奶才可以開動，先吃完主菜才可以吃副食。

近代的研究把自閉症的類別擴大到包括「自閉症頻譜」（autism spectrum），前面說的三種症狀的各種情況都包括在內。有些孩子僅因不跟人做眼神的接觸而被歸類到自閉症，有些是因為說話平板不帶感情，更有人是不能被人碰觸到，只要跟他講話或強迫他們做眼神的接觸就會大發脾氣，但是也有小孩被歸類為自閉症是因為他只專注在某一樣東西上，甚至某一個東西的某一部件，如玩具卡車的輪子。所以在自閉症頻譜上的人有從在社會表現傑出，如著名的動物行為學者天寶・葛蘭汀（Temple Grandin，譯注：讀者若有興趣可去看她的傳記《星星的孩子》，中譯本天下文化出版），到那些完全不能說話、不能上學，需要二十四小時照護的人。不論落在自閉症頻譜的哪裡，他們都有社交互動上和社交溝通上的困難。

當艾美麗在我家的飯廳幫茱莉複習功課時，我注意到茱莉有個很奇特的行為：缺乏眼神接觸。我知道她有專心在聽艾美麗說話，因為當艾美麗要她讀猶太經典的某一章節時，她馬上可以做到，但是茱莉從來沒有正眼看一下艾美麗。這使我想到，說不定缺乏眼神接觸是了解自閉症機制的一扇窗，它可能跟自閉症者的社交溝通困難有關係，他們因為不看人家的臉，就不知人家講這句話時，其實是諷刺的、挖苦的或是開玩笑的。後來我又碰到很多自閉症的孩子，我發現不管症狀是多輕微或多嚴重，他們都有一個共同的症狀，就是避免跟人家眼神接觸，好像接觸會帶來痛苦，他們很厭惡。

到這個時候，我的情緒形態理論已經形成，已把社會直覺包括在我的六個向度中了（艾美麗教茱莉是一九九九年的事情），我發現厭惡眼神接觸（gaze aversion）的一個後果就是很糟的社會直覺。原因是我們在社交上傳遞的訊號多半來自眼睛，如果對別人的談話很有興趣時，你的眼睛會不由自主的睜大，對別人的談話覺得無聊時，你會翻白眼。眼睛可以傳達出感興趣、無聊乏味、驚奇、愉悅或信賴，就像偉大的法國解剖學家杜鄉（我在第二章中介紹過）所說的。因為眼睛周圍的肌肉傳達出那個人真實的感覺，所以眼睛的訊息在社交溝通上就扮演了關鍵性的角色。我是從我過去的研究中知道這一點的。當時我還在紐約州立大學波契士校區教書，我注意到來我實驗室做情緒實驗的受試者，看到好笑的影片時眼睛旁的肌肉都會動（就是眼角的皮膚會皺起來，所謂的魚尾紋），而這道魚尾紋的出現跟他們大腦的活化是一致的；研究中我發現真正的快樂是眼睛和嘴角一起微笑，同時左前額葉會出現波峰（spike），但是皮笑肉不笑的假笑眼睛的肌肉則不動。這個研究顯示你只有注視眼睛，才能正確的解讀這個人是否正在經驗一個正向的情緒。

當我看到茉莉不能注視艾美麗的眼睛時，這個記憶瞬間被喚起，因為只要是自閉症，不管小孩或大人都有厭惡眼神接觸的現象，我了解他們一定錯失了別人情緒狀態的重要線索。他們沒有辦法區分「只有考九十八分嗎？我猜你沒有好好讀書準備這次的考試」是句玩笑話，或是「只有一克拉的翡翠戒指嗎？我想我們的結婚紀念日對你大概沒有什麼意義」其實是句反話，因為一克拉的翡翠是很昂貴的，考了九十八分表示你有很用功的讀書，準備這次考試，而且考得很好，才差兩分就滿分，而一克拉的戒指是別人給我的禮物中最貴重的一個。難怪自閉症者在社交互動上有這樣大的困難，他們無法了解別人的感受，也不知道別人說的話和行為的意義。這就是社交和情緒的盲點，我懷疑這個盲點不像別人以為的，是大腦情緒處理有缺陷所造成的；相反的，它應該是沒有看別人眼睛所造成的後果。假如一個沒有自閉症的人整天不看別人的臉，避免和人家眼睛接觸，他會錯失很多社交和情緒上的線索，也同樣會對他身旁社交圈裡所發生的事感到迷惘。這表示，如果自閉症者可以學會看別人的眼睛的話，他們的社交和情緒的缺陷可能會逐漸減少。

當然這個想法專家是不會同意的，好幾個研究都下結論說，自閉兒的梭狀迴不正常，這是一群在大腦後端視覺皮質區的神經元，專門用來辨識臉的。一九九七年的實驗發現，大腦的視覺皮質區有專門負責臉形辨識的神經元，它們不管樹、不管石頭、不管家具、不管食物或任何其他的身體部件，只管辨識臉形。在當時，大家認為很正確、很合理，因為臉在人類和靈長類（黑猩猩也有梭狀迴，這是二〇〇九年的研究發現的）的社交生活中非常重要；然而，後來的研究發現梭狀迴並不是只處理臉，而是這個人熟悉、專長的領域中，任何物體出現，梭狀迴都會活化起來處理它。例如一位車迷看到汽車出現時，梭狀迴會活化起來，一名賞鳥的專家看到鳥出現時，梭狀迴也會活化起來；也就是說，當一名賞鳥者看到鳥的圖片，如信天翁、鴨子、山雀和紅雀，請他分類時，他的梭狀迴會活化起來。這是為什麼科學家一開始時會誤以為梭狀迴只負責處理臉，因為人大都是處理臉的專家，我們看到臉就會自然的把它分類，陌生人還是朋友？男生還是女生？這個自閉症研究宣稱自閉症患者的梭狀迴有缺陷，活化得不夠：當自閉症的孩子躺在MRI中，請他們區辨這張臉是快樂的還是憤怒的，他們的梭狀迴比一般正常兒童活化程度低了很多。

我對他們把自閉症發生的原因歸到遺傳性的梭狀迴缺失很不以為然。試想，一名患有自閉症，跟別人溝通很有困難的孩子，被一群陌生人塞進震耳欲聾、可以躺的空間又小到足以引發幽閉恐懼症（claustrophobia）的機器中，然後叫他們去看臉的作業，我想這些孩子要不然就茫然的瞪著天花板，想要使自己安靜下來，不害怕，要不然就是把眼睛閉上，忍耐著等時間過去，結束苦難。假如是這樣的話，他們的梭狀迴當然不會活化起來，科學家根本不知道這些自閉症的孩子眼睛根本沒有在看儀器所投射出來的臉，更不要說區辨這張臉上的表情了（科學家沒有辦法在MRI中偵察孩子的眼睛在看哪裡）。我認為他們梭狀迴沒有活化不是反映出梭狀迴有問題，而是因為孩子的眼睛根本沒有去看科學家叫他們看的臉。下這種結論就好像你叫孩子來吃飯，他沒有聽見，你不能說他的聽覺皮質有問題，而是因為他戴了抵消噪音的耳機，根本沒有聽見你在叫他。缺乏活化不一定是功能有缺陷，它可能是根本沒有輸入。

假如你不看，你就看不見

為了知道我的懷疑正不正確，同事和我就做了第一個自閉症兒童大腦神經和臉部辨識的實驗，我們在給孩子看臉時，同步測量他眼睛的凝視模式。我們用了一副特別設計的眼罩，上面有紅外線的眼球追蹤系統，可以在孩子看眼罩上所呈現的臉時，知道他的眼睛落點在哪裡（他可以看臉而不看眼睛，但是用這副眼罩，馬上知道凝視的落點是否在眼睛的位置）。作業非常簡單，因為我們希望所有的自閉症孩子都能做，不管他原來的功能是什麼程度。我們投射一張臉到他戴的眼罩上三秒鐘，請孩子按鈕表示這張臉是有情緒的還是中性的。根據杜鄉的研究，我們知道孩子必須要看眼睛附近才能正確做出情緒的判斷。

坐在控制室中監控實驗的進行是個會令人謙卑的經驗。過去的研究發現，自閉症的孩子在這種作業上比一般孩子差得多，自閉症的孩子大約有百分之八十五的正確率，正常的孩子是百分之九十八。（百分之八十五看起來好像很高，但是請注意，來參加這個實驗的孩子都是功能高到可以來到我的實驗室，可以跟陌生人溝通，至少溝通到可以了解陌生人要他做什麼，能夠忍受MRI狹窄的空間，以及儀器所發出的大噪音。）這些自閉症孩子也顯現出梭狀迴活化不足，跟其他研究的發現一樣。

但是在我的實驗中有一項驚人的發現，在每一張臉出現時，不論是中性的還是帶有情緒的臉，我看到孩子把眼睛移開，他們可以看臉的任何地方，**就是不能**看眼睛。當我更系統化的檢查自閉症孩子眼睛移動的路線時，我發現這些孩子比正常的孩子看眼睛的時間少了百分之二十。一旦把這個考慮進去後，我就發現它幾乎可以解釋所有的梭狀迴變異性，自閉症孩子的梭狀迴一點問題也沒有，它沒有活化不是因為它失功能，而是因為它沒有接受到任何訊號。它沒有接受到任何訊號是因為孩子不願去注視人的臉，尤其是眼睛的部分。

這是一個非常重要的發現，推翻了過去的想法，以為自閉症患者有遺傳性的神經缺陷，所以不能辨識臉。但是另一個更重要的發現浮現了。自閉症的孩子大腦跟其他孩子的大腦在看臉的時候還有另外一個地方不同：自閉症孩子的杏仁核在看臉時活化得太厲害了。你應該記得杏仁核是情緒學習的一個關鍵地方，也是恐懼和焦慮迴路的核心結構，它對環境中的威脅起反應。許多自閉症的孩子幾乎不能看相片中人臉的眼睛（更不要說真的人臉了），他們在看臉時，杏仁核的活化程度衝到比天高。這個看臉杏仁核就大量活化起來的事實（即使在我的這個實驗中，他們只看了一秒的幾分之幾），表示看臉對他們來說非常不舒服，甚至很可怕，當他們看著別人的眼睛時，大腦和身體都充滿了訊息，而他們把這個訊息解釋為威脅。只有看別的地方才能停止這個衝擊。的確，當孩子把凝視點從眼睛移到臉的其他地方時（我們可以從眼動追蹤系統知道他眼睛的方位），杏仁核的活化程度就降下來了，這表示厭惡眼神接觸是個安撫情緒、調節情緒的策略，它可以減輕焦慮和恐懼。自閉症的孩子用逃避別人的眼睛來減少社交的刺激，因為這個刺激對他來說太有威脅性了。

假如杏仁核的高度活化教人很不舒服，而且大腦把這些訊號解釋為有威脅性，那麼陌生人甚至家人臉上無害的表情，都會被解釋為具有威脅性，我因此懷疑自閉症的孩子很早就學會不看人眼睛的策略。當他們看臉時，覺得焦慮，然後發現只要把視線移開不去看別人的眼睛，這個焦慮就可以減輕，甚至避免掉它的發生。

但是這個焦慮的去除要付出很大的代價，因為不看別人的眼睛，他們錯失了很多由眼睛或臉部表情所傳達的重要社交訊息。麥克是一名十五歲的自閉症男孩，他來參加我的實驗，確認了我的看法。他對我們的實驗非常好奇，很想多知道一點我們的發現。在他做完實驗後，我問他願不願意來到我研究所的課堂上跟我的學生談談自閉症，描述一下看別人的眼睛是什麼感覺，以及跟人互動又是什麼樣的情形。他很高興的答應了。在上課時，我問麥克有關眼睛的接觸，他用深深打動人心的語句訴說他所遇到的困難和別人嘲笑的痛苦：同學都以為他不在乎他們，不喜歡跟他們玩，因為他跟他們講話時不看他們的眼睛，但是麥克覺得他根本沒有選擇。他告訴我們，當他看臉，尤其是眼睛時，他感到絕望的恐懼。

都是一家人

自閉症在所有神經精神疾患（neuropsychiatric disorder）中有著最強的遺傳性。在沒有基因遺傳性的情況下，自閉症的發生率是百分之一，目前的估計是每一百一十名八歲的兒童中就有一名是自閉症；但是假如一個家庭中有一個孩子是自閉症，那麼他的兄弟姊妹也有自閉症的機率就變成百分之三，是基本率（background rate）的三倍；在同卵雙胞胎中，假如一個有自閉症，另一名也有的機率是百分之六十三至百分之九十八（依不同的研究所報告出來的機率範圍），顯然自閉症有遺傳成份。目前還沒找出自閉症的基因，但是已有好幾個可能性，它需要很多基因在一起才會出現，這表示當一個人遺傳到的基因少於自閉症發病的最低額（threshold，譯注：一般叫臨界點，在研究上叫閾），他可能不會顯現出典型的自閉症，但是仍然可能出現某些症狀。

為深入了解這一點，我們做了一個自閉兒兄弟姊妹的研究——這些連最輕微自閉症頻譜的邊緣都搆不上的手足，結果發現他們也有不尋常的眼動追蹤模式。他們並沒有把目光從別人的臉和眼睛上移開，但是仔細觀察時，他們的眼睛移動方式和大腦活化情形是介於發病的兄弟姊妹和正常發展的孩子之間。他們大腦中杏仁核在看到臉時，並沒有像他們自閉症的手足活化得像天高，但是仍然比一般人高；當他們看臉時，目光停留在眼睛部位的時間比一般正常發展的孩子的時間短。這個發現強化了我們對情緒形態基礎理論的看法：社會直覺是一個連續的向度，區分正常和不正常其實是非常武斷的。

至於有多武斷呢？我們在進一步檢視這些資料時看到，大多數人都認為我們看得出健康和生病之間的差別，也可以區辨出正常和不正常。我也是如此，認為雖然行為的症狀可能會騙我們，大腦活化的形態——現在已經在越來越多的精神疾病上看到病人與正常人之間的不同——應該是可以被相信的。當我進一步查看自閉症兒童和正常發展的孩子在看臉的影像時，自閉症兒童杏仁核的活化的確遠高於正常的兒童，但是自閉症兒童杏仁核活化的形態卻是有很大的變異性，而有些正常的孩子杏仁核的活化也跟自閉症兒童一樣高（譯注：一般大腦活化程度是看平均值，除非有必要，才會把某個人的活化形態單獨拿出來看每一個時間點的高低）。

就是在這個時候，我了解畫分正常和不正常的那條線有問題了。自閉症兒童在語言和社交上的症狀——以及這些症狀底下大腦處理的歷程——其實很多人都有。有些人並沒有自閉症，但是不能忍受看別人的眼睛，我們把這種人叫做社交恐懼症。這個標籤我認為並沒有很清楚明確的描述出一種疾病，它只是在相關範圍的遠端而已。這表示在情緒形態的任何向度上，並沒有某一個魔術分界點能清楚的區分出正常和病態。

憂鬱症的大腦分類

大部分人認為憂鬱症是個普遍廣泛的、甩不掉的悲傷，甚至絕望。這當然描述了許多深受其苦的憂鬱症患者，但是最近的研究找出憂鬱症的其他特徵，最顯著的便是他們無法經驗快樂和其他正向的情緒，例如滿足、驕傲和喜悅。不能感受到這些正向情緒的後果之一就是無法計畫未來，對未來沒有期待，不能做目標導向的行為；假如你不能想像某個行動會帶給你快樂或甚至成就感，你就沒有什麼動力去計畫它，更不要說實際動手做了。

這些憂鬱症的症狀都反映在大腦的前額葉皮質和其他地區有異常的活動。我在第二章中描述過一個我早期的研究，即憂鬱症病患右前額葉皮質的活化程度比左前額葉皮質高（我在第十章中會談到一些奧運選手以及佛教僧侶的幸福感，他們左前額葉皮質的活化程度都遠大於一般人，高到破表）；但是最近，在研究過幾十個憂鬱症病患後，我發現「憂鬱症」不是一種單一的病症，好比類風濕性關節炎。換句話說，一個人可以有很多的憂鬱方式，憂鬱症的種類就好像甲蟲的種類一樣多，每一種憂鬱症的形態都有它特殊的大腦活化形態。這表示每一種憂鬱症應該有它特定的治療法，病患才能受益。

- 有一組憂鬱症病患是無法從挫敗中回彈回來。一旦不幸的事發生了，他們就會沉潛很長一陣子，他們屬於回彈力形態很慢回彈那一端，他們的大腦反映出很低的左前額葉皮質活動。他們很難從負面的情緒中走出來。
- 另一組的憂鬱症病患是情境敏感向度上落在不敏感尾端的人，他們對調節自己的情緒以配合情境有困難。例如假如他們在陌生的情境或跟陌生人在一起感到害羞或擔心，這本來是正常的行為，但是他們卻把它類化到熟悉的情境，他們的擔心和害羞會持續，不因情境改變而改變行為。這個情緒形態的人不僅跟朋友在一起時會表現得很正式，沉默寡言，即使跟自己家人在一起時也是如此，這使他們無法形成良好的社交人際關係，跟人的互動不良。是不好的人際關係把他們推入了憂鬱症中。另一個這種對社交情境不敏感的例子是：你的上司對你很不滿，覺得你什麼事都做不好，有一半的時候她責罵你跟顧客閒聊太多，不務正業，另一半的時候她又怪你冷冰冰，不會跟顧客閒話家常、拉攏關係；所以你每天都如履薄冰，不管怎麼做都覺得要挨罵。假如你無法把你的情緒跟社交情境做調整配合，不敢要求天衣無縫，至少得八九不離十，那麼即使你在家中或跟熟朋友在一起，還是會覺得很緊張、很焦慮，擔心自己說錯話，這種情況也會增加你得憂鬱症的風險。在這種憂鬱症病患身上，MRI 發現他們的海馬迴比較小，因為海馬迴是大腦中處理情境訊息的主要地方，當它比較小時，這個人對情境的拿捏就容易不恰當了。

● 第三種次憂鬱症的患者是完全無法維持任何正向的情緒，不管它是興奮的、快樂的、還是充滿希望的。一般情緒健康的正常人如果早晨接到一個好消息，比如說，朋友給他兩張已經售完的熱門音樂會門票，他會高興好幾個小時，但是憂鬱症患者正好相反，事情一過，眼睛就黯淡下來，他不會高興雀躍一整天。他們是落在展望向度負面的遠端，沒有辦法維持正面的情緒，所以他們永遠處在生命的低潮。許多這種病患也落在回彈向度緩慢回復的那一端（並不是所有人皆如此，這兩個向度是彼此獨立的，有些沒有辦法維持正向情緒的人卻可以快速的從挫敗中反彈回來，而有些能夠在一個好的經驗後維持高正向情緒的人，卻在經驗到挫敗後很慢才能回復過來）。對一個不能維持正向情緒又不能抖去挫折的人，這雙重打擊會把他推入憂鬱症的深淵。

憂鬱症和展望向度

最後這一組，那些無法維持正向情緒的憂鬱症病患是我研究的焦點。很令人好奇的是，雖然憂鬱症是被認為是情緒的或心情的疾患，但是少有研究者會探討這些憂鬱症病患情緒的處理過程是怎麼一回事。我認為這是反映出精神病學和心理學認為「不關我的事」的態度。精神科醫師並不研究正常的情緒，他們尤其不會去研究正向情緒；心理學者研究情緒，但是研究情緒的人很少會跟研究心理病理學的人打交道。這個不相往來的結果就是有關正向情緒如何得出，又如何維持，它內在的處理歷程及它的不正常情況，就很少人研究了。這是我為什麼投入的原因。

我在第四章中有提到一個我早期的研究，我們給憂鬱症病患和正常人看一到二分鐘的喜劇片剪輯來引發他們快樂的情緒，我很驚訝的發現，憂鬱症病患在看完短片後所報告的正向情緒跟控制組一樣——他們一樣的快樂，一樣的滿足，一樣的熱情——在一個五點的量表上，他們跟控制組是一樣的。這表示憂鬱症病患和正常人一樣可以感受到正向情緒。

許多年以後，我回頭去看這個實驗的原始資料，因為我一直為這份資料所顯示出的不正常訊息憂心。到這個時候，我對情緒形態的研究已經有些心得，知道人們能夠維持正向情緒的時間差異性很大，有人長、有人短。後來這變成展望形態的藍本，一端是正向形態，他們能夠像童子軍生營火一樣，小心翼翼的維持快樂的火把燃燒；在負面情緒那一端的人，快樂的情緒很快就會被突來的滂沱大雨澆熄。所以我重新檢視這些舊資料，特別注意影片中受試者的臉部表情，因為它們提供了即時讀出受試者情緒狀況的指引（譯注：從影片上有時間格，可以精準知道每秒情緒的變化）。這次我就看到了，雖然憂鬱症病患在看喜劇片時也顯示快樂的表情，卻沒有辦法維持，他們臉上正向的情緒很快就消失了，而不像健康的控制組一樣，笑意還掛在臉上。

黛博拉是我實驗中的一位憂鬱症受試者，有一次在一位好朋友家的晚宴中遇到她，她跟我描述她的感覺。當她剛抵達主人家，跟主人夫婦打招呼時，她感到真正的喜悅；但是當每個人都坐下來開始吃飯時，她的感覺就開始飄移了：她一開始的快樂消失了，她感到黑色的深淵張開大嘴要吞沒她。當主菜上來時，她已經無法品嚐食物的味道了，她幾乎吞不下一口。她從同桌的客人或食物上無法得到任何一點的愉悅，她急著想離開這場晚宴。

在這個情緒改變的當下，黛博拉的大腦中發生了什麼事呢？在最近的一個實驗中，我們訓練憂鬱症患者和正常的控制組去做在第四章中有談過的認知重新評估（cognitive reappraisal）實驗。這種技術是去想一個刺激（我們給受試者看可以激發他快樂感覺的圖片），用它來強化這個刺激所激發的情緒反應。例如在快樂的情境裡，我們鼓勵受試者去想一樁快樂的事件，隨便是發生在他自己身上的事或所愛的人身上的事都可以。當他們看到一張微笑的母親抱著一個咧嘴而笑的孩子時，我們鼓勵受試者去想像是自己或他們所愛的人在這圖片中。一旦他們了解了認知重新評估後，我們把受試者放入MRI中，給他們看七十二張圖片，一次一張，教他們在認知上強化自己的情緒反應。

結果在看前半的圖片時，憂鬱症患者和健康的控制組的大腦反應幾乎是相同的，兩組都努力用認知去強化他們對圖片的情緒反應。他們大腦中的伏隔核都活化起來，這個大腦區域跟正向情緒和動機有關。這個區域有很多的多巴胺受體，多巴胺是一種神經傳導物質，它跟驅動個體去尋求目標和報酬有關；這地方也跟大腦自己產生的鴉片劑有關，鴉片分子跟愉悅及其他正向情緒有關。到了下半場圖片播放時，病患的表現就不一樣了。控制組繼續顯示高的伏隔核活化，他們的反應其實是依時間的過去而增加，認知重新評估的技巧就像是他們快樂感覺的渦輪增壓器，形成一個正向情緒回饋的循環，所以伏隔核反應得越來越高。但是憂鬱症病患的伏隔核反應在看後半部分的圖片時下降了很多，他們不能維持正向的情緒，就像黛博拉在晚宴上一樣。這正是黛博拉的大腦在一開始快樂的感覺消失後，她的伏隔核神經元活化的情形就從高峰摔到谷底了。

這個實驗的受試者就像黛博拉，感受到了這個掉下懸崖直落谷底的感覺。我們請他們就一些形容詞，如**快樂**、**充滿活力**、**興奮**、**驕傲和感興趣**，在一個五點量表上打分數，從半點都沒有到非常高。結果發現伏隔核活化的情形維持得越久，他們報告正向情緒的分數就越高。這就是憂鬱症患者不能維持正向情緒的大腦機制了：他們的伏隔核無法維持活化，可能是因為伏隔核和前額葉皮質連接的通道出了問題。因此伏隔核一開始雖有啟動，但是很快火就熄滅了，正向的情緒也就褪去了。這正是展望向度極端負面的特徵，我們在第四章有談過。

大腦沒有任何一個地方是像孤島一樣隔絕的：每個區域彼此都有很多的連接，只是有些地方跟其他的連接比較密實，有些比較稀疏而已。利用fMRI，我們不但可以看到那個區域在做作業時的活化程度增加，同時還能看到它們連接的強度。基本上，如果兩個地方同步亮起來，或是一個亮另一個緊接著亮（亮是表示活化的意思，大腦在工作時需要葡萄糖和氧），而且一起活化的頻率比大部分的大腦區域多，那麼兩者就有功能上的連接，一個區域的活動會帶動另一個大腦區域的活動。所以我們用fMRI來找出認知強化愉悅時，大腦各部位做這件事的地方。

我們看到在前額葉皮質有一個區域叫中前額葉迴（middle prefrontal gyrus），這個地方跟計畫和目標取向的行為有關，它在做這個作業時與伏隔核有很強的連接。也就是說，當中前額葉迴活化的時候，伏隔核也活化；當憂鬱症病患伏隔核的活化降下來時，它和中前額葉迴的連接也就消失了。一開始時，控制組和憂鬱症病患在這兩個區域之間都有很強的連接，然後控制組的連接持續，但是憂鬱症患者的開始減弱、消失。我們認為雖然中前額葉迴保持活化，但它不再送訊號到伏隔核去了。就像夫妻倆一個一直去推另一個，使他保持清醒，後來推到煩了，他就自己保持清醒，不管另一半了。

這是個非常令人興奮的發現，因為它顯示憂鬱症患者伏隔核活化下降的原因是它跟前額葉皮質的連接有問題，而前額葉皮質是指揮大腦其他部位活化的地方。病患有意識的想要強化他們正向的情緒，但是不能，就好像雖然你想盡力把一顆高爾夫球筆直的打出去，假如你運動皮質區和肌肉的連接失功能，就不可能揮出漂亮的一杆。前額葉皮質和伏隔核沒有強的連接，就不能維持正向的情緒，你就有掉入憂鬱症中的高風險。

向前行

我這麼努力找出各種心理疾病內在的大腦神經機制，並不是想擠上神經影像學的熱門列車，在長長的神經與疾病的相關清單上再加上幾篇論文。現在神經影像學非常紅，當人們在經驗某一種感覺、思考某一件事或在做任何跟心智有關的活動時，這個嶄新的腦造影技術使我們可以看到內部工作的情形，這當然非常吸引人，對我們了解大腦和行為也非常重要，但是它只是第一步。我最終的目的是我稱之為「神經啟發的行為治療法」（neurally inspired behavioral therapy）。「神經啟發」的意思是這種治療法會改變跟心智疾病有關的大腦異常活動形態；「行為」的意思是希望改變不是透過藥物而是透過心智訓練、認知行為治療法（cognitive behavior therapy）和其他的介入治療，不靠藥物，而是教人們用不同的、有希望的、對他有幫助的方式去思考他們過去的想法。

神經啟發治療法有很多種，不是只有神經啟發**行為**治療法而已。這種治療法還在嬰兒期，但是已經有很多成功的初期報告使我相信，我可能會發現一些重要的東西。讓我給你一些例子，以我和其他科學家的實驗來說服你。

為了確定是額葉皮質和伏隔核的連接出了問題，造成憂鬱症患者無法維持他的正向情緒，我去研究憂鬱症患者經過成功的治療後大腦的情形。我們找了二十名憂鬱症患者，在用 fMRI 測量他們大腦的功能後，用標準的抗憂鬱症藥物治療八週。有些病患報告在八週治療之後，他們正向的情緒顯著的增加了，但是也有患者沒有什麼改善。這是抗憂鬱症藥物很典型的反應，同樣的藥物對甲有效，對乙無效。我們所在乎的是：當病患報告他們試著用認知強化策略去看快樂的圖片而有比較多的正向情緒時，他們伏隔核活化的時間有顯著的增加，伏隔核跟前額葉皮質的連接也有顯著的增加。換句話說，大腦活化的形態——安靜的伏隔核和它與前額葉皮質少許的連接，使這個憂鬱症病患不能維持正向情緒的大腦活化形態——轉變了，它變得跟對抗憂鬱症藥物起反應的人差不多。這表示當藥物有作用時，藥物是作用在維持正向的情緒，或許是用於支持前額葉皮質和伏隔核之間的訊號強度。不過，為什麼這種藥對有些人有效，對另些人無效，我們仍然不知原因。我們正在做實驗想知道標準的非藥物治療——如認知治療法和人際關係治療法——對某些憂鬱症病患是否和藥物治療法有同樣的效用。

以神經機制為主的治療法中，最有希望的一種就是從我對憂鬱症患者大腦活化形態的發現：

- 左前額葉皮質比右前額葉皮質活化得更厲害的人比較感到滿足及幸福感，而右邊比左邊活化的人容易覺得沮喪。此外，左前額葉皮質活化基準線比較高的人在一個叫做「行為啟動」（behavioral activation）的測量上得分比較高，這是測量心理學家稱之為「趨前動機」（approach motivation）的強度。高行為啟動分數的人通常認同這種句子：「當我得到我想要的東西時，我覺得非常興奮，充滿了活力。」和「當我想要某樣東西時，我通常會盡全力得到它。」

- 右前額葉皮質活化基準線高的人在行為抑制（behavioral inhibition）測驗上得分高。這個測驗是測量焦慮及面對災難或不好的事情時，傾向「關掉」（shut down），不去理它，把頭埋在沙裡，眼不見心不煩。在行為抑制測驗得分高的人通常認同這種句子：「我很擔心會犯錯。」和「別人的批評和責罵常令我受不了，對我的傷害很深。」

行為啟動和行為抑制的概念源自英國的神經科學家葛雷（Jeffrey Gray），它是指大腦中跟趨前和退縮行為有關係的兩個系統。行為啟動治療法是教病患放膽前去一個新的情境，即使覺得這個情境有點威脅性還是會去，而不是避免困難的情境；它也教病患找出帶給他們滿足，並且與長程目標相符的事情。例如，一名病患在做某個活動時，評估這個活動帶給他的快樂和成就感有多高。比如說，她很喜歡閱讀，跟一小群親密的朋友交往，及在二手店（thrift shop，譯注：在美國是慈善性質，大家捐出不用的物品，廉價賣給有需要的人，得來的款項提供食物給遊民或救世軍）做志工，治療師於是鼓勵病患規畫每天生活的例行公事，把她喜歡的事物包括在內，使她一定會去做而不是碰巧去做。所以病患不是想到才打電話給朋友，或是偶爾才去二手店幫忙，治療師要她寫下每天的行程：把它輸入手機或用其他方法使她「星期四與朋友午餐」、「星期二早上做志工」。最後，治療師幫助病患放開一些她一直在反芻的思想，如「我是個不好的人」或「我做的每件事都失敗了」，方法是用生活中其他的例子去挑戰原來的負面思想，例如：「你大學有讀畢業，並不是每件事都失敗。」以及「雖然經濟這麼不景氣，還是找到了工作。」「實習生對你感激得都要流眼淚了，因為你對他的指導和教誨。」

行為啟動治療現在已顯現它的效用了。在一個大型的實驗中，一八八名有嚴重憂鬱症的病患接受抗憂鬱症的藥物、認知治療或行為啟動治療，其中一〇六名病患的治療成功，在六週的治療後他們的憂鬱症症狀減輕了。然而一開始的反應評估只是冰山一角，重點是病患改善的情況能不能長久維持。

科學家於是追蹤這些病患一年。服藥的病患再發率最高，百分之五十九的病患在停止服藥後再犯；接受認知治療或行為啟動治療的病患再發率在百分之四十和百分之五十之間。這個發現表示不但心理治療有效，還比藥物更有效，而且比較便宜。

所以現在看起來，行為啟動治療法可能是我在前面描述的神經啟發的治療方式之一。二〇〇九年的研究中，科學家在行為啟動治療法之前和之後，用fMRI來看憂鬱症患者的大腦。他們用一個有報酬的賭博作業來看患者神經的反應，在治療後十二週，百分之七十五的病患有顯著性的症狀減輕，他們大腦中紋狀體的活化有增加，紋狀體包括伏隔核。這個發現顯示，用經過設計能增加病患對有報酬的刺激的專注來訓練病患，可以降低他的逃避行為，造成顯著性的大腦神經迴路的改變，尤其是那些跟維持正向情緒經驗有關的神經迴路。這些新發現讓我們看到行為啟動治療法特別針對跟延長快樂、榮耀、好奇及其他正向情緒有關的神經迴路做治療，所以它很有效。

注意力形態和分心症

有一則禪學公案：徒弟跟師父說：「師父，請寫給我一些智慧之語。」師父拿起毛筆，寫了一個詞「注意」（attention）。

徒弟問：「只有這樣嗎？」

師父拿起筆再寫：「注意，注意。」

徒弟有點不高興了：「這對我不痛不癢，一點意思也沒有。」

師父聽到了，再寫：「注意，注意，注意。」

徒弟覺得很挫折，大聲問：「這個『注意』究竟是什麼意思？」

師父回答：「注意就是注意的意思。」

非常簡單，又非常複雜，看起來很容易，有時又很困難。根據《精神疾病診斷手冊》第四版的定義，注意力缺失過動症（以下簡稱分心症）有三種類型變化，主要的特徵是缺乏注意力，另一種是過動或衝動（impulsivity），第三種是兩者都有。不能集中注意力使你看不到細節，結果就是在學校作業、在職場上或其他地方造成粗心的錯誤；它也使你在組織活動上有困難，容易分心，無法把一件事做到底、做到完。過動主要特徵是一直不停玩你的手、動你的腳，在椅子上扭來扭去，坐不住，不停的站起來，東張西望，還有就是不停的說話。衝動顯現在別人問題都沒有問完就搶著回答，不耐煩等輪到自己，打斷別人說話或插入別人的談話或別人玩到一半的遊戲。

最新的美國政府資料顯示，在四歲到十七歲總共五百四十萬的兒童中，百分之九・五被診斷為分心症，而且這個數字還一直在上升；在二〇〇三年到二〇〇七年之間，分心症比率每年增加百分之五・五。雖然我們還不知道之所以劇烈上升的原因，但是顯然基因本身不可能是罪魁，因為美國人DNA的改變遠不及分心症的增加；這個急劇增加有可能是環境的因素，或是診斷分心症的標準放寬了。

所有分心症的各種症狀都指出大腦處理的歷程出了毛病，核心問題出在注意力的大腦機制和「反應抑制」（response inhibition）上，這是控制衝動的機制。我們可以在實驗室中測試孩子的這種抑制能力。典型的實驗是給孩子看一序列快速閃過的圖片，比如說，人臉，當他們看到一張沒有表情的臉時要按鈕，假如這張臉帶有情緒表情就不要按。在一個實驗中，百分之七十的圖片是中性的，百分之三十是有情緒的，所以孩子有百分之七十的時候是要按鈕的。大部分的人會犯錯，在看到情緒的臉時也按鈕。這個錯誤不是他們分不出中性或有表情的面孔（這在前測時，就已經把不能分辨喜怒哀樂、驚訝或厭惡表情的人排除掉了），他們犯錯的原因是不能抑制自己不去按鈕，而且有分心症的孩子和大人犯的錯最多。

腦造影讓我們看到了原因。有一個研究分析了十六個這種實驗，總共有一八四名分心症者及一八六名正常的控制組，紐約大學兒童研究中心（New York University Child Study Center）的研究員發現，前額葉皮質好幾個對選擇性注意和反應抑制很重要的地方在分心症組中是不夠活化的，尤其是下前額葉皮質（inferior prefrontal cortex）——這裡是大腦的衝動抑制中心——特別突出：在正常人中是活化時，在分心症的大人和孩子大腦中卻是微弱的（我們在第十一章中會談到，這些大腦區域可以透過靜坐冥想的方式增強，它可以改善注意力缺失的好幾個層面）。

注意力的另一個特徵是同步鎖住，外在的刺激會跟大腦內部的活動同步，我們可以從腦波儀中看出，當大腦內部的處理跟外在刺激失去諧和，結果就是分心症：多倫多大學（University of Toronto）的科學家最近在九名分心症的大人和十名正常的控制組大腦中測量他們神經的同步性，結果發現分心症組的同步性很差。在這裡我們又一次看到分心症者大腦中，跟選擇性注意相關的神經元出了問題。

這些研究的目的不是得出更漂亮的大腦圖片，我是希望用這些實驗結果找出有問題的神經活動，發展出以神經機制為依據的治療法來重建這個機制，使它變成正常。今天，第一步驟的分心症治療法是給藥，通常是興奮劑利他能（Ritalin），這種藥是針對前額葉皮質的神經傳導物質作用，所以會改善注意力。美國醫師會傾向開藥是可以了解的：大部分看診的醫師是家醫科的，他們既沒有時間也沒有訓練來給其他種的治療法。專科醫師總是不足，尤其在大都會區以外的小城鎮，甚至心理學家和精神科醫師都感受到壓力（從保險公司）要給孩子開藥，而不是花時間做行為治療。

但是現在已有報告指出藥物是有副作用的，醫師開藥應該更謹慎。雖然只有少數幾個研究在評估行為治療對注意力訓練的成效（沒有藥廠，尤其是大藥廠，有任何意願支持行為研究），不過已經做的實驗都顯現出它應該大有可為。二〇一一年有一個荷蘭的研究，他們給分心症的孩子注意力訓練或知覺訓練：他們的知覺訓練是給十一歲的孩子磨練看和聽的能力，但是沒有任何注意力的部件在內；注意力訓練是讓他們玩電腦遊戲，他們要隨時注意敵人有沒有偷偷溜進來，也要注意他們的生命力是不是快要見底了。在經過八回每次一小時的訓練後（分四週進行），這些接受注意力訓練的孩子在好幾個客觀的注意力量表上都有顯著的進步，包括聚焦能力、不理會干擾的能力，但是接受知覺訓練的孩子並沒有進步。荷蘭的科學家並沒有做大腦的掃描來看神經活動有沒有改變，是否可以解釋注意力的進步，但是這個實驗很容易再做一次，來看注意力的神經機制改變。不過至少目前我們所知的已經提供了希望，知道心智訓練可以改變分心症的大腦。

✦ ✦ ✦

當我二〇一一年寫這本書時，美國國家衛生研究院的分支國家心理衛生研究院（National Institute of Mental Health, NIMH）正在推動一項計畫，想找出不同心智疾病內在的共同機制，希望能更加了解心智疾病的大腦機制。這個想法源自認為某些行為和心理學上的人格特質是好幾個精神疾病所共有的現象，但是以今天的分類法，它們是不相干的。例如，低的社會直覺——那個我稱作白目的行為——是自閉症者的核心特徵，但是它同時也在好幾種焦慮症上看到，尤其是社交恐懼症，它也能發生在憂鬱症患者身上。同樣的，不能維持正向情緒——在我的理論架構中是展望形態的負面極端——是憂鬱症的特徵，但是它同時也在焦慮症患者身上看到，精神分裂症患者也有。這表示有效治療一種疾病的方法可能也可以幫助另一種疾病，只要它們共同享有情緒形態的某個向度。

就現在的情況來說，臨床醫師治療憂鬱症患者的方式跟治療焦慮症和精神分裂症是很不一樣的，自閉症的治療法也跟憂鬱症大不相同，不但用的藥物不同，心理治療法也不同。但是國家心理衛生研究院看到了，如果要了解這些精神疾病的大腦機制（因為這對治療很重要），我們必須仔細分析情緒形態的向度，找出這些症狀出現的大腦區域的活化形態。這正是我在做的事情。這種研究法同時也會改進精神疾病的診斷。在傳統的非是即非的二分法（yes-or-no approach）中，有些人到達最低的門檻，比如說，他有社交焦慮症十一個症狀中的六個，我們說他有社交焦慮症，另一個人比他少一項，我們就說他沒有這個病。但是你可以看到，情緒形態的架構給的是一種非常不同的觀點，它很清楚的告訴你，正常人和病患中間的那條界線是不存在的。這個判斷的決定不應該是武斷的是—非診斷，而應該是由你主觀的評估你希望成為一個什麼樣的人，你希望過著什麼樣的生活。

幾年前，如果宣稱心智疾病是因為大腦活動有缺陷，你可以用心智的力量克服它，你會被人嘲笑或趕出去（尤其是在一間坐滿了精神科醫師或神經科學家的房間）。但是透過神經可塑性的革命，這種看法即使還不是教義，至少也已經是主流趨勢了。心智的力量可以改變大腦活化的形態是下一章的主題。

第8章 可塑的大腦

大腦不是不變的，也不是靜態的，
它是一直因應我們的生活而不停的自我修改。
神經的可塑性使大腦可以打破它跟自己基因組之間的聯結，
大自然賦予人類大腦一個可以改變的彈性，
讓大腦去適應新的環境對它的要求。
我們看到大腦可以因感覺和運動的需求而改變某些特定結構的功能，
密集的運動訓練使中風病患以健康的大腦部位取代受損部位的功能，
密集的音樂練習也會擴大手指頭在大腦中的區塊。
但是除了上述來自大腦外部的改變原因之外，
大腦內部所產生的訊號會改變大腦嗎？
我們的思想（或說冥想），會改變大腦嗎？

每當我跟聽眾或學生解釋每個人都有他獨特的情緒形態，這個形態反映出他大腦特定的活化形態時，他們通常就馬上下結論，認為情緒形態是固定不可變，很可能是先天設定的。我希望第五章的討論已經說服你，你的情緒形態不是直接繼承自父母的基因所決定的，而是這些基因混搭加上你在童年期的經驗所共同組合成的。現在我要讓你知道，一個人長大成人之後的情緒形態也不是永久只有一個樣，因為情緒形態反映出大腦活動的形態並不表示它是固定的、靜態的、不變的或不能改變的。原因是過去幾十年來神經科學的教條是錯的，成人的大腦不是固定的、功能不能改變的，事實上，大腦是一直不停在改變的。

我們的大腦有一種特質叫神經可塑性（neuroplasticity），意思是說它可以改變結構，活化形態，不只是在童年期（我們都預期兒童的大腦會改變），同時也持續到成人期。其實大腦是終其一生都在改變，這改變可以來自經驗，也可以來自思想這個內在的心智活動。以經驗來說：天生的盲人在學會點字閱讀法後，掌管手指頭運動的運動皮質區增大很多，接受從手指頭送回的觸覺訊息的身體感覺區也增大了很多；更驚人的是，他的視覺皮質區改變成處理手指頭送進來的訊息，而不是本來處理眼睛送進來的輸入。（譯注：視覺皮質本來是處理眼睛送進來的訊息，但是天生的盲人，眼睛沒有辦法送任何訊息到視覺皮質去，而大腦是我們人體運用最多資源的一個器官，不會閒閒沒事幹，當孩子開始學點字閱讀後，觸覺的訊息大量增加，於是視覺皮質便出手幫忙，處理手指尖所傳來的觸覺訊息。因此盲人閱讀時大腦的活化情形與正常人比起來，很明顯的看到掌管手指運動和感覺的大腦運動皮質區和身體感覺區變大，另外他們的視覺皮質也活化起來處理點字的訊息。）閱讀點字是一個強烈、重複的感官學習經驗，大腦也可因應內在產生的訊息做出改變——換句話說，就是我們的思想和意圖。大腦可以增加或減少皮質處理這個特定功能的地方，例如，當運動員以心像（mental imagery）練習，集中注意在某個要做的活動時，大腦運動皮質區負責那些要動的肌肉的部分會變大。同樣的，光用想的本身也會增加或減少某個特定的大腦神經迴路，例如認知行為治療法可以成功的使過度活化的「擔憂迴路」（worry circuit）安靜下來，這條迴路的過度活化會引發強迫症。心智活動是大腦的產物，但是它卻可以回頭去改變我們的大腦。

天生設定的教條

你從標記大腦功能的繪圖中，是無法知道大腦是有可塑性的，這些圖只是告訴你，運動皮質區的這一點是移動你左手小拇指，這一點是你的身體感覺區處理你左頰的感覺。這種結構—功能有一對一的對應關係的看法源自一八六一年，法國的解剖學家布羅卡（Pierre Paul Broca）宣稱他找到大腦處理口語的地方：他解剖一名失去語言能力的病患大腦，發現在額葉的後端（現在就叫做布羅卡區）這個區域損壞了，所以不能說話，他認為這裡就是大腦處理語言的區域。

從這個發現以後，科學家競相尋找大腦特定部位與特定功能之間的關係。感謝德國的神經學家布羅曼（Korbinian Brodmann），他從解剖屍體的大腦中找出五十二個獨特的大腦結構—功能的相關區域，第一號布羅曼區是身體感覺區的一個部位，專門處理皮膚某個特定部位所送進來的觸覺，第五十二號布羅曼區是在顳葉和腦島相接的地方。我對布羅曼的第十號區特別偏愛，這是前額葉最前端的地方，在演化的過程中變得最大，使我們可以處理多種不同的作業。

大腦沒有任何一個區域像身體感覺區那樣，每個地方的功能都被精準的標示出來。它是我們頭部的頂端，從左耳到右耳的一條帶狀的皮質，左邊的身體感覺區接受右半邊身體送過來的訊息，而右邊的身體感覺區接受左半邊身體送過來的訊息。但是它不是一片大而無當的接受區，我們身體的每個部分都在大腦的身體感覺區有專門處理它訊息的地方，因此，身體感覺區就像我們的身體地圖，不過這張地圖會讓谷歌（Google）的地圖繪製者發心臟病。

在一九四〇年代和五〇年代的實驗中，加拿大麥吉爾大學（McGill University）的神經外科醫生潘菲爾（Wilder Penfield）發現這大腦的地圖有點奇怪。潘菲爾通常替癲癇病患開刀，把病變放電的地方切除以治療癲癇，但是在動刀之前，他通常要先確定被切除地方的功能，以免遺憾終身（譯注：行醫的原則是 do no harm，兩害相權取其輕，若是放電位置正巧在語言中心或記憶中心上，就不能切除，以免病患喪失說話或記憶的能力）。潘菲爾用弱電擊刺激身體感覺區的各個部位（大腦沒有感覺細胞，所以不會有被電的感覺），一邊刺激病患的大腦，一邊問病患有什麼感覺，病患會報告說他覺得潘菲爾在摸他的頸子、臉頰、前額或手臂，或腳或身體任何的部位。事實上，潘菲爾只是使大腦身體感覺區的神經元活化起來而已，但是這個神經元的發射對病患來說，跟他的身體接受外界物理刺激所引起的神經元發射是一模一樣的。用這個方法，潘菲爾找出了身體感覺區每一個部位的功能，繪製出了身體感覺皮質區的「地圖」。

這時，他發現造物者（譯注：作者用的是cartographic anatomist）顯然是有幽默感的。雖然手是在手臂的下方，但是在大腦身體感覺區接受手訊息的位置卻是緊接著接受臉訊息的位置，生殖器在身體感覺區的位置是在腳的下方。同時它所佔據位置的大小也和真實界不成比例：嘴唇比起軀幹和腿肚像個小矮人，手和手指則像是小人國中巨人的肩膀和背。理由是在身體感覺區佔的地方越大，身體的那個部位越敏感：舌尖在身體感覺區佔有很大的位置，可以感受到你的門牙咬合，但是你的手臂在身體感覺區的位置就不大，所以手臂沒有手指敏感。

因為布羅曼的發現，潘菲爾和大部分二十世紀的神經科學家就覺得這個結構—功能的關係一定是先天設定的，這正是一九一三年，西班牙的神經解剖學家卡哈（Ramon y Cajal，譯注：他在一九〇六年拿到諾貝爾生醫獎）所宣稱「大腦是固定的、永遠不變的」。

這個認為大腦是靜態的、不能改變的想法引申到很多地方，比如說，心智疾病如憂鬱症內在的機制就像你的指紋一樣是不能改變的。但是事實上，這是非常錯誤的觀念，成人的大腦在細胞的層次是可以改變的，它可以透過強化神經元之間的連接來學習新的知識和技術。不過這被認為只有在末節如此，就整個大腦來說，要造成結構—功能的改變還是被認為是不可能的。

銀泉的猴子

這時，銀泉的猴子上場了。這些實驗的猴子——恆河猴或獼猴——是整個生物醫學研究中最有名的爭議中心。在馬里蘭州銀泉行為研究中心（Institute for Behavioral Research, in Silver Spring, Maryland）的十七隻猴子，把牠們三十九根手指頭咬掉了，因此被動物保護團體的人告發研究者虐待動物。事實上，這些猴子把自己手指頭咬掉的原因是牠們的手指頭沒有知覺，咬下去不會痛，因為這個實驗室最有名的科學家陶伯（Edward Taub）用手術的方式破壞了九隻猴子一隻手或兩隻手臂的感覺神經（陶伯的實驗是想知道中風病患已被破壞的神經連接是否可以因復健而再生，他想藉由明瞭猴子是否需要感覺的回饋來移動牠的四肢，結果發現不必）。因為手術切斷了猴子的感覺回饋，所以猴子咬自己的手指不會痛，就把手指咬斷了（譯注：痛是身體的警告系統，痛會使我們停止傷害自己，趨吉避凶。我曾看過一個天生沒有痛覺的小女孩，她切蘋果切到手，因為不會痛，切到骨還不停手）。

這件事在美國掀起了軒然大波，動物保護協會的人拯救出這批猴子，放養到其他地方終老，幾年後有些猴子自然死亡，剩下的動保協會的人要讓牠們安樂死。這時一些科學家提出建議，在這些猴子被安樂死之前，看一下在這十二年間沒有手指頭的感官輸入，牠們的大腦感覺皮質區發生了什麼事。

一九九一年的這個實驗結果，對深信大腦定型了就不能改變的人是一大震撼。這些猴子的身體感覺皮質區本來在處理手指、手臂的地方，功能改變了，現在這些區域在處理臉部送進來的訊息。因為它們不再接受到手指或手的訊號，就轉去處理鄰近區域的訊號，現在處理臉部訊號的皮質區已經擴張到十四平方公釐那麼大了，這是很大範圍的皮質重組，比過去所看到的任何重組程度都大。

在此同時，其他的猴子研究也顯現出成年的猴子大腦可以因應外界的要求而改變：它們可以因為動物的生活和行為的改變而改變。在加州大學舊金山校區（UCSF）醫學院中，科學家訓練夜猴（owl monkey）的爪子發展出非常敏感的觸覺。在旋轉盤實驗（spinning disk experiment）中，他們訓練猴子把手伸到籠子外面，轉觸一個直徑十公分、邊緣有齒溝的圓盤，使圓盤一直轉又不會因太用力而飛出去（你自己可以試著轉光碟片，力量要剛剛好，讓光碟片一直轉又不會飛出去）。這些猴子日以繼夜的轉這塊圓盤，結果發現牠們大腦的身體感覺區負責轉動圓盤的手指部位增大了四倍，科學家沒有想到只是使手指頭變得非常敏感來執行一個作業，就能使大腦的處理區域增加面積，把原來處理別的指頭的區域搶過來處理轉圓盤的指頭了。結構—功能的關係不是先天設定不能變動的，大腦的功能板塊是受到動物行為的影響，用進廢退的。

大腦的運動皮質區就跟身體感覺區一樣，當動的需求變大時，掌管的大腦運動皮質區也會變大。UCSF 的科學家訓練猴子從一個很小的杯子中拿食物吃，杯子小到只能用一根手指頭伸進杯中把食物勾出來。結果他們在猴子大腦中發現同樣的改變：要動的那根手指頭在運動皮質區的區域變大兩倍，把原來掌管別的身體部位的區域搶過來了。

那麼，在人身上又如何呢？在猴子身上的發現可以應用到人身上嗎？人的大腦——是宇宙最複雜的結構，你會認為一動就可能毀了它——因為太精緻、太複雜，是經不起實驗操弄的，所以科學家決定去看盲人或聾人的大腦，因為他們感覺的經驗跟我們很不同。

看見打雷，聽見閃電

或許你對身體感覺區和運動皮質區精細的結構——我們測量這兩個地方的單位是毫米，一米的千分之一這麼小的單位——可以因經驗和行為而改變並不覺得驚奇，但是大腦可以有更大的組織再造。研究發現聾人和盲人的聽覺皮質和視覺皮質都可以因應經驗而改變。視覺皮質是大腦後方佔據三分之一面積的區塊，聽覺皮質在我們耳朵之上延伸過頭頂，負責聲音處理。你可能聽過老人家說盲人的聽力特別敏銳，聾人的眼力特別好，就好像上天在補償他們失去的，給了他們另一些新能力。事實上，盲人並不能聽見很小的聲音，聾人也不能比一般人看見更小的字或更弱的光，但是這個補償的作用的確存在。

對天生耳聾的人來說，落在他們周邊視覺的物件不但在視覺皮質處理，也在**聽覺**皮質處理。讓我重複一次，他們的聽覺皮質可以看得見東西，就好像他們的聽覺皮質厭倦了都是沒有訊息進來的生活（因為耳聾，所以耳朵沒有傳進任何訊號），就去處理視覺的訊息了。這個職務的重新分配有實際的後果：聾人對周邊視覺移動物體的偵察比較快，也比較正確。

這現象在天生盲或很小就眼盲的人身上也是一樣。對他們來說，視覺皮質沒有接到任何訊息，而我前面說過，視覺皮質佔了大腦三分之一的體積，大自然絕對不會讓它荒蕪不用的。對很熟練的盲人點字讀者來說，他們的視覺皮質轉去處理閱讀的那根手指頭所傳過來的觸覺訊息。這個發現是科學家沒有想到的，一些有名的神經科學家剛開始時還拒絕承認這個事實，當這篇論文投到學術界最有權威的《科學》期刊發表時，他們還拒絕刊登，幸好後來跟《科學》打對台的《自然》（*Nature*）期刊在一九九六年的四月號上刊登了。

盲人的大腦在其他地方也有改變，當他們用周邊聽覺——如聽音辨位，找出聲音來源——時，他們用的是視覺皮質。這是他們做得比一般人好的地方，他們的大腦經過了「補償性重組」（compensatory reorganization），現在他們的視覺皮質可以聽了。威廉‧詹姆斯在一百年前就看到了這一點。在他一八九二年的書《心理學簡論》（*Psychology: The Briefer Course*）中，他就懷疑大腦中的神經元可以交換工作，他說：「我們應該可以聽得見閃電，看得見打雷」（We should hear the lightning and see the thunder）——預見了大腦主要感覺皮質區因經驗所造成的主要功能性的改變。

最後一個大腦可能重新組合的例子是盲人用他的視覺皮質來記憶字。口語記憶（verbal memory）並不是主要感覺區的任務，但是當視覺皮質不能做它應該做的事情時，它可以轉去做高層次的認知功能（不過一般明眼人在做記憶作業時，視覺皮質並沒有活化起來）。在盲人的大腦中，他們的視覺皮質在聽到名詞，如球（ball）時，會產生動詞「丟」（throw），在明眼人身上並不會如此。視覺皮質去處理語言對神經科學家來說，也是一大震驚。

整體而言，大腦可以改變最早的線索來自實驗室猴子的研究以及天生盲聾者的實驗，懷疑者可以說這些是「失常」，人類大腦太複雜、太精密了，不可能去鍛鑄，像這些天生盲或天生聾者的例子是例外，不是常態，不能應用到正常人身上。小孩子的大腦有可塑性，可以重組來補償他們天生所缺的視覺和聽覺，並不代表正常大人的腦也可以這樣做。

在第一章中，我提到了一個虛擬的鋼琴實驗，帕斯科－里昂（Alvaro Pascual-Leone）和他的同事發現，只要想像在彈鋼琴就可以擴大運動皮質區掌管移動那個手指頭的區域。帕斯科－里昂又做了另外一個實驗直攻懷疑者論點的核心，他證明了正常成人的大腦也可以改變。我們大腦的主要感覺區一向被認為是先天形成、不能改變的，所以任何發生在主要感覺區的改變都被視為意外，如前所述。

但是帕斯科－里昂做了一個實驗，把正常人的眼睛用黑布蒙起來五天，一天二十四小時都不能拿開眼罩，他們在眼罩底下放了一卷膠卷，假如受試者偷偷移開眼罩，膠卷就會曝光，這個受試者就會被剔除（當然這些受試者必須生活在一個很安全的地方才行）。這個實驗是在美國波士頓的貝絲以色列女執事醫學中心（Beth Israel Deaconess Medical Center）做的，受試者在蒙眼實驗之前先接受fMRI掃描他們大腦的活動情形。結果一如預期：當受試者看東西時，他們視覺皮質的活動增加，聽或碰觸東西時，他們聽覺皮質或身體感覺區的活動增加。

然後他們花五天的時間把眼睛蒙起來，不讓任何光進入視覺皮質區。為了避免無聊，實驗者讓他們學點字法及訓練他們的聽力。點字板是一些凸起的小點，手指輕撫過去時給你的指尖觸覺，通常是用一手或兩手的食指閱讀，這根食指就被稱為閱讀指頭。在聽覺作業上，受試者從所戴的耳機中聽到一組兩個音，他們要分辨哪個頻率比較高；這在一個是男低音、一個是女高音時很容易做，但是當兩個音的頻率很接近時，作業就變得困難了。在五天沒有任何光進入眼睛、沒有任何視覺訊號進入視覺皮質後，他們再次躺入 fMRI 中，接受掃描。

這一次，當受試者覺得有東西碰到他們的手指時，視覺皮質的活化增加了；當他們聽到什麼聲音時，視覺皮質的活化也增加了。視覺皮質本來是應該處理視覺的訊息，但是在五天沒有任何視覺訊號進來，加上密集的聽覺和觸覺刺激後，這個本來以為是固定、不能改變的視覺皮質現在轉換專業，去處理聽覺和觸覺的訊息了。這顯示大腦功能的改變不但能發生在天生的盲人或聾人身上，也能發生在正常人身上，而且僅僅五天就發生改變了。假如這個最牢固不可動的視覺皮質都能這麼快的因感覺輸入被剝奪而改變，其他的大腦功能就更容易改變了，因此過去認為大腦不能改變的看法要修正了。

受試者的大腦視覺區其實並沒有長出新的神經連接到聽覺皮質的身體感覺皮質去，因為五天的時間太短，不足以長出新的神經連接。帕斯科—里昂認為一些基本、原始的聽覺、觸覺和視覺的連接本來就存在，它可能是在大腦一開始發展時，眼睛、耳朵和手指頭的神經元素本來就在皮質區連接在一起，後來才慢慢分化開來。當眼睛被蒙住，視網膜到視覺皮質的輸入中斷後，其他感官的連接就被釋放開，即使數十年沒有再運送訊息的神經路線，也還可以馬上動員起來工作。

臨床上的神經可塑性

研究者發現，感官經驗可以改變大腦的結構與功能在真實世界有很大的影響。動物保護協會（譯注：當時叫做「動物解放軍」〔animal liberation army〕，是個非常恐怖的暴力組織，侵入各校的實驗室，不分青紅皂白，把實驗動物釋放出來任其流竄校園，當時我任教的加州大學很多實驗室都被他們侵入過，有一陣子，夜暗的校園中常會看到些兔子或狗或貓在活動，我們都警告學生不可接近，怕牠們身上有實驗性的病毒）的突襲入侵可以說毀了陶伯的一生，使他失去工作、研究成果，並且遭到刑事和民事起訴，但是他的堅忍不拔使他最後獲得平反，回到校園，只是研究者最精華的一段歲月被糟蹋掉了。雖然他被控虐待動物，他始終堅持他做的一切都是為了幫助中風病患復健；到了九〇年代，人們終於看到他研究的苦心，開始採用有效的復健方式，幫助無數的中風病患找回原有的功能。從猴子的大腦可以被訓練去做新的功能，陶伯推論中風病患雖然大腦某處受損了，大腦其他健康的部位可以把受損部位的功能接過來做。

陶伯稱這種治療法為「限制—誘發運動治療法」（constraint-induced movement therapy），讓我用一名中風病患的例子來解釋這個方法。假設這名病患因中風導致運動皮質區的某處受損了，陶伯會把這名病患功能完好的手用護手套（從烤箱中拿食物出來不會被燙到的那種廚房用厚手套）套起來，病患清醒的時間有百分之九十必須戴這種手套，並以固定骨折的三角巾吊著，連續十四天，使病患若要拿東西或吃飯就只能用他受損、不能動的手；而且每天六小時，連續二週的密集復健運動，迫使癱掉的手（事實上還是有一點功能的）排骨牌、打撲克牌、喝水、吃三明治、把小木棍插進大小不等的洞中，而且要又快又好。一開始當然做不到，但經過練習後大部分的病患都有顯著的進步，重新得回他癱瘓掉那隻手的功能。他們可以自己穿衣服、吃飯、撿東西起來，比那些沒有接受限制—誘發運動治療法的病患多恢復兩倍以上的日常生活功能；而且這個進步不是只發生在剛中風不久的病患身上，連那些多年前中風的病患，只要接受這種治療法，也能有顯著的進步，使他們能重新刷牙、梳頭、用杯子喝水而不再用吸管、用叉子吃飯而不必別人餵。大腦造影技術顯示出成功的原因。陶伯發現了他稱之為用進廢退的大腦重組功能（use-dependent brain reorganization），大腦有很大一片區塊被徵召過來，將被損壞區塊的功能接收過去做了。他說，大腦其他地方以幾乎兩倍大的區域在做這隻癱瘓的手原本的功能，這是第一次在實驗上成功的顯示中風病患經過復健後，可以重新組織大腦功能。

根據陶伯和其他人的實驗，大腦的可塑性有三種形式：在一些病患中，運動皮質區損壞部位鄰近的區域把它原本的功能接過來做；在另一些病患中，是前運動皮質區（premotor cortex）接手運動皮質區被損壞的功能，而前運動皮質區本來只是管計畫這個動作要怎麼執行，並不實際去命令這個動作的執行（譯注：下達命令的是運動皮質區）；在第三種人身上，他們大腦的重組著實令人驚異：假如中風使這個人的左手不會動了，那麼他左腦相對應位置的運動皮質區會把右腦的功能接過來做（左手癱瘓表示右腦的運動皮質區受損），但是無礙於他執行原來右手的功能，一個人做兩個人份的工作而無損於他原來工作的表現。簡單說，就是大腦可以徵召健康的神經元去做受損神經元的工作。神經的可塑性使大腦可以重新分配工作。

不過，這個大腦的可塑性還不是很完美，別人還是可以攻擊說，它只發生在很極端的例子中，如中風。但是陶伯可以證明這些人是錯的，他請小提琴家到實驗室來照他們大腦中控制手指頭的運動皮質區和身體感覺區，結果發現這些小提琴家左手指頭在身體感覺區的位置比別人大了很多，在十二歲以前就學小提琴的人身上尤其明顯，雖然長大後才學的人大腦區塊也會變大，但是沒有像十二歲以前就學的人那麼大。這個發現跟UCSF的夜猴每天用手指輕轉圓盤一樣，表示大腦可以因應外界的需求做出很大的皮質重組，如這些小提琴家的腦所示。

帕斯科—里昂在二〇〇五年時說：「大腦的可塑性是人類大腦一個很重要的固有特質，成人大腦的重組性可能比以前認為的還大得多。」神經的可塑性使大腦可以打破它跟自己基因組之間的聯結，這個基因組本來是告訴大腦，你這一區是管看的，你這一區是管聽的，身體感覺區的這一點是管右手大拇指的，那一點是管左手肘的。這個基因的藍圖對大部分的人、在大多數的情況下是很好用的，但是不是對所有的人、在所有的情況下。也就是說，當你失去視力或中風了，這時，大自然賦予人類大腦一個可以改變的彈性，讓大腦去適應新的環境對它的要求。大腦不是不變的，也不是靜態的，它是一直因應我們的生活而不停的自我修改。

到現在為止，我們看到大腦可以因感覺和運動的需求而改變某些特定結構的功能，密集的運動訓練會使中風病患重組大腦，使他以健康的大腦部位取代受損部位的功能，密集的音樂練習也會擴大手指頭在大腦中的區塊，缺乏視覺訊息的輸入會使視覺皮質去處理聽覺和觸覺的訊號。在上述每一種情況中，改變的原因都來自大腦外部——強烈的感覺或運動的訊號，如小提琴家的練習，中風病患的復健，或是完全沒有訊息（如聾或盲）。那大腦內部所產生的訊號會改變大腦嗎？我是說，我們的思想（或說冥想），會改變大腦嗎？

心智超越物質

在第一章，我有談到只要在心中想像彈鋼琴，就會擴大運動皮質區掌管那些指頭移動的部位，我再告訴你兩個絕妙好實驗，讓你看到心智如何改變大腦。

加州大學洛杉磯校區（UCLA）的神經精神科醫生史華茲（Jeffrey Schwartz）曾經治療過很多強迫症患者，強迫症患者會一直去想令人不愉快、擾人的討厭念頭，如擔心爐子的火沒有關，或踩到破裂的人行道磚會帶來大災難。因此，他們必須一直做一些儀式性行為，或一直跑回家去看火關了沒有，或極力避免踩到破碎的路磚。腦造影顯示強迫症患者大腦中有兩個地方太過活化，一個是眼眶皮質，另一處是紋狀體，前者偵察有沒有東西不對勁，後者接受眼眶皮質和杏仁核送來的訊息。眼眶皮質和紋狀體兩者形成我們的擔憂迴路，強迫症患者這裡是燈火通明的。

史華茲沒有像其他醫師那樣給病患開藥（抗憂鬱症的藥包括百憂解〔Prozac〕、帕羅西汀〔Paxil〕和樂復得〔Zoloft〕，可以幫助某些人減輕症狀，但是不能完全去除，也不是永久治癒），史華茲從佛教的靜坐冥想中想到一個方法，他叫做「正念」（mindfulness）或是「心智覺識」（mindful awareness），即從一個不作判斷（nonjudgmental）、第三者的立場來看你的思想和感覺。在《佛教禪修心要》（*The Heart of Buddhist Meditation*）一書中，德國猶太裔高僧向智尊者（Nyanaponika Thera）把它形容為：「從五種生理感官或是從心去看純粹是事實的知覺，不對這些知覺事實做任何行為、口語或心智的批判。」對強迫症患者來說，正念就是學習去經驗強迫症的症狀而不要引起任何情緒上的反應，學習去了解那種不對勁的感覺只是大腦中強迫症的迴路太過活化。患者可以這樣想：「我的強迫症迴路又在製造另一個強迫症的念頭，我知道那不是真的，只是我有毛病的迴路在放電。」在學習這項技術幾個小時之後，患者比較能抵抗強迫性的訊息，也報告說這個病症已不能再控制他們；神經影像也顯示眼眶皮質這個強迫症迴路的核心地帶已經安靜下來了，用新的方法去思考他們的念頭的確可以改變大腦活動的形態。

這個發現對我認為我們可以改變情緒形態內在的大腦活動形態非常重要，所以讓我再用另一個例子來說明心智訓練如何達到改變大腦活化形態的目的。臨床上嚴重憂鬱症的最顯著特徵是額葉特定區域過度活化。額葉是我們理性的所在地，我們的邏輯、分析和高層次的思考都在那裡發生，尤其是跟預期有關的思想——或許這就是使憂鬱症患者一直受苦、不停咀嚼反思的原因。此外，大腦的情緒中心邊緣系統中跟愉悅與報酬有關的地方不夠活化也是特徵之一。假如你認為憂鬱症的症狀是鋪天蓋地而來的悲哀感受，而這種感覺應該會強化邊緣系統的活動，你就會覺得前面那句話有點奇怪。事實上，憂鬱症患者是覺得無法感受到感情，也就是說情緒平淡，好像一切不關我事，他們同時也缺乏好奇心，對世界沒興趣。

在一九六〇年代發展出來的認知行為治療法，基本上是一種心智的訓練，它教患者如何對他們的情緒、思想和行為做健康的反應。這個概念是重新評估有損害性的思想，幫助患者逃脫他們固執的念頭：「她不肯再跟我約會表示我是個完全的失敗者，永遠不會有人愛我。」患者學會辨識他們過去習慣性的大禍臨頭的想法，利用這種認知技巧，他們可以感受到悲傷、經驗到失望，而不會落入憂鬱的深淵。

有一群心理學家也跟史華茲一樣，教他們的憂鬱症患者把憂鬱沮喪的想法視為大腦中的放電，加拿大多倫多大學的科學家發現，認知行為治療法對憂鬱症內在的大腦活動有強大的效力。這個治療法減少了額葉皮質的活動，增加了邊緣系統的活動，結果患者比較少在牛角尖中打轉，也不再覺得情緒像古井無波一樣了。他們憂鬱症的情況減輕了，而且持續維持減輕的狀態：用認知治療法，憂鬱症再發的次數顯著低於用藥，而藥物除了嚴重的憂鬱症患者以外，對其他人似乎都沒什麼效用（效用如果不比安慰劑更強的話，就表示沒有效用）。對我們的目的來說，它的底線是：從認知行為治療法所習得的新的思考方式，可以改變大腦基本的活動，使人們拋開不健康的大腦活化形態往前看，採用新的活化形態使他們可以感受到愉悅，而避免平板無感覺或是悲哀感覺的心境。一直想不愉快的事、鑽牛角尖已經證明會使人跛足難行，對自己造成傷害。

簡單的說，神經可塑性的革命讓我們看到大腦可以因為兩種不同的輸入而改變。它可以因我們在這世界的經驗而改變——我們如何行動，有怎樣的行為，什麼樣的感覺訊號到達我們的皮質都會造成大腦的改變。大腦也會因純粹是心智的活動而改變，這個心智的活動從靜坐冥想到認知行為治療，都能增加或減弱大腦某些特定迴路的活化。

在下一章中，我會描述我自己如何發現心智改變大腦的威力。

第9章 出櫃

主流心理學對靜坐的鄙視並不是許多人不做這方面研究的唯一原因，
在一九七〇年代，腦造影儀器還未發明，只有粗糙的EEG可以用，
那是把電極貼在頭皮上，收集腦殼底下神經元活動的情形。
這表示大部分活人的腦對科學來說是不透明的，
只能推測，不能親眼看見；
這包括皮質下的區域，而那個區域對情緒來說又特別重要。
現在回頭看，不能用科學的方法研究靜坐冥想其實是件好事，
它使我把全部的注意力放到大腦和情緒關係的研究上，
這些努力最後導致今天我們看到的情意神經科學。
當我準備好要研究靜坐冥想時，
神經科學的工具已經發展出來，可以運用了。

我不敢說這是我去念哈佛研究所唯一的原因（你可以確定我不敢對任何一個教務處的人說），但是我選擇哈佛大學念博士學位主要是心理所的一位研究生高曼；他後來成為《紐約時報》心理報導方面的知名記者，還寫了一本超級暢銷書《EQ》，但是當我念大四時，高曼吸引我注意的是他在一份很奇怪的《超個人心理學期刊》（*Journal of Transpersonal Psychology*）上發表了一系列的論文。一九七一年，他寫了一篇名叫〈靜坐冥想的後設治療：第五度意識空間的假設〉（Meditation As Metatherapy: Hypothesis Toward a Proposed Fifth State of Consciousness），第二年，他又寫了〈靜坐冥想的佛學與意識狀態，第一部分：教授〉（The Buddha on Meditation and state of Consciousness, Part 1: The Teaching）以及〈第二部分：靜坐冥想技巧和類型學〉（Part 2: A Typology of Meditation Techniques）。不用說，在那個時候，靜坐冥想和佛學都不是心理學研究的主流，所以哈佛的研究生敢寫這樣的學術論文當然是非常引人注意的。當年哈佛的心理系是美國心理學界的龍頭，那時行為學派的霸權使得靜坐冥想受歡迎的程度就好像去到創造論（creationism）的年會中講生物演化論一樣，是很需要勇氣的。所以我很渴望見到高曼。

一九七二年的秋天，我在哈佛的第一堂課是下午最後幾節的心理生理學，我坐在一名穿著破舊、有著一頭猶太非洲髮型（Jewish Afro）的人旁邊。我突然有個靈感，轉過去問他是高曼嗎？他就是高曼本尊。我的問題對他來說並不是完全意外，因為我們共同的指導教授是施華茲，他跟高曼提過他新收了一名學生，就是我。下了課後，因為這是我們兩個那一天的最後一節課，他說他可以開車送我回家，我們就走向他的車，是一輛福斯的小巴士。在當年，校園中百分之九十九的福斯小巴都是貼滿了當時流行的門戶（Doors）、傑佛遜飛船（Jefferson Airplane）樂團或是鮑布・迪倫（Bob Dylan）的照片，但是高曼的車從地板到天花板貼滿了印度聖人的相片。他的車門上貼的是喇嘛，遮陽板上是瑜伽修行者，座位上是印度教的精神導師馬赫西（maharishi）。整輛車感覺就像個宗教的聚會所。高曼邀請我去他家，我們花了好幾個鐘頭談我們為什麼會來到哈佛，談心理學，我們計畫自己的人生要做什麼等等。高曼那時剛剛從印度朝聖回來，他去那裡研究靜坐冥想，他對瑜伽很瘋狂，他的房間更是奇特：他在大衛和瑪莉・麥克利蘭夫婦（David and Mary McClelland）巨大的劍橋大廈中租了一個房間。我就是因為與麥克利蘭談過以後才決定申請哈佛的研究所的，所以我很高興能再度見到麥克利蘭。在第二章中，我有提到麥克利蘭跟達斯案有關係，哈佛大學最後開除了達斯，但是到一九七二年時，達斯顯然已經忘記了過去的恩怨情仇，他那時是住在麥克利蘭家後面的馬車庫（carriage horse，譯注：我幾乎不曾在任何地方還看見有馬車庫，讀者大約可以想像麥克利蘭家有多氣派了）。達斯後來成為世界著名的精神導師和作者。瑪莉是在基督教貴格會信徒（Quaker）的營地認識麥克利蘭教授，他們在一九三八年結婚，她是個非常可愛、充滿靈性的婦人，而且是極有天分的畫家，她在地下室有一間工作室。

對一名從布魯克林來的孩子，進入這樣有趣的家庭就像走進了平行的另一個宇宙空間。麥克利蘭家聚集的人對我來說，是一種重要的另類教育來源，我在那裡度過了研究所生涯，而那裡的生活跟在哈佛心理系所在地的威廉・詹姆斯大樓中的生活沒有半點相似。在麥克利蘭家中所看到的人，一般來說都穿著他們從印度帶回來的手工衣服（譯注：七〇年代在美國是一個反傳統的年代，許多人穿著有破洞的衣服上學，打著赤腳，因為要貼近大自然，吸著大麻菸，不理髮、不刮鬍子，從背面分不出是男生還是女生，現在回想起來，那真是一個瘋狂的年代，唾棄了傳統，卻沒有找到新的替代品），每週的靜坐冥想課程便是由達斯親自主持的。每天吃飯桌上從來沒有少過八個人，但是這些人最吸引我的是他們的情緒形態。這些是非常有回彈力、仁慈、正向的人，他們清楚知道自己周邊正發生什麼事，在任何場合都非常自在。在大家慶祝麥克利蘭夫婦結婚三十五週年的宴會上，麥克利蘭夫婦做了一場幻燈片秀來說明他們三十五年的生活。蘇珊那時剛和我同居，她對結婚的觀念跟當時很多年輕人一樣，覺得擔憂不安，很奇怪麥克利蘭夫婦怎麼可能結婚那麼久。我問瑪莉，結婚這麼久的感覺是什麼？她用那可以透視人的眼睛，定定的看著我們說：「結婚的頭十八年像地獄一樣！」

麥克利蘭把他們的熱情和寧靜歸功於靜坐冥想，這使我也想試試看打坐的滋味，希望自己不再是半吊子（我曾在大學時修過幾堂靜坐冥想的課，我上的瑜伽課裡也有包括打坐，但是我懂的就這一些而已）。因為我深受高曼和麥克利蘭家的氣氛吸引，所以我開始一週有幾天練習靜坐冥想——一次是跟團體一起，其餘是我自己練。麥克利蘭是哈佛的講座教授，一隻腳在心理學界中，另一隻腳在超心靈的修練上，我以他作榜樣，也希望自己將來能夠兩者兼顧。

到印度去

研究所第二學年結束時，我跟指導教授們說我要去印度和錫蘭三個月，研究靜坐冥想。大家對我的提議都很冷淡。一位教授問我，為什麼我要浪費三個月寶貴的研究所時光去做這種無聊的事，而其他的教授認為我不會再回美國，我才開始起步的科學生涯到此為止了。很幸運的是，系所不准也沒什麼關係，但是我需要買飛機票才能去印度，而且我需要吃和住，這表示我必須說服美國國家科學委員會（National Science Council, NSF）替我出錢。我在前一年得到了競爭激烈的博士獎學金，NSF不但付我的學費，還提供我每個月一千美元的生活費（譯注：一九七三年做助理教授，一個月才八百八十美元，所以他的獎學金是非常的優厚），我該怎樣說服NSF讓我把這筆錢花在印度和錫蘭呢？我說我要去那裡研究靜坐冥想和注意力，以及靜坐冥想和情緒，對一名研究者來說，他必須有第一手的靜坐冥想經驗才能成為好的注意力和情緒的研究者，而只有去到靜坐冥想發源的國家才能得到第一手的經驗，用這理由，NSF居然同意了。所以就在一九七四年五月春季結束時，我飛去了亞洲，但是我不是一個人去的，我說服蘇珊跟我一起去，她那時是麻州大學安茉赫斯特分校（University of Massachusetts, Amherst）心理系的研究生，她後來進入醫學院成為婦產科醫師。這次的經驗應該沒有太糟，因為她在一九七六年嫁給我，我們到今天還在一起。斯里蘭卡，當時還叫錫蘭，是我們的第一站。我們跟高曼，還有他那時的太太安娜蘇亞（Anasuya）和他們兩歲大的女兒葛雯達絲（Govindass

，沒錯，那時正是印度的一切在美國某些地方大流行的時候）住了一個半月。他們住在肯笛（Kandy）半山腰的一間房子裡，肯笛是錫蘭最後的皇都，以佛牙寺聞名，當然還有很多佛教寺廟和印度教寺廟。高曼和我每天一早起來，穿上我們的沙龍（sarong）和哈佛的T恤，練習靜坐冥想，然後工作，我們的工作便是討論如何用科學的方法研究靜坐冥想。下午我們就去拜訪寺廟，跟寺廟裡的僧侶請教——他們大多屬於小乘佛教派（Theravada），也有另類美國觀光客。肯笛的居民對我們非常友善，即使我們不過剛見面，他也會請我們去他家吃飯。

這些美好經驗中唯一的陰影便是嚴重的種族歧視。泰米爾人（Tamil）是少數民族，所以他們是多數民族僧伽羅人（Sinhalese）的奴僕。但是**種族歧視**還不足以表達他們對泰米爾人的輕視，我曾經看到泰米爾人晚上睡覺不是在房間內，而是在客廳角落的地板上，所以我對一九八三年爆發的內戰就不覺得奇怪了。這次內戰犧牲了很多無辜的生命，最後終於在二〇〇九年，政府軍打敗泰米爾反抗軍而宣告結束。

一九七四年七月，蘇珊和我去了北印度，我們在以前英軍駐紮的達爾豪榭（Dalhousie）參加了十天的靜坐冥想營。那個時候在印度旅行主要是坐巴士，如果運氣好可以坐火車，但是我們的經濟能力只能負擔三等車廂的票價，裡面擠滿了雞，還有牠們的主人。兩天一夜的火車把我們帶到帕坦科特（Pathankot），我們擠上開往達爾豪榭的巴士，我剛有提到我們是七月去旅行的嗎？在印度旅行對嗎？我們沒有把季風考慮到計畫中，但是大自然有。當巴士在傾盆大雨中，繞著山間的羊腸小道前進時，突然間，好像整座山坍方了，一塊大石頭伴隨著震耳欲聾的巨響從山上滾下來，樹枝夾帶著泥巴沖到我們面前的路上，一半的路基滑到山底下去了。那時，全車安靜，除了雨聲，沒有任何一點聲音。每次我偷看一眼一千八百公尺深的懸崖，我的心就狂跳。

我們在那裡坐了六個小時，心中感恩自己還活著。當另外一輛巴士從我們目的地那個方向開過來時，他們停在被沖掉的路的**另一邊**，同樣動彈不得。因為我們在他們想要去的方向，而他們在我們想要去的方向，我們就爬下巴士，在傾盆大雨中，拿了自己的行李，小心翻爬過斷路和泥漿，到路的那一頭去。另一輛巴士的人也做了同樣的事，現在每個人都在他想去的那一邊了，除了巴士還是朝著錯的方向。所以巴士只好一吋一吋的後退迴轉，最後終於調過頭來，不久我們就到達了目的地。

這個靜坐冥想工作坊是由一位非常有名的內觀靜坐老師葛印卡（Goenka）主持的，課程很緊湊，但是生活條件很差，沒有自來水，我們只能睡在帳篷中。早上四點半就打起床鐘，五點開始第一次的靜坐冥想，所有的學員都不許說話。我們坐一小時，快走一小時，兩者輪流進行，一天十四小時，直到晚上十點鐘，這樣連續十天。我們一天吃兩餐（沒有晚餐），吃飯時和上洗手間時可以休息，但仍舊不能說話。八月的某一天，有一張紙條在學員間傳閱：尼克森總統下台了（譯注：一九八四年八月初，尼克森因水門案下台）。

葛印卡對我們這些練習內觀禪（vipassana，又譯為毗缽舍那）——設計來讓實踐者看清事情真相的靜坐冥想——的人的教誨非常特別，我們要很緩慢、刻意的把注意力放在身體的每個部位，從鼻尖有什麼感覺，呼一口氣和吸一口氣時兩者的溫度，腿骨對地板是什麼感覺……直到我們完成名副其實的《格雷氏解剖學》（*Gray's Anatomy*，譯注：指的是Harry Gray在一八五八年出版的人體解剖學教科書，到現在已經過了一百五十年，各醫學院仍在使用，不過已增訂到第四十版了）內觀禪。這種靜坐冥想的目的是去感受到你的感覺和態度的改變。例如，痛一開始是痛，但是當你把注意力放到身體的感覺上時，你就了解你以為的痛其實只是一個概念，假如你能穿透這個概念，就看到一團的感覺——或許你的腳感到麻刺，膝蓋感到壓力，小腿肚覺得燃燒，這整個感覺變成你的痛感。但是假如你集中注意力到它的結構部件或成份上，你就不再感到痛了——這麻刺、壓力、燃燒的感覺仍然在那裡，但是我們注意它的方式改變了。這個新的態度是「噢，這是我的腳在麻，我的膝蓋在燃燒……」但是心智學會不再把這些湧進來的感覺當做是負面的、不愉快的「痛」覺。

如果我告訴你，這種不對痛做反應是很不自然的，需要特別練習的，你應該不會覺得奇怪，因為才第二天，蘇珊就說她受不了了，要回德里（Delhi）去，因為不准講話，所以她寫條子告訴我。幸好那天晚上我們上了葛印卡的課，在課中他說：「你們很多人可能覺得太痛苦，受不了，想要離開，但是我想請你們多留二十四小時，只要再多留二十四小時就好。」蘇珊是個很有運動精神的人，所以她就多留一天（後來她告訴我，她在靜坐冥想時，主要是專注在我們要怎樣才能回到山下，因為路被沖掉了）。結果又過了一天之後，情形完全改觀，就如葛印卡所預測的，蘇珊掌握了她對痛的態度，採用了不判斷的意識：「是的，我的膝蓋在燃燒，我的腳在麻，但是這些只是感覺的經驗而已，我不要把它標籤為痛。」

葛印卡教我們內觀禪的靜坐，打開了一條乍見光明的性靈之路，去除了痛苦的感覺，在後來幾百個小時的靜坐中，我發現靜坐不但有心理上巨大的、前所未知的能量，在神經科學上也有。我感受到自己對這個世界看法的改變，把痛的概念丟掉，好像它不過是我襯衫上的一根線，我努力去獲得當下深且久的滿足感。我是名科學家，我知道我的大腦產生改變了，可能在處理注意力和情緒的系統中。

當靜坐遇上科學

回到哈佛後，我繼續第三年的研究所生涯，我開始做一些實驗。在一個實驗裡，高曼和我研究五十八名有著不同靜坐冥想經驗的人，從一點都不會到學了兩年的人都有。我們先請他們填一些心理問卷，結果發現比較有經驗的靜坐冥想者比較不焦慮，並且有比較好的注意力。我們知道這個差異可能反映出每個人先天上的不同，意即比較能專注、比較不焦慮的人，可能會持續靜坐冥想，所以他可以有兩年的經驗，而緊張、不安好動的人可能就坐不住，所以這差異不見得是靜坐修練的關係。即便如此，當這篇論文被《變態心理學期刊》(*Journal of Abnormal Psychology*，譯注：當年叫這個名字，現在已經不准叫「變態」了）接受時，我還是非常高興。可惜文章被接受而且刊登出來不代表會帶來尊敬。當我告訴一位教授這個研究時，他說：「假如你希望在科學界成名的話，這不是很好的開始。」

主流心理學對靜坐的鄙視並不是許多人不做這方面研究的唯一原因。在當時，腦造影儀器還未發明，只有粗糙的EEG可以用，那是把電極貼在頭皮上，收集腦殼底下神經元活動的情形。這表示大部分活人的腦對科學來說是不透明的，只能推測，不能親眼看見；這包括皮質下的區域，而那個區域對情緒來說又特別重要。現在回頭看，在一九七〇年代，不能用科學的方法研究靜坐冥想其實是件好事，它使我把全部的注意力放到大腦和情緒關係的研究上，這些努力最後導致今天我們看到的情意神經科學。當我準備好要研究靜坐冥想時，神經科學的工具已經發展出來，可以運用了。

雖然靜坐冥想有二十多年不是我科學研究的項目，它卻是我私人生活的一部分。我每天早上大約花四十五分鐘打坐，持續到現在超過二十年，我修的是開放覺察（open-monitoring，或稱為自在安住〔open-presence〕）靜坐。這是內觀禪的一種，你完全了解你的心在那當下在想什麼，不論是你身體的感覺、一種情緒、一個念頭或是外在的刺激，但是你沒有讓它佔據你的意識界。我是輪流做開放覺察和愛—仁慈（loving-kindness）的靜坐，後者是我專注在親密的人身上，希望他們遠離痛苦，然後把我關懷的圈子逐漸放大，直到最後包含所有的人類。我發現這種靜坐冥想好處多多，因為我的生活其實非常有壓力，行程排得過滿，我每個星期工作超過七十小時，我要管整個實驗室和幾十名研究生、博士後研究員、工程技師和助理，要去跟私人機構或政府要幾百萬美元的經費來維持這麼大的一個實驗室。你必須不停的寫研究計畫去要錢，不停的發表新的論文，才能在競爭激烈的學術界中保持龍頭的地位。我認為我能處理這麼多的事情，還能保持心的泰然，完全歸功於靜坐冥想。

我沒有跟同事討論靜坐冥想的習慣，因為我當時已有足夠的主流研究來幫助我的升等，但是這一切在一九九二年時劇烈的改變了。那一年春天，我終於鼓起勇氣，寫了一封信給達賴喇嘛，我大膽的請問這位西藏宗教的領袖，我有沒有可能去研究那些住在印度德蘭薩拉（Dharamsala）山上的靜坐冥想的專家，看看幾千小時的靜坐有沒有可能改變他們大腦的結構或功能。我對測量他們靜坐時大腦活動的形態沒興趣，雖然它本身會是一件非常有意義、令人感興趣的科學研究，我想知道的是，在經過了幾千個小時的靜坐修行後，他們大腦的改變可不可以在沒有靜坐冥想時就看得見差別。這就好像去測量健美先生還沒有用力時的二頭肌：他們每天的運動練習會使二頭肌變大，你去測量這位健美先生什麼都不做時的肌肉大小，會比他特意屈起手臂顯出這塊肌肉時更有意義。住在山裡的喇嘛、僧侶和瑜伽大師是最理想的人選，因為他們經年累月的靜坐修行，我認為必然在他們的大腦中留下痕跡。當然對科學來說最好的事，對靜坐冥想的人來說未必是完美。他們的一生奉獻給宗教，過的是沉思、獨居的生活，幹麼來管我們這些凡夫俗子不合理的要求？

我很幸運。達賴喇嘛從小就對科學很有興趣（他曾經在布達拉宮用望遠鏡看過月亮，並且把宮中的布穀鳥鐘和手錶拆開來玩過），尤其他後來對神經科學特別感興趣，覺得我提出的專案很有意思，於是回了我的信，答應會把我的要求告訴那些住在喜馬拉雅山下石洞茅屋中的隱士和喇嘛，請他們跟我合作，協助我的實驗。這顯然不是一件容易的事。因為沒有郵件、沒有電話，也沒有信鴿可用，距離最近的一名隱士是住在泥土路終點九十分鐘路程的茅屋裡，達賴喇嘛是不可能親自拜訪這些人的。

很幸運的是，達賴喇嘛指派了一位他身邊的喇嘛做為我們聯繫的窗口，這位喇嘛原本是負責達賴喇嘛和喇嘛、僧侶和隱士們的聯絡，他像十九世紀美國西部騎著馬到各個墾荒區去傳教的巡迴牧師一樣（譯注：當一個社區人口還不足以支持一個教會時，這些拓荒人的心靈就由巡迴牧師來照顧，他們騎著馬，輪流在某個區域範圍內舉行星期日的禮拜），每隔一些日子便帶著食物去拜訪這些隱士，確定他們的健康情況（許多隱士及修行者年紀都很大了）。所以在一九九二年的春天和夏天，達賴喇嘛的信使就帶了他們意料之外的口信，達賴喇嘛請求他們跟一個陌生人合作，這個人幾個月以後會出現來測量他們大腦的電波活動。他最後說服了六十七名隱士中的十人來參加我的實驗。這當然不是一個人的力量可以做到的實驗。在一九九二年十一月跟我一起到德蘭薩拉做實驗的有沙朗（我在第二章中有提到他，那時，他是在威斯康辛大學跟我一起做研究），以及法國巴黎硝石醫院（la Salpêtrière）的神經科學家佛瑞拉（Francisco Varela）。沙朗很有募款的天分，他申請經費的信寫得極好，我們從一個私人機構募得十二萬美元來支持這個研究。跟我們一起的還有華勒士（Alan Wallace），他是加州大學聖塔芭芭拉校區（Santa Barbara）的佛學家。他在一九八〇年曾經去隱士修行的那座山裡閉關了五個月，他是達賴喇嘛的學生，一九七五年從達賴手上拿到他的喇嘛證書，在他一九八〇年閉關之前，曾在印度和瑞士研究過十年的藏傳佛教。我們很希望他的出現能使修行的隱士放心並接納我們。

我們住在達賴喇嘛的弟弟丹增曲傑（Tenzin Choegyal, TC）所經營的民宿喀什米爾屋（Kashmir Cottage），他不但是我們的民宿主人，也幫我們安排晉見達賴喇嘛的一切禮節。我們把他的一間客房變成電子倉庫，當時電腦還不是半公斤重的膝上型，而是一只行李箱那麼大的機器，我們同時還需要其他電子儀器和設備來做實驗——如EEG、蓄電池、柴油發電機、攝影機等等——整整五大箱的儀器，而喜歡新工具的丹增曲傑簡直樂壞了。

到達的第二天早上，在吃完西藏傳統的早飯（蛋和茶）後，我們四人走下山，穿過充滿乞討零錢的小孩、到處閒逛的牛、地上擺著水果和蔬菜的小販的廣場，到達達賴喇嘛住的地方。他的住處四周有印度士兵駐守，一個個拿著自動步槍，戒備森嚴。我們進入了兩房小屋式的安全檢查室，一個一個被叫進去檢查護照，行李經過X光檢查，還要搜身。在被判斷為非危險人物後，我們離開安全檢查處，開始沿著一條彎曲的小徑往山上爬，途中經過十幾棟房子——圖書館、員工宿舍、行政大樓、接待大廳、私人住處，最後到達一間接待室，這房間全是硬木牆壁，非常精緻的書架，給人的感覺像個珠寶盒，我們在這裡等待達賴喇嘛的召見。

我是差一點要爆發驚恐症，心中一直複誦我等一下要跟達賴喇嘛說什麼，但是因為太緊張，我心裡的話全是顛三倒四、不合理的句子，我的心跳得很快，全身冒冷汗，我真的差一點就要驚恐症發作了——就在這個時候，達賴喇嘛的主任祕書，一位中年的西藏僧侶，穿著番紅花色的袍子，進來宣告可以進去了。

他帶領我們進入隔壁的房間，裡面有給訪問者坐的大沙發，一張很大的椅子給達賴喇嘛坐，旁邊比較小的椅子給他的翻譯官坐，牆上掛的是色彩鮮豔的唐卡（一種有彩繪、有刺繡的西藏壁飾，不用時，可以像畫一樣捲起來收藏），地板上和書架上都有佛像擺飾。我是這個團體的發言人，但是我對此行充滿了懷疑，心想我們怎麼有任何東西可以給達賴喇嘛或對他有任何益處？我們完完全全是浪費他的時間。但是在我們每個人對他鞠躬、問候致意和自我介紹的二十秒後，因為達賴喇嘛原本就認識華勒士和佛瑞拉，我的恐懼和焦慮就完全消失了。我反而覺得很輕鬆、很自在，完全認為這就是我應該在的地方。字句自動的從口中溜出，我聽到自己的聲音在請求他幫我們研究這些有多年經驗的修行者，他們的心智能力和大腦的功能；因為修行會訓練他們的心智，而我們想知道，這種心智訓練是否會改變大腦。

雖然達賴喇嘛日理萬機，他必須照顧到受苦的西藏子民，必須跟印度政府保持良好的關係，因為他現在在印度的領土上，他要把寺院的教育現代化，還要每天靜坐修行，但他還是擠出時間來促進神經科學的發展。他對西方科學有可能從一生都奉獻到藏傳佛教心智訓練的人身上學到一些新東西很感興趣，他其實很感激有真誠的西方科學家願意研究這個。

這是為什麼我們——沙朗、華勒士、佛瑞拉和我——在一九九二年的十一月早晨天一亮就全副武裝，帶著很多儀器出發去拜訪那些隱士。當我們離開喀什米爾屋時，我其實還沒有想好我們要怎麼把這麼多儀器運到隱居老人所在的山上去，前面說過，最近的修行者住在離最近的泥土路九十分鐘步行路程的地方，一輛吉普車把我們載到路的盡頭，我們僱用了雪巴人（Sherpas，譯注：住在尼泊爾東部的少數民族）幫我們背七個背包的儀器，每個背包有將近三十公斤重。當我們在山上小心翼翼的行走時，我不只一次覺得我們一定是瘋了。第一次起這個念頭是山路突然變得很窄，你幾乎要抱著山壁才能一步一步的挨著過去。我那時體重大約六十四公斤，真希望自己瘦一點，比較可以貼著山壁，免得掉落六百公尺的山谷摔死。第二次是當一塊大石頭滾下來，擋住我們的路，迫使我們必須選擇從大石頭的上面或旁邊過去——上面是要爬一・五公尺高的石頭，旁邊是一隻腳踩在大石頭底下，雙手緊抓著大石頭，另一隻腳跨出去，在大石頭底下找個可以插進腳趾的地方，以這樣的蟹行方式慢慢移動，祈禱你能把自己帶到巨石的另一邊而沒有掉下山谷。我不知道是否因為受到神佛的保佑，最後我們都安全的爬了過去。

最後，在我們前面，終於看到一棟石頭堆成的小茅屋。這就是我們要拜訪的仁波切（Rinpoche，一種對藏傳佛教高僧的尊稱）一號，他已經住在這裡幾乎不說話十年了，是達賴喇嘛給我的名單上最有經驗、最資深的靜坐冥想修行者。仁波切一號大約六十歲，身體健康狀況不太好，並不是全心的歡迎我們的實驗。他還記得華勒士，因為當年他曾經跟他們一起閉關好幾個月，華勒士把我們的意圖翻譯給他聽，在這階段，我們只是想先建立關係，解釋我們的目的，把我們想做的實驗先展現給他看，使他熟悉。一個測驗是史初普測驗，受試者要念出顏色字義的墨水顏色而不是字本身，如用紅色墨水寫「藍」這個字，受試者要念墨水的顏色「紅」，而不是念藍；但是因為我們都是熟練的閱讀者，眼睛一看到「藍」這個字就會自動分解處理，必須去壓抑本能的「藍」字反應而改念「紅」出來。這是一個專注力的測驗，看有沒有足夠的能力去剔除干擾。但是仁波切一號非常謙虛的推辭說他的靜坐修行充其量是平庸的（他說這是因為他的膽囊有問題），假如我們要知道靜坐冥想的效應，我們應該自己去打坐就知道了。我們忘記謙卑是藏傳佛教的核心，即使談一談你的修行都會被認為是吹牛，我們一事無成的離開了仁波切一號的小屋，不要說做EEG，他連談話都不願。

我們在仁波切二號那裡也碰壁，雖然他是華勒士的老師，他的問題是其他的科學家。仁波切二號告訴我們有位有名的瑜伽大師洛桑丹增（Lobzang Tenzin），也住在德蘭薩拉上面的山上，他曾到哈佛醫學院去做科學家承諾他的非侵入性靜坐冥想研究，但是哈佛的研究者抽了他的血——在回到德蘭薩拉之後三個月他就死了。仁波切二號確信是這科學的研究要了這位瑜伽大師的命。在三個小時的辯論中，他還告訴我們：測量心智是沒有意義的，因為心智是沒有形狀、不存在於物理界的，他跟我們保證，即使我們成功的測量到任何東西，就了解靜坐冥想的效果來說，也是完全不重要的。

我們在仁波切三號、四號……直到十號的情形都一樣。有一位很仁慈的建議我們向達賴喇嘛祈求實驗成功；另一位建議我們兩年後再回來，到那個時候，他可能可以達到一點點「平靜」（shamatha，又譯為舍摩陀）的境界，這是梵文，意思是「冥想的靜止」（meditative quiescence），目的是阻擋外界的干擾物，使心智可以清楚、穩定的聚焦在一個目標上。其他人是擔心做我們奇怪的測驗會干擾他們的靜坐修行，但是最一致性的反對理由就是仁波切二號所說的：要了解靜坐冥想對心智的影響，用生理的測量是完全不可能的。用EEG來測量靜坐修行是否能培養慈悲心？算了吧！當我們訪問到第十號仁波切時，我們的紀錄仍然是零。

雖然從科學上來講，我們是失敗的，但是我覺得我們在另外一個層次上是成功的。有名喇嘛曾被中共囚禁了很多年，最後終於逃出西藏來到德蘭薩拉，他對我們描述靜坐冥想所帶給他的每一刻心情的改變。剛開始時，悲哀、憤怒、絕望充滿他的心，然後靠著每天在監獄中的靜坐冥想，一點、一點的褪去，他開始對獄卒感到同情，他們的心也在受苦，因為他們必須聽命行事，不是自己的主人，不能做自己要做的事，所以，就某方面來說，他們也跟他一樣是受苦者。我認為這種廣泛的慈悲心可以告訴我們關於大腦和心智的某些事。

經過十天的山路奔波後，我們最後決定放棄蒐集這些靜坐修行者的科學資料。在離開德蘭薩拉之前，我們再次晉見了達賴喇嘛，告訴他此行的結果是零，我們解釋了修行者拒絕的理由，他們對我們機器的懷疑，以及擔心他們會像跟西方科學家合作的那位僧侶一樣的下場。達賴喇嘛聆聽我們的傷心故事，突然他說：「你們為什麼不嘗試去找那些曾經到過西方，對西方思想和科技比較熟悉的、有經驗的長期修行者呢？」山裡的修行者沒有一個有跟西方或科學有很多接觸，但是已經有過經驗的，不會懷疑電極會中斷或干擾他們的靜坐冥想修行，或許我們應該邀請這種修行者到我們的實驗室來，而不是冒著生命危險，揹著數百公斤的儀器，在山裡匍匐前進。我立刻受這個點子吸引，當達賴喇嘛答應替我們跟他身邊的喇嘛及支持者說幾句好話時，我知道我們會成功了。

但是他本身有項要求。他告訴我們，他了解心理學的研究都集中注意在負面情緒上——焦慮、憂鬱、恐懼、悲傷，他問為什麼科學家不能用這些現代化的神經生物學研究工具研究仁慈和慈悲心呢？

我不知道該怎麼回答。我囁囁的說，大部分西方的生物醫學研究是想治病，理解這些模式對研究情緒很重要：因為焦慮和憂鬱和諸如此類的疾病耗費很多的社會成本，所以他們得到很多科學界的關注，而愛與慈悲不是問題、也不是毛病，所以就被忽略了。但是即使這樣解釋，我自己也覺得不心安。對正向情緒懂得越多，我們就更有機會訓練人們如何培養它。然而（後來我在回到美國後才知道）「慈悲心」（compassion）這個字根本就沒有列在任何一本主要的心理學教科書的名詞索引之內，到今天仍然如此。我當場、當下就立誓，我一定要盡我所能去改變這個情況。我告訴達賴喇嘛，我會盡全力把慈悲心放到科學研究的地圖上。我同時也發誓要公開我對靜坐冥想的興趣讓別人知道，讓我科學界的同事知道我終於出櫃了。到這時，我已是威斯康辛大學的正教授，已經得過很多科學界的大獎。我有什麼好怕的？

實驗室的喇嘛

回到麥迪遜市之後，我全力投入情緒形態神經機制的研究，我研究情緒管理、情緒反應的個別差異，但是我同時也開始靜坐冥想的基礎實驗。假如你有讀報紙上的科學版，就會發現科學研究的歷程是研究者先有一個感興趣的問題，找受試者來實驗室做研究，過一陣子後有令人興奮的結果出來——這是假如運氣好，一切順利的話。但是，真實世界是你得先得到學校的同意去做人的實驗，我在這裡講的不是什麼侵入性的手術或實驗的藥物，只是請受試者來填個問卷，就已經繁複得不得了，得花大量人力和時間跑公文，所以有些實驗室有專職人員負責處理這件文件，使申請專案得以順利送出。此外，一旦實驗設計細節確定了（這也要花一些時間），一個新的實驗一定要花時間寫電腦程式，這可能又要耗費幾個月的時間。任何一個新的實驗流程都需經過測試，要先找幾個人來試做，確定一切都順利後才可以大量進行實驗測試——當然，這也是要花時間的。

所以，達賴喇嘛答應要替我們在喇嘛圈中說好話之後，我們終於在二〇〇一年有了初步的實驗結果。一位我所見過最特殊的人走進了我的實驗室，他是瑞卡德（Matthieu Ricard），一九四六年出生於法國的藏傳佛學家，他在一九六七年開始修行，但是他走了一條迂迴的路才成為真正的喇嘛。他來自一個顯赫的家庭，父親是法國有名的哲學家何維爾（Jean-François Revel），母親是著名的抽象派畫家杜茉琳（Yahne Le Toumelin），所以他生長在戰後巴黎的知識份子圈，有濃厚的書香氣息。一九七二年，他拿到法國巴斯德學院（Pasteur Institute）的分子生物學博士，他在那裡跟諾貝爾獎得主傑哥布（François Jacob）做研究。但是在同一年，他決定放棄科學界的一切，到喜馬拉雅山去接受訓練，成為藏傳佛教的喇嘛。

所以瑞卡德會是溝通藏傳佛教古代傳統和現代科學之間的橋梁：他了解為什麼實驗需要控制組，也了解如何做線性迴歸（linear regression），他同時是很有經驗的靜坐修行者。當達賴喇嘛鼓勵一些了解西方科學的靜坐冥想大師來參加這種實驗時，瑞卡德（他曾經跟隨達賴喇嘛多年，當達賴去歐洲訪問時，他是達賴的翻譯官）是第一個跳出來答應的。他是第一個在進行靜坐冥想的時候讓佛瑞拉測量他的大腦活動形態的人，但是這個研究並沒有發表。

瑞卡德在二〇〇一年五月來到麥迪遜市，我們想用fMRI來看他的大腦在靜坐冥想時的情形，但是那時的技術還沒有那麼精密。大眾非常喜歡的彩色大腦圖片其實過程很複雜，它的原始資料是數字，那些紅色、藍色和其他顏色是武斷的色彩（譯注：不過基本上，紅色、黃色還是代表大腦在工作的區域，藍綠色是活化不足的區域；顏色當然是武斷的，有人喜歡粉紅腦，有人喜歡黃綠色的腦，有時在期刊上會看到新潮派的大腦顏色）。更重要的是fMRI不是測量單獨的大腦活動，它是一個減法的結果，即你大腦在處理有興趣的作業時活化的情形，減去大腦在休息或某個基準線時候活化的情形，剩下來活化的區域就是大腦處理你有興趣作業的區域。這表示基準線非常重要，例如，你想知道大腦在產生視覺心像（visual image）時的神經活動，你不會以受試者看外界某個真實東西時大腦活化的情形做基準線，因為大腦可能會用到一些和視覺共同的機制在心中形成心像，形成心像可能跟大腦看外界實體物的機制有重疊的地方，所以一定要避開這些可能造成實驗結果不清楚的混淆變項。慎選基準線是做實驗的第一步驟，那麼我們應該用什麼來做我們的基準線，或是說我們的控制組，來做靜坐冥想的被減數呢？

另一個問題就是瑞卡德要靜坐多久才能進入他的「靜坐冥想境界」（in a meditative state）。要進入靜坐冥想境界不是像啟動開關那樣，我們必須給瑞卡德時間去達到那個境界，而且要在那個境界中久到讓我們可以掃描到。這完全要靠瑞卡德本身來判斷。「靜坐冥想」這個字在梵文中的意思就是「熟悉」，表示修行者對他自己的心智是熟悉的。就像一名品酒者品嚐熟悉的西拉葡萄（Sgrah，譯注：是法國隆河谷〔Rhone Valley〕所特產的葡萄品種）所釀出來的紅酒，他馬上可以辨識好壞，一名有經驗的靜坐冥想者也可以馬上知道他是不是在一個靜坐冥想境界。但是假如我們等太久才開始蒐集 fMRI 的資料，或讓瑞卡德維持在這個靜坐冥想境界太久，可能耗盡他的精力，因為躺在儀器不舒服的窄小空間內不能動是很難受的。從研究者的角度來看，最理想的方式是一段靜坐冥想境界，再一段休息的基準線，兩者相互交替。

經過一些嘗試錯誤後，瑞卡德決定兩分半鐘是最理想的。至於基準線，他建議一個叫無記（lung ma bstan，念成 lung ma ten）的境界，這是藏語，表示你既沒有在睡覺、沒有在靜坐冥想，也沒有特別注意某個東西。瑞卡德說，這個狀態是不做任何事，也不被任何強烈的情緒或思想所干擾，是一種中性、無所謂的狀態。對靜坐冥想的狀態，他建議輪流做慈悲心、開放覺察以及奉獻（devotion）的靜坐冥想（在這種靜坐冥想中，靜坐冥想者要去想像他最重要的心靈導師，把注意力集中在對他的尊敬、感恩的感覺中，要感知到他對老師的全心奉獻）。我的電腦程式設計師徹夜沒睡的寫電腦程式來告訴 MRI 如何蒐集資料，在這個實驗中每一筆資料都必須註明是在哪一個狀態下的，如，這是慈悲心靜坐對基準線，對控制組來說，是投射到儀器螢幕上的不同刺激。同時，時間的記錄很重要，它必須使我們在看原始資料時能夠說：「啊！這是瑞卡德從無記轉到奉獻靜坐冥想時。」

當然，第二天一早我們開工時，問題就出現了。瑞卡德剛剛躺進MRI圓筒形隧道中，戴上耳機使我們從控制室中可以跟他溝通，調整了玻璃纖維的眼罩，使我們可以把指導語投射給他看，這時，電腦當機了，掃描停止。我們從窗戶中望進MRI造影室以確定瑞卡德看起來沒有太難受，然後透過對講機告訴他電腦當機，我們要調整一下電腦程式，請他稍安勿躁，我們必須重寫電腦程式碼，瑞卡德只好躺在儀器中等。

當我們終於可以再做實驗時，我開始念：「好，瑞卡德，現在是無記。」等三分鐘。「瑞卡德，現在是慈悲心的靜坐冥想。」等二分半鐘。「現在無記。」這樣經過六個循環後，瑞卡德休息一下，我們接著移轉到注意力聚焦。瑞卡德專注在投射於MRI儀器內螢幕上的點，然後是無記，然後是六個循環的開放覺察的靜坐冥想，這時瑞卡德把他專注的視野擴大，直到他擁抱整個宇宙，好像從五萬英尺的高空看這個世界。最後的六個循環是奉獻的靜坐冥想。這是馬拉松的實驗，從早上七點鐘一直做到下午一點鐘，到最後時，幾乎所有的受試者都會累得像抹布一樣攤在那裡。瑞卡德從儀器中爬出來，臉上掛著祝福的微笑，他只想知道一件事：我們有沒有得到我們所要的？

我們通常不會立刻處理MRI的資料，但是這次不同，達賴喇嘛第二天早上要來我的實驗室參觀。二〇〇〇年四月，當達賴喇嘛定期與西方科學家會面時我也在德蘭薩拉，這個會議是由達賴喇嘛創立的心靈與生命研究院所支持的（Mind and Life Institute，譯注：這個會議非常有名，會議成果出版過好幾本暢銷書，包括《破壞性情緒》〔*The Destruction Emotion*，中譯本時報出版〕）。達賴喇嘛問我什麼樣的科學方法可以研究大腦，它如何使我們去推論大腦的功能。EEG 如何運作？它改變得有多快？fMRI 和 PET 有更好嗎？當時威斯康辛大學正在建造一個大型的腦造影實驗室，現在叫做魏斯曼腦造影和行為實驗室（Waisman Laboratory for Brain Imaging and Behavior），我是該實驗室的主任。我盡我所能的回答達賴喇嘛的問題，最後我說：「我非常歡迎您來我的實驗室參觀，我可以給您看這些大腦測量是怎麼得來的。」達賴喇嘛只花三分鐘便敲定了來訪的時間，他的隨扈和助理都嚇了一跳（達賴喇嘛不但是二百五十萬西藏人民的精神領袖，也是西藏流亡政府的最高領袖，所以他的行程排得滿滿的，從精神的教導到與美國白宮舉行會談）。他說他願意在隔年五月來參觀我的實驗室。

突然之間，五月就到了。

在做完瑞卡德的造影之後，三名研究生及博士後研究員徹夜不睡把資料分析出來。我非常希望能夠有資深靜坐冥想者的大腦資料——即使只有一個也好——可以呈現給達賴喇嘛看。第二天一早六點半，我衝進實驗室，感覺心跳到喉嚨上，迫不及待想知道我們究竟有沒有得到任何可用的資料。我看見我的學生精疲力竭的猛灌咖啡，我們都是靠著腎上腺素和咖啡在過日子，覺得自己處在一個歷史的時刻，一個東方遇見西方的時刻。佛教和科學，僧侶和 fMRI。我們在瑞卡德資料上看到的，是我們所使用的儀器能夠測量出的某個特定靜坐冥想方式所激發的大腦功能劇烈改變。我們在好幾部電腦前面坐下來，研究生和博士後研究員把瑞卡德大腦結構圖一張張叫出來，上面顯示著在不同靜坐冥想情境時大腦各區不同的活化程度，這是與控制情境無記狀態時的比較。我要看慈悲心靜坐冥想時、注意力聚焦時、開放覺察靜坐冥想和奉獻靜坐冥想時大腦的差異。我把它們排列起來比較，我的大腦轉得飛快，我的心在狂跳，我看到了這四種靜坐冥想形態的大腦反應不同。雖然這些情境的差異完全是來自心靈——瑞卡德只是在想不同的思緒——大腦影像顯示每一種形態有它自己不同的活化形態。我強烈的感到我們已經跨越了閾，我們創造了歷史。

在確定瑞卡德的實驗沒有失敗後，我趕去接待達賴喇嘛，他的到訪是國家級元首的規格，有很多隨從人員、翻譯（雖然他的英文很好）以及保護他的國安人員，所以是一大群人擁在走廊上，然後擠進我的實驗室，一路上達賴喇嘛被各種東西吸引，根本還沒談到神經科學研究。我幾乎無法把他拉出我們的小工坊，裡面有技工用電鑽、用鋸子、用各種工具來做我們實驗所需的儀器，但是因為是特殊規格，所以外面店裡買不到（譯注：我們以前在加州大學也有這種技工的編制，他能依你所畫的圖做出你要的儀器，但是在台灣就不行，因不符編制）。達賴喇嘛喜歡說，假如他在兩歲時沒有被人發現是前一世的達賴喇嘛轉世，他現在會是一名工程師。他小時候在布達拉宮就喜歡把東西拆開來看，他曾經把汽車的車燈拆了，而且一直到現在都沒有失去對各種工具、小玩意的興趣。

當我最後終於把每一個人都弄進了MRI室，我暗自祈禱今天一定不要出錯。我的一名學生躺進MRI，我和達賴喇嘛在控制室觀看。在機器打開後我等了一下，讓學生躺好，不能動，然後請他動右手食指，經過一些快速的資料處理後，他的運動皮質區亮起來了（這是百發百中的一個示範，這是為什麼我每次都用它來顯示fMRI如何抓到大腦的活動）。達賴喇嘛覺得還不夠，他問我能不能叫學生

想著要動手指頭（即沒有實際的動作，只是大腦產生要動手指頭的意念）。沒問題，大腦的運動皮質區又亮起來了，但是沒有像實際動手指頭時活化得那麼厲害。達賴喇嘛滿心歡喜，看到像意圖這種純粹是心智的活動就能使大腦產生跟身體活動相似的反應，即動手指跟想要去動手指都可以活化大腦的運動皮質區管那根指頭的區域。

我們接著往大學的行政會議中心移動，參與靜坐冥想最新科學發現的會議。我向他報告我們在瑞卡德大腦中的發現，我把幾個小時前才做好的圖片投射出來，告訴達賴喇嘛這僅是第一個人的資料，我們不敢抱太大希望，但是從這份資料看起來在四種不同形態的靜坐冥想時，大腦的確有著不同的反應：當瑞卡德在做慈悲心的靜坐冥想時，腦島和運動皮質區都大大的活化起來；當他在集中注意力時，經典的注意力區域，包括前額葉和頂葉皮質活化起來；在做開放覺察靜坐時，大腦許多區域都活化起來；在做奉獻靜坐時，我們看到視覺皮質區強烈的活化，顯示瑞卡德是真的有看見他的老師。

達賴喇嘛想要確定：外在的刺激都沒有改變，對嗎？這是反映出純粹的心智活動，像那名學生在**想像**動他的手指頭，對嗎？是的，我向他保證，的確如此。我在回答時，一邊想著這真是酷，一邊又很擔心萬一它不夠科學的話怎麼辦，畢竟這只是一個人的數據，很可能第二個人的資料會整個反過來。科學是一條很長、很辛苦，甚至有時是很枯燥無味的路，通常在沒有百分之百確定這個效應的確存在之前，我們不能對世界發表我們的發現。不過靜坐冥想在大腦中會有獨特的活化形態並不是教人意外，就像你在運動時肌肉會有它獨特的電流活動形態一樣，因為它們都是神經活化的特殊形態。

達賴喇嘛看得比我們更清楚，這個冥想的神經科學領域剛剛誕生了。雖然他了解，我們還要花很多年得出足夠的資料才能下結論說，靜坐冥想不但能產生獨特的大腦活化形態，並且會留下持久的改變——所以靜坐者的大腦跟非靜坐者是不一樣的，即使他不在靜坐時，大腦也是跟別人不同了——他認為這個研究有改變人文科學的可能性。心智的訓練可能可以培養正向的心智，就如佛教修行者老早就知道，也經驗到，要減輕痛苦，必須增加世界上的慈悲心和愛—仁慈。但是我們是在科學的世代，達賴喇嘛知道這一點，要說服人們心智訓練的效用不是僅靠僧侶或喇嘛的證詞就可以做到的，它必須靠科學。

很多年後，透過DNA結構的發現者之一，諾貝爾獎得主克里克（Francis Crick）的眼睛，我回頭去看那一天。克里克寫了下面一段話來描述這個新的混種（hybrid）領域：「在大自然中，一個雜交混合的物種通常是沒有生殖能力的，但是在科學上正好相反，雜交混合的主題通常是最有活力的，而假如一個科學領域保持太純粹時，它會枯萎。」

保持太純粹不會是問題，我承諾要用西方現代科學的工具去照亮二千五百年來佛教教義核心的心智訓練方法。我希望結合東方和西方了解自然真相的不同方法，或許我們對心智能有更完整、更沒有偏見的看法。現在，我希望把東西方這兩個世界帶到一起，真的可以得到克里克說的充滿活力的混合而不是絕育的雜交。

在下一章中，我要接著描述我自己如何發現心智的力量可以改變大腦這個歷程。

第10章 機器裡的僧侶

我們每個人反應情緒的挑戰都有習慣的方式，
這些習慣是基因和經驗的產物，
正念靜坐法的訓練會改變這些習慣，
使你動用一條新的神經通道而不再走過去舊的那一條。
由前額葉皮質傳送過來的訊號像壞心情一樣，
假如這一天什麼事都很順心，它就蒸發掉不見了，
結果就是過去的壓力經驗或挫折，
現在不再引發焦慮、恐懼或致命的感覺。
神經訊號所走的通路改變了，
正念靜坐法在心智的河床中，刻出了新的河道。

自從德蘭薩拉山上的失敗經驗後——你還記得，就是我們跋山涉水去拜訪十位資深的修行者，卻沒有一位願意參加我們的實驗——我了解到要做資深修行者的靜坐禪修研究有一些困難，難處在無法取得他們的信任來做實驗。另一個比較基本的問題是這些將生命奉獻到靈性和心智修練、有著幾千幾萬個小時的內觀禪或靜止禪（shamatha，又譯為舍摩陀）或其他形式靜坐冥想的人，可能不是一般人，我們很少會花這麼多時間在無聲的心智訓練和沉思上。即使我最後發現這些長期靜坐冥想的人大腦活化的形態跟生手或從未靜坐過的人有很大的不同（我真的發現了，後面馬上會談到），這也沒什麼意義：或許這些長期靜坐冥想的人大腦本來就跟我們不一樣，或許這個天生的大腦差異使他們選擇去沉思。或許大腦的差異不是來自靜坐冥想的**結果**而是**原因**，因為我們沒有這些喇嘛在他們開始靜坐禪修前的大腦資料，即使得到不同的大腦活化形態，我們也不能推論出它為什麼這樣。這是我暫停這個研究的原因之一，另一個原因是當人們聽到我所謂的「長期」是什麼意思時，他們會翻白眼，因為我的長期是一萬個小時的靜坐冥想經驗。或是說，用信封背後的計算（back-of-the-envelope calculation shows，譯注：信封背後的計算本來是說臨時找不到紙，也沒有計算機，就隨手拿個信封在它背後用手演算，表示大略估算的意思；但是後來費曼〔Richard Feynman〕在信封背後的計算使他拿到諾貝爾物理獎後，這句話又有了新的意思），表示一天靜坐冥想兩個小時，一個禮拜七天，要靜坐七百一十四週才會累積到一萬個小時，而這是差不多十四年的時間。如果你一天只靜坐冥想一個小時呢？那就要花二十八年的時間了。你可以繼續算下去，但是意思很明顯，一般人有家庭、有工作、還有很多雜七雜八的事情要做（如睡覺、吃飯），他們一輩子也不可能有那麼多的靜坐小時。

這個長期靜坐冥想者可能一開始大腦就跟其他人不一樣，以及一萬小時的靜坐時間是一般人做不到的，這兩點就指出一個解決的方式：與其比較靜坐者跟沒有靜坐過的人的大腦，我可以比較短期靜坐者大腦在經過靜坐訓練後的改變。

正念減壓法

我可以做長期靜坐追蹤的機會在一九九九年降臨。當時我是麥克阿瑟基金會（MacArthur Foundation，它以提供天才研究費聞名）心—身互動（mind-body interaction）研究團隊的成員，這是一個跨領域的研究團隊，大約有十幾位科學家和研究員，一年聚會六次來構想一些本行以外、跳脫常規的實驗，也就是說，一般傳統研究者不會去碰的題目。雖然我從一九七八年起就有陸續從美國國家心理衛生研究院（NIMH）拿到經費做實驗，但是我知道要跟他們申請研究費做靜坐冥想的研究，是完全不可能的事。在一場三天的聚會中，我們討論研究「正念減壓」（mindfulness-based stress reduction, MBSR，又譯為內觀減壓）的方法，麥克阿瑟基金會大方的給了我們二十五萬美元去做它。正念減壓是在北美和歐洲醫學學術圈中用得最多的一種世俗靜坐法，它是由在烏斯特（Worcester）的麻州大學醫學院的卡巴金（Jon Kabat-Zinn）所發展出來的。這是一門八週的課，教人們如何用正念這種靜坐法減壓，也就是練習不作判斷（nonjudgmental）、一種當下的覺識（moment-to-moment awareness）。讓我把它的主要部件由後往前解釋一下。「覺識」是指坐在一個安靜的地方，你的注意力是放在你身體正在經驗的感覺，或是你的心智正在產生的念頭和情緒上，剛開始可能感覺到椅子給你的壓力（譯注：即坐到屁股痛），或腿的麻痺，或是手肘相較於肩膀的感覺。然後你可能轉去注意你的身體感覺有多少種，然後去想午餐要吃什麼，或是你突然注意到你大腦非常安靜，腦中一片空白。「當下」指的就是見招拆招，你的感覺或你的念頭一進來，你就接受它。最後這個「不作判斷」是重點，假如你覺得腿肚很緊，你不責備自己不會放鬆，你的反應是：「嗯，很緊的小腿，有意思。」同樣的，對任何想法和情緒，你也不像以前那樣特意追尋一個念頭（「哼嗯，午餐，我要去買一些美乃滋，或者我只吃沙拉就好了，我真的該少吃一點。為什麼我在打坐時會想到吃？我永遠也學不好打坐！」），假如這些念頭出現，你冷漠淡然的觀察它就好，就像一個沒有熱情的觀察者，不要把它放入你的心中，看看就好。它們只是你大腦突觸和運動電位的滲出物而已。

到二〇一一年為止，已經有好幾十個臨床證據顯示正念減壓是有效的，它可以減輕乳癌患者的心理壓力，降低器官移植者的副作用，減輕社交焦慮症患者的焦慮和憂鬱，幫助人們應付慢性疼痛。然而在一九九九年，這些正念減壓的研究沒有用隨機安排的控制組，這個效用的生理機制也沒有人知道，所以我們決定改變這種情況。

我們跟麥迪遜市附近的一家生物科技公司普羅米嘉（Promega）聯絡，他的執行長林頓（Bill

Linton）是威斯康辛大學的校友，而且是學校的顧問。在一次大學董事會中我跟他談到我的研究，他打開心房，告訴我他對靜坐冥想其實非常有興趣，他很想探究意識的本質及意識到底怎麼來。我想這個人可能會接受我用他的員工來做研究，所以我問他，我的同事和我可不可以去他的辦公室教他的員工靜坐，然後看看靜坐能否影響健康和心智的功能？

他對這提議的反應很熱烈，他把公司的電子郵件信箱列表提供給我們，讓我們在公司網路中徵求受試者。我們在一個月內召開了四次公聽會，告訴他們自願參加者可以學會減壓的方法，這個方法是從佛教的靜坐冥想中研發出來的；而有些人會被放在後補名單中，那是我們的控制組，這表示他們會像學習減壓方法的同事一樣接受相同評估，但是沒有上減壓課程。每個人會在哪一組完全是隨機分派的，在研究結束後，後補名單中的員工也會有機會學習正念減壓。我們解釋為什麼需要控制組，因為要確定有學正念減壓的人和沒有學的人有著同樣的興趣來上課，他們學習的動機是相同的；假如我們讓自願者全都來上正念減壓，就會落入上一次長期靜坐者實驗的困境，即我們無法確定這大腦的差異是來自何處。我們找到四十八位自願者，人數足夠開始實驗，現在全看卡巴金了。當我第一次見到卡巴金時，他才剛剛進入麻州大學發展一個減壓的專案計畫。這不是一般初出茅廬的新鮮博士會走的路，尤其他剛從麻省理工學院（Massachusetts Institute of Technology, MIT）分子生物所拿到學位，但是他在那個時候就已經知道想要奉獻自己，去教別人他從靜坐經驗中所得到的好處，而且他要用即使從來沒有接觸過靜坐冥想的人也能懂的語言來教。所以當我告訴卡巴金我要做的實驗時，他不但非常熱心要參與，而且願意來教這門正念減壓的課。這會是頭一次用完全隨機的控制組來研究正念減壓，卡巴金希望從頭就參與。

這個實驗的後勤工作一點也不輕鬆。卡巴金不但願意親自教這門課——每週兩個半小時、連續八週——而且願意在課程開始前跟每一位自願者面談，課程結束後再面談一次，告訴他們實驗的目的，還有，在第六堂課之後，有一場全天的閉關。你可以想像他累積了多少飛行哩程數，每週從東岸飛到麥迪遜市來，連續十週。有時因為氣候不佳，他必須在芝加哥過夜，連這都沒有澆熄他的熱情。

在一九九九年九月第一堂課開始之前，我們先蒐集好所有自願者的基本資料：我們用EEG測量他們大腦的活動，專注在前額葉皮質，因為那個地方的左—右不對稱性跟正向和負向的情緒有關，也跟遇到挫折時的回彈力有關。我們同時請自願者填問卷，問他們平常感到多焦慮或壓力有多大，我們問他們是否同意這種句子：「我常為小事焦慮」以及「我常有令自己不安的念頭出現」。

然後被分配到學習正念減壓的自願者開始練習不作判斷、當下的覺識。卡巴金從呼吸的正念開始，你專注在呼吸上：慢慢的吸入、吐出，感覺到空氣流經鼻腔……然後他教身體的正念：平躺在地，慢慢的平靜的注意你身體各部分不同的感覺；感受到你肩胛骨壓到地板的感覺，你的手肘、你的腳張開放鬆，感覺到腳踝麻刺……卡巴金接著要每個人吃一顆葡萄乾，要他們慢慢的嚼，花五分鐘吃完，要注意在咀嚼時，所有的感覺、味道，最後才吞下去。他還教他們正念瑜伽（這種瑜伽身體會呈三角式如倒過來的V，手和腳撐在地上，臀部抬向空中），來增加身體的覺識。在後面的課程裡，卡巴金念詩給學員聽，選擇那些抓住正念精髓的詩篇，如十六世紀波斯的蘇菲教派（Sufi）神祕主義詩人魯米（Rumi）的詩篇。在上完第六節課後，我們在星期六舉辦了一場全天的閉關，讓卡巴金可以帶領學員做比較深入的靜坐冥想練習，以及長時間禁語正念靜坐。

我把課程描述得這麼詳細是想讓讀者知道，雖然八個禮拜比起幾千個小時靜坐冥想經驗的長期修行者太微不足道了，但是它是很密集的——我希望夠密集以產生情緒形態中可以測量得到的改變。我們特別有興趣的是回彈力向度和展望向度。

這門課在感恩節前後結束，也正好跟流行性感冒的發作季節吻合，我們利用這個機會給每一個人——包括實驗組和控制組——打一針流感疫苗。為什麼要這樣做，我在下面會解釋。我同時也重複我們在實驗開始前的所有測量，如大腦 EEG 腦波的形態以及焦慮問卷。接下來就等著看結果了，看我們有沒有得到任何東西。

我們發現的第一個效應是實驗組的焦慮下降了百分之十二，而那些沒有上課、在後補名單中的學員反而稍稍上升了些。正念減壓組大腦的活動也移轉到左側前額葉，相較於他們沒有上課之前的腦波EEG，左邊的活動增加了三倍；控制組的左側前額葉在課程結束後，反而比一開始時的活動更低（或許他們很失望沒有被分到正念減壓組去）。在注射流感疫苗之前和之後都有抽血，看他們身體內抗原的濃度，發現正念減壓組的濃度升高了百分之五，表示他們的免疫系統比控制組對疫苗的反應更有效。引人好奇的是，那些對正念減壓反應比較強的人，對疫苗的反應也比較強。這給了我信心，大腦活動和免疫系統的確有關係，如我在第六章中所說的，正向情緒（即在回彈力向度上快速回復的那一端，以及在展望情緒形態上正向的那一端）會提升免疫系統，是諸多對身體健康有效的項目中最有效的一項。

正念減壓會把你移向回彈力頻譜中快速回復的一端，以及展望頻譜中正向的那一端，原因是它會改變你對壓力的處理方法。也就是說，當你比較能夠處理壓力時，就比較能夠從挫折中回彈，它也會使你從一個比較樂觀的角度去看這個世界。我認為這會有效是因為它重新訓練了你的思考習慣。我們每個人反應情緒的挑戰都有習慣的方式，這些習慣是基因和經驗的產物，正念靜坐法的訓練改變了這些習慣，使你動用一條新的神經通道而不再走過去舊的那一條。假如過去對挫折的習慣反應是從前額葉皮質送出訊號到邊緣系統，邊緣系統中的杏仁核便把負面的情緒加諸在前額葉送過來的訊息上（前額葉是解釋一個經驗究竟是什麼意思的地方），那麼，正念法就可以創造出一條新的迴路來。同樣的經驗仍然是由前額葉皮質處理，但是訊號沒有到達杏仁核（至少到達的訊號很少），這些由前額葉下來的訊號像壞心情一樣，假如這一天什麼事都很順心，它就蒸發掉不見了。結果就是過去的壓力經驗或挫折，現在不再引發焦慮、恐懼或致命的感覺。神經訊號所走的通路改變了，就好像本來要流入某條河的水道，因為突然的山洪暴發，現在改走新的水道了。正念靜坐法在心智的河床中，刻出了新的河道。

尤其是正念靜坐法能訓練大腦對經驗和念頭有一個新的反應方式，比如說，你明天要做什麼的念頭（送小孩上學，去開一場重要的會，請工人來修廚房的漏水，打電話給國稅局說明他們在你報稅表中所發現的錯誤，回家煮晚飯……），本來會引起你的驚恐反應，因為忙不過來，現在正念法讓你走另外一條路，你還是去想自己明天必須做的事，但是當那種「我處理不了了」的感覺進來時，你冷靜的看待那個情緒，你對自己說，這種泰山壓頂的感覺是大腦自己產生的，但你可以退後一步，讓這個感覺過去，明瞭讓這種感覺挾持你的大腦是於事無補的。正念法重新訓練你心智的習慣，因為大腦有可塑性，神經的連接可以改變，它可以創造出新的迴路來，強化一些舊的，減弱一些你不想要的。

這就是為什麼我們所發現大腦的改變，學習正念減壓的學生在左前額葉皮質上有很強的活化（相較於右前額葉皮質）反映出一個事實，即練習這種靜坐的人會重新引導自己的思緒和感覺（生理上表現出來的便是大腦神經元之間跑來跑去的電脈衝），它降低了右前額葉皮質的活動，減少負面情緒出現，提升了左前額葉皮質回彈力和幸福的感覺。這條新的河道運送越來越多的情緒和思維，創造出一個有效能的良性循環：你的思緒越是去走比較不焦慮的路，你的回彈力越強，你的展望越正向，這就使你的思緒和感覺越容易繼續往新的道路走。

正念靜坐閉關研究

其他的靜坐冥想方式可以影響我們的情緒形態，甚至比正念減壓更直接，我們會在下面的研究中看到。大部分的靜坐形式都會明確的要求學員調節他的注意力——比如聚焦在呼吸上，它監控著注意力的各種形態，假如你的注意力遊離了，會要你把它輕輕的喚回呼吸上來。這使我想到：這種要求注意力的打坐方式，會不會使靜坐者的注意力更加聚焦？它會不會使你更加注意到周邊的東西？更有自我覺識？換句話說，這種練習會不會影響情緒形態？

要研究這個問題，我們設計了一個跟過去在實驗室中做的研究非常不一樣的實驗：在麻州新英格蘭的小鎮巴瑞（Barre）有個靜坐的閉關中心，坐落在小鎮的外圍樹林區，內觀禪修社（Insight Meditation Society, IMS）在這裡舉辦密集的佛教靜坐，大部分是採取正念靜坐法，它鼓勵學員用不加判斷的方式注意當下。大部分的課程是在一棟前面有四根白色大柱子的前天主教修道院大樓上進行，這棟希臘羅馬式建築的三角牆上面刻著梵文的「慈」（metta）。在佛教教義中，「慈」是希望眾生快樂，這是四無量心之一，其他三種分別為「悲」，希望眾生脫離苦難，「喜」，希望眾生永遠不離快樂。以及「捨」希望眾生脫離偏見、依附和憤怒。

在二〇〇五年的夏天，內觀禪修社提供了我的研究團隊場地，讓我們建立一個臨時的實驗室來測試學員三個月閉關前和閉關後的大腦改變。這個閉關課程是很密集的，每天十六個小時——學員必須在早上五點鐘起床，一直到晚上九點休息——完全禁語，不能跟別人有眼神接觸，即使吃飯時也不可以，唯一的例外是一週兩次跟靜坐老師面談。在面談時，學員可以討論他們的靜坐及所遇到的障礙。學員所有清醒的時間都在靜坐，除了吃飯——他們每天要花一個小時清理環境和準備飯菜，他們都吃素。大部分人一天打坐十二小時以上，也就是說，在這三個月中，累積一千多個小時的靜坐時數。你可以想像，我們不能在學員靜坐時測量他們，所以我們是在靜坐開始前幾天，然後在他們完成三個月的修行後，去測量他們。我們的控制組是與這些學員同年齡、同性別，但是住在麥迪遜市的市民。

我們想知道這種密集的靜坐修行對注意力會不會有幫助，尤其是兩個注意力的層面，第一是注意力眨眼，我在第三章中有談到這個效應很強，但你必須親身參與或目擊才會相信。這個現象是當兩個刺激快速呈現時（所謂快速即中間相隔不到半秒），我們會只看到一個刺激而忽略掉緊接著出現的第二個刺激。例如在電玩遊戲中，你要注意突然出現在螢幕的傢伙，如果第二個傢伙緊接在第一個之後不到三分之一秒的時間內也出現在螢幕上時，你會看不見第二個傢伙（更不要說用滑鼠去逮住他），這好像登錄了第一個刺激後，注意力眨了一下眼睛，所以就沒有看到第二個刺激了。

注意力眨眼並不是實驗室中才存在的假象，它在真實世界中也隨處可見，因為我們平常不停的受到各種各樣刺激的轟炸，即使在安靜的地方也是一樣。請回想一下上一次你的重要談話情形，許多非語言的線索，細微的臉部表情，稍稍的眼睛移動，以及其他傳達重要訊息的各種形式。然而，這些手勢和表情發生得那麼快，你會顧此失彼，注意力一眨眼，你就錯過一些重要的訊息，而這些帶著社交和情緒線索的訊息很可能關係著你的成敗。

為什麼會有注意力眨眼的現象呢？心理學家提出一個解釋是，大腦投資太多的資源到第一個目標上，因此，當第二個目標緊接著出現時，大腦已沒有足夠的資源去偵察它。只有在注意力重新啟動

（reset）或存夠再出發的資源時，它才可以看到後續的線索。這個「過度投資假設」（overinvestment hypothesis）預測說，假如你能減少對第一個目標所投下的資源，就可以有足夠的剩餘資源注意到第二個目標，你的注意力就不會眨眼。這是為什麼我們認為靜坐可能有幫助：在內觀禪的靜坐冥想時，你的注意力是集中在現在的念頭、情緒和感覺上，只是不去判斷這些心智目標或是不理它。我認為這種靜坐會減少注意第一個目標所需的資源，省下比較多的資源去注意第二個目標，因此就去除了注意力眨眼。

所以在實驗裡，我們快速的閃過一序列的字母給受試者看，每秒十個字母，然後受試者要報告他們在這字母序列中所看見的數字。所以在R、K、L、P、N、E、3、T、U、S、7、G、B、J這個序列中（刺激在一・四秒之內閃完），受試者要報告3和7。大部分人會看到3，但是沒有看到7，這就是注意力眨眼；就好像他們看到3好高興，注意力被鎖在了上面，就看不見後面出來的7了。我們先給所有參加課程的人做這個注意力眨眼的實驗，然後開始密集的靜坐訓練，在他們結束三個月的課程後，再做一次注意力眨眼實驗。一開始時，每個人都有注意力眨眼的現象，大約有百分之五十左右沒有看到第二個數字（當然，這有個別差異，有人好些，有人差些）。除了做注意力眨眼的實驗外，我們還用EEG來測他們的腦波。當他們看到第一個數字時，視覺皮質非常的活化，但是沒看到第二個數字的人（不論是靜坐組還是控制組），視覺皮質是安靜的。

經過三個月的靜坐課程後，他們的表現就大大的不同了。控制組的表現跟上一次差不多，沒有任何進步；我們本來就不預期有進步，這個表現排除了如果實驗組有進步是因為練習的關係（同樣的測驗做了兩次）的可能性。靜坐組的注意力眨眼就降低了很多，平均來說，他們看到第二個數字的機會增加了百分之三十三。

他們大腦的活化反應更驚人。當這個人有看到第二個數字時，他大腦注意力區對第一個數字的反應沒有像他錯失第二個數字時那麼大；換句話說，第一個數字所激發的大腦注意力區活化的程度，可以預測這個人等一下會不會看到第二個數字。對第一個數字的低活化和偵察到第二個數字的高機率有相關。這表示過度投資假設可能是對的：注意力眨眼現象來自大腦投資了太多的注意力資源到偵察第一個目標上，使剩餘的資源不足以偵察到第二個目標；來上了三個月靜坐課的人正是學會把注意力以一種冷靜、不變的態度，不興奮也不激發，聚焦在外面的刺激上，所以他們的表現會好。

我們也檢查了靜坐者的另一種注意力形式：選擇性注意力。我們可以選擇去注意某一個刺激而忽略另一個或其他的刺激，我們在日常生活中每天都這麼做。因為我們無法聚焦到所有落入眼睛、耳朵和皮膚的東西上，例如當你在開車時，你會選擇注意周邊的汽車，而不去注意綁在身上的安全帶。但是什麼決定了我們的選擇呢？可能是輸入訊息的強度：或許汽車的影像在大腦中產生的電流活動比安全帶的感覺強；可能是我們認為重要的訊號：或許高層次的認知歷程快速的掃描輸入的訊息，強化了汽車的影像，並使安全帶的訊息消音。我們想知道的是，人們是否可以刻意的作選擇，而不是讓某個刺激抓住他們的注意力，只因為它比較強或比較重要。

為了測試這個可能性，我們仍然請那些來內觀禪修社參加靜坐冥想訓練課程的學員做受試者，當他們很舒適的坐在椅子上，而且了解實驗的流程後，我們放一個高頻率的音和一個低頻率的音，透過耳機傳進他們的耳朵。如我在第三章所描述的，受試者要注意某一隻耳朵所傳進來的某一個刺激——例如，右耳的高頻率刺激——聽到後立刻按鍵；幾分鐘之後，我們再讓受試者注意聽右耳低頻率的聲音，聽到後立刻按鍵；然後是左耳高頻率、左耳低頻率，諸如此類。因為播放率是每秒一個聲音，所以這個作業並不容易，尤其是連續做二十分鐘以後。平均來說，受試者的錯誤率是百分之二十，不是聽到了沒有按鍵，就是沒有聽到而誤按鍵，這裡面包括對的耳朵、不對的頻率以及不對的耳朵、對的頻率。當然，在實驗開始前，我們有先確定他們的聽力是正常的。

三個月的閉關靜坐訓練會改善他們在這個作業上的表現嗎？在他們完成課程後，我們再做一次這個實驗，控制組的表現沒有任何進步，這表示只是熟悉作業對表現並不會有幫助。但是靜坐組的表現突飛猛進：他們對大部分的目標刺激都做出了正確的反應，對應該忽略的音而沒有忽略的錯誤也比較少，他們達到了百分之九十一的正確率，而打坐前只有百分之八十。另一個發現更驚人：靜坐者的表現變得更穩定，而控制組的沒有。也就是說，他們在正確按下鍵之前的時間變得很穩定，有一致性，平均來說，差別在一一〇毫秒之內；控制組的反應則是有時快、有時慢（有注意力缺失過動症的人在這個作業的反應也是忽快忽慢，缺乏穩定性）。在經過三個月的靜坐訓練後，受試者的反應時間變異性下降了百分之二十，而控制組反而升高了。

除了記錄反應表現之外，我們也同樣用 EEG 記錄他們在做選擇性注意力作業時大腦的活動。我們馬上看到靜坐者出現的是同步鎖住現象，我在第四章中有談過，大腦電波的活動形態跟外在刺激是同步的，一個有高度同步鎖住的外在刺激會激發清楚的皮質活動形態，使它很容易從背景的各種波形中一眼認出，但是這種情況只有大腦不是在心智漫遊和胡思亂想時才可能出現。在那種情況下，我們很難看出哪個大腦的活化形態是針對外在反應產生的，就好像在波濤洶湧的大海中丟一塊石頭下去，你分不出哪個波浪是石頭丟下後所激發的，但是在一個安靜的湖面上丟下一塊石頭，你馬上看到它所激起的漣漪，就像在沙漠中看到一頭海獅那樣的突出。一個平靜的大腦就像一面平靜的湖，當外在刺激進來時，它會激發清楚的腦波反應，而這腦波跟到達的刺激是同步的。受試者這種同步鎖住刺激和腦波的反應形態越明顯，在選擇性注意力作業上的正確率就越高。

最近有個新研究支持了心智訓練可以改變大腦注意力機制活化形態的發現。麻省理工學院和哈佛大學的科學家請一半的受試者學習正念減壓八個禮拜，另一半受試者等待下次輪到他們的機會。在訓練開始之前，實驗者用 MEG（腦磁波儀），它和 EEG 很像，不過 EEG 是偵察大腦電流的活動，MEG 是測量大腦活動的磁場。MEG 就像大型的吹風機，在測量上比 EEG 準確（譯注：精細到每毫秒大腦血流量的變化）。實驗者請受試者專注在他們的手或腳上，這跟我在訓練中心所用的選擇性注意力作業有點不同。經過正念減壓訓練後，受試者把注意力放到他們的腳上時，大腦的活動有很特殊的改變：阿爾法波（alpha waves，是平常大腦皮質無所事事時出現的腦波）在身體感覺區負責手的皮膚被碰觸的區域有增加，但是控制組沒有。這個發現支持了正念靜坐法可以改變注意力的神經機制，它使跟注意目標無關的區域活動降到最低點。基本上，是心智訓練幫助大腦減少背景的噪音，使大腦更能專注在被選擇要注意的訊號上。

你可以訓練慈悲心嗎？

假如三個月的靜坐訓練就能改變基本的大腦功能，如注意力眨眼和選擇性注意力，我相信透過靜坐所造成的大腦改變應該發生得非常快。不需要累積到一萬個靜坐小時它才會發生，事實上，這是我在談到長期靜坐者實驗時最常被問到的問題：人們不以為然的看著我，確定他們不可能投資這麼多時間去訓練自己的心智；下一個問題就是：有沒有比較短的心智訓練方式也可以得到同樣的效益？我認為在注意力上答案是肯定的，在下一章中，我會一步一步的教導各位如何產生像靜坐組那種大腦活動的變化。

在做完靜坐訓練課程的研究後，我現在準備好了再一次去研究長期靜坐的僧侶。我從瑞卡德身上已經得到初步的資料了，透過達賴喇嘛的幫助，我現在可以安排去尋找還有什麼是靜坐冥想可以幫助大腦的。人類受試者科學實驗的程序是盡可能的多找受試者來參與實驗，但是這個方法顯然不適用於長期修行者。你不太可能在一個地方找到許多靜坐超過一萬小時的佛教僧侶，更不要說在麥迪遜市這個地方，所以在找受試者方面，我們需要改進原來的方法。在上次達賴喇嘛來訪，我們研究了瑞卡德的大腦後，達賴喇嘛和瑞卡德幫我們把話傳出去，任何住在美國，尤其是在中西部的靜坐修行者，請他在回印度之前與我們聯絡，讓我們可以安排他來實驗室一趟。我非常高興這個方法奏效了。先是丹增（Tenzin）仁波切，這位西藏出生、住在印度的四十一歲喇嘛要來美國教書，然後娑方（Sopham）仁波切這位五十四歲不丹的喇嘛，願意特別飛到美國來為我做實驗。找合適的受試者非常不容易，但是經過十八個月的努力後，我終於有了八位喇嘛（包括瑞卡德），年齡從三十四歲到六十四歲，有著一萬到五萬小時靜坐修行時數的高僧願意來到麥迪遜市，忍受EEG的電極帽貼在他們的頭皮上，耳邊充斥著如鑽洞機般震耳欲聾的機器聲，在MRI窄小的空間裡打坐。

我的第一個研究是「神經元同步」（neural synchrony）的現象，你可以從名字中猜出，神經元同步的意思就是大腦很大一片區域的神經元同步發射。其他實驗室的研究發現在處理注意力、工作記憶、學習和意識的覺識時，會產生神經元同步發射的高頻率腦波，我們懷疑因為神經元的同步發射，使得遠處的神經迴路加入一起工作，這又使得認知和情緒的處理歷程變得更融合和有一致性。

每一位喇嘛的實驗流程都一樣，所以我就用丹增仁波切為例。他在早晨到達實驗室，在解釋過實驗流程後（這比在德蘭薩拉山上跟那些高僧解釋容易多了）我們給他戴上有一二八個電極的腦波帽，這頂帽子使電極停留在固定的頭皮位置上，但是仍然需要常常噴點水，使它潮濕才好導電。這個準備實驗的過程很長，使我們有足夠的時間討論流程，確定他了解我們希望他做什麼。我的同事魯茲（

Antoine Lutz）——是來自法國的科學家，也是這個長期修行者實驗的靈魂人物——就開始了，他先請仁波切坐著，保持心靈在中性狀態，什麼都不想，六十秒，這樣好幾次，以建立他腦電波活動的基準線。然後請他開始靜坐禪修，魯茲先請仁波切做「無條件的慈悲」（unconditional compassion）的靜坐。幫助我們設計這個實驗的瑞卡德告訴我們這個打坐的狀態是隨時隨地去幫助眾生（unrestricted readiness and availability to help living beings），這種靜坐不需要集中注意力到某個東西、某個記憶或某個影像上，它只是產生仁慈和慈悲的感覺，使這感覺瀰漫在心中，這個情境稱為純粹的慈悲或沒有對象的慈悲。二十秒後，我們開始EEG的記錄，六十秒後，請仁波切停止冥想。他休息三十秒，然後重複前面的歷程三次，總共有四組的冥想記錄。其他六名參與這個實驗的僧侶都走過同樣的流程，瑞卡德解釋這種靜坐冥想是：「我們嘗試著產生一種心智狀態，在那狀態中慈悲心瀰漫整個心靈，沒有任何的考慮、理由或話語的念頭。」

至於控制組，我們是召募麥迪遜校區大學部的學生，給他們一個慈悲心靜坐速成班。我們教他們去想他們最愛、最在乎的人，如父母或愛人，讓他們的心中瀰漫著愛或慈悲的感覺（如果是慈悲，就請他們去想像那個人很悲傷或在一個痛苦的情境中，希望他能早日脫離苦海）。在嘗試這個方式一小時後，請他們把這份感情不只是對一個人而是擴散到所有的人類，不要再單想某個特定的人，要包括全世界的同胞。

我本來不想在看到一位修行者的資料後就遽下結論，但是我一看到仁波切的EEG資料，我就知道我做對了。一旦我有了八位修行者的資料後，我就很確定了。在他們靜坐時，他們腦中的伽瑪波（gamma wave）特別強，比科學文獻中所報告過的都強。伽瑪波是個高頻率的腦波，在做高層次的認知運作時會出現，例如意識。雖然剛剛學慈悲心靜坐的控制組的伽瑪波也有一點上升，大部分的喇嘛顯現的卻是巨幅的增加。因為伽瑪波跟神經元同步發射的數量有關，這證明了這些神經元是大幅度、很精準的在發射，像紐約無線電城音樂廳（Radio City Music Hall）舞台上一字排開、同步踢腿跳康康舞的女郎一樣（譯注：早期紐約市最吸引人的一個觀光節目便是去無線電城觀看踢腿的跳舞表演，這些女郎身材一般高，穿一樣的舞裝，大約二、三十人，手環著隔鄰的腰，隨著音樂節奏，整齊劃一的踢腿跳康康舞，蔚為奇觀）。隨著靜坐逐漸深入，伽瑪波逐漸增加，這反映出神經元的同步性需要時間來發展，因為神經元的同步發射是高層次心智歷程，如知覺（perception）和注意力，我認為這是靜坐會產生大腦功能基本改變的證據，這對我們的學習和感知外界刺激有重要的意義。高度的伽瑪波活動以及神經元的同步發射，可能就是喇嘛在入定時所經驗的大腦現象，即時即刻大腦知覺的改變，使他們有廣角度清楚的視野；就好像心頭的霧散去了——你以前根本不知道你的視野有霧，以為本來就該這樣模糊，當霧散去後，才驚覺原來一切應該是如此清晰才對。

用 fMRI，我們找出了在慈悲心靜坐時大腦活化的區域。幾乎在所有部位，喇嘛大腦的活化程度都高於控制組，尤其是腦島和頂顳葉交會處（temporoparietal junction）。前者是跟情緒有關的身體訊號匯合處，後者是同理心（empathy）的重要所在。這些喇嘛在看到有人受苦時，很大片的神經迴路被啟動了，顯示出很高的活動量。他們計畫動作的大腦區域也同時活化起來，好像大腦在準備要去救苦救難。當我問瑞卡德這該怎麼解釋時，他想了一下慈悲心靜坐是什麼感覺，尤其是當他想到他所愛的人在受苦時，他把它形容為：「就像完全準備好了採取行動、去救援。」

比他們 EEG 圖所顯示的神經元同步發射更讓我驚奇的，是他們的基準線情況——即安靜的休息但並未靜坐的時候。即使在還未靜坐階段，他們的伽瑪波活動和神經元的同步活化也比控制組高了很多。這表示靜坐並不只是大腦活動的顯著獨特形態而已，它還使伽瑪波活動和神經元的同步發射變得長期且穩定，我想或許靜坐所需的專注力和它所產生的慈悲心，是一種可以學習或被訓練的技能。

我不能排除喇嘛和新手大腦本來就有差異的可能性，而這個大腦差異可能是喇嘛有較強的伽瑪波同步發射的原因。但是不論是在入定還是在休息的情況下，打坐年資越久的喇嘛有著最強的伽瑪波同步發射情形，使我對用心智訓練來改變大腦很有信心。我在二〇〇四年發表的論文中，詳細說明了這個假設。

請專注，仁波切

因為很少喇嘛願意花很長的時間讓我來研究他們的大腦，所以我只好厚著臉皮請求這八個人再參加一個類似的實驗。在他們仍然戴著 EEG 電極帽，躺在 fMRI 中，聽我們發號施令，開始或停止慈悲心和愛─仁慈的靜坐冥想之間，我請他們再做一種跟專注力有關的靜坐，叫一心不亂（one-pointed concentration，直譯為單一專注）。在這種靜坐中，靜坐者專注在一個目標上，如呼吸或一張畫或佛像，他要強化他的注意力到最後其他的念頭和情緒都逐漸排除，除了他所專注的呼吸或佛像之外，心中沒有任何其他的雜物。在這同時，靜坐者還要自我監控，注意有沒有任何其他的東西存在，即除了他所應該注意的呼吸和佛像之外，其他統統不在他心中。他可能注意到他很愛睡，或者注意到有些雜念一直要侵入。瑞卡德解釋這種集中注意力到一件事物上面就好像「把所有的注意力集中到一個目標上，維持在那裡不動，假如被其他的知覺或是內在的念頭所干擾時，要把注意力帶回原來的目標上，不要遊離，你要抗拒沉淪到無聊、愛睡或被別的內在念頭所干擾。假如你經驗到遊離，冷靜的但是刻意的把注意力帶回來你應該注意的目標上。」至於中性的狀態，眼睛是張開的，就像打坐時眼睛是張開的一樣。瑞卡德解釋道：「你的情緒狀態是既不喜、也不悲，保持放鬆，就像你平日不特意去想什麼事時的樣子，不要特意去想、去計畫，或去回憶任何事情，也不要特意去看任何東西。」

我們在巴瑞靜坐中心的研究已經顯示出，密集的靜坐課程可以改進選擇性注意力和減少注意力眨眼。我想知道假如你累積了一萬小時靜坐經驗的話，這幫助會有多大？

因為受試者必須躺在MRI中，所以我們把要注意的凝視點用投影機投射到圓筒型隧道中的天花板上。當喇嘛躺進儀器中後，魯茲就請他們依我們設計好的實驗方式，開始靜坐或停止；經過九十秒的休息後，魯茲會說：「下面是靜止禪靜坐，仁波切。」於是喇嘛就換靜止禪的靜坐法二分四十秒；

然後魯茲又說：「現在換無記。」喇嘛又回到中性狀態，休息九十秒。他們一共要重複做十次，所以花了十八個月才把十四位喇嘛及二十七名控制組的資料收全。我們的控制組仍然是上一個小時的密集課，並練習四到五小時（每三十分鐘算一個單位），然後被錄用為控制組。

我們看到的第一件事就是我們所預期的：大腦的視覺區和注意力區在靜坐時，活化得比較厲害，尤其是背側前額葉皮質（dorsolateral prefrontal cortex，這個地方是監控環境，看有沒有什麼事是特別需要注意的）和視覺皮質管視覺刺激的地方，以及上額葉迴（superior frontal sulcus），還有運動皮質輔助區（supplementary motor area）和頂葉間內迴（intraparietal sulcus，此處與注意力有關），都在靜坐時比休息時活化得多，而且在喇嘛和控制組皆如此，沒有什麼好奇怪的。但是重點在細節上，控制組在掌管注意力的區域活化得比實驗組少；當我們把實驗組分成兩組：一組是靜坐一萬小時到二萬四千小時，另一組是靜坐經驗三萬七千小時到五萬二千小時時，我們就看到有趣的東西了。雖然一萬到二萬四千小時的喇嘛掌管注意力的區域活化得比控制組高，但是三萬七千到五萬二千小時組的喇嘛其實活化得**更少**。這個大腦活化的圖形像個倒U字：大腦活化程度隨著靜坐的時間而升高，但是超過二萬五千小時的打坐經驗後，大腦活化程度開始下降。

這使我想起一名業餘的自行車選手在爬坡時，會比剛學會騎車的人騎得更快，心跳得更快，這表示他的肌肉力量比較大；但是到了環法自行車賽（Tour de France），那些世界級的自行車選手騎上同一個坡時，卻是一點也不費力。最有經驗的修行者能夠不費力的控制他們的注意力，而且花的資源比控制組還少。這正和喇嘛告訴我的一樣，當他們剛開始練這種靜坐時，需要努力去控制自己的注意力使不遊離，但是逐漸習慣以後，他們用很少的資源就能夠維持警覺的專注力，好像安定下來之後，維持專注變成例行公式，不花力氣了。這跟我們在巴瑞靜坐中心所做的注意力眨眼實驗的發現一樣：靜坐的人心智活動比較低，但是並沒有比較無效，所以他們可以用最少的注意力資源去注意第一個目標，還有餘力去注意第二個目標。

我們怎麼知道靜坐專家的大腦活化比較低不是他讓他的思緒遊離開，不去注意聚焦而是去想，比如說，趕快離開這部吵得要死的儀器，去找點午餐來吃吃？因為在他們做注意力的靜坐修行時，每六到十秒，我們送兩秒鐘的聲音到他們的耳機（這樣做是必要的，我們才知道受試者在嘈雜的 MRI 中是否能聽得見聲音）。我們給受試者聽中性的聲音（如在嘈雜的餐廳中人聲鼎沸時的錄音），或是小嬰兒的嘰哩咕嚕聲，或是潑婦罵街的聲音，這類聲音足以使人分心，但是這些喇嘛並沒有受到影響，我們發現控制組或初學的人在聽到這些聲音時，注意力區域的確會降低活動，表示他們的注意力從儀器內天花板上的凝視點上遊離了；中等程度的靜坐者的大腦活動也會有些減低。新手靜坐者大腦處理不相干思緒的地方、做白日夢的地方和情緒處理的地方的神經活動都有上升，表示他們對注意力受到干擾很不高興；但是道行高深的喇嘛在這些跟干擾有關的地區卻沒有任何的大腦活動上升，他們依舊能維持專注力；相較於控制組，他們在聽到情緒性的聲音時杏仁核活化的程度也低。我們再一次看到大腦活化的程度跟靜坐修行的時數成負相關，打坐的時數越長，大腦活化的程度越低。這個發現支持了高度專注可以控制情緒反應的說法，尤其當這個情緒反應會干擾注意力的時候。

這個研究在二〇〇七年發表，提供了大腦注意力系統可以被訓練的強有力證據，就像任何訓練如舉重、學習第二語言和騎自行車一樣，持久的練習會改變大腦的系統。在這個研究中，它的改變是靜坐者有能力維持極為敏銳的專注力，而大腦注意力迴路的活動卻是越來越降低。

核磁共振儀中的愛—仁慈

我想多了解慈悲心和愛—仁慈靜坐的長效作用，瑞卡德再一次成為實現我夢想的人。這次他幫我找了十六名有長期靜坐經驗的僧人，我自己則在報紙上登廣告，徵求願意學習慈悲心靜坐的人。為了讓你了解這種靜坐方式是怎麼回事，我把瑞卡德對應徵的學員所說的話寫在下面，這些人是要跟他上一堂速成的靜坐課（一個小時上課，另外自己練習四個小時）。瑞卡德說：「在訓練期間，你要去想一個你愛的人，如父母、兄弟姊妹、情人，你要讓你的心充滿了利他的愛，希望他們幸福，或是充滿了慈悲心，希望他們免於受苦。經過一段訓練後，你會對所有的人類生物產生民胞物與的感覺，而不再特地想到某個特定的人。當你躺在MRI中接受大腦掃描時，請盡量產生愛—仁慈與慈悲心，直到你最後感到無條件的愛—仁慈充滿了你的心，滿到你的心中沒有其他的考慮或任何的話語和念頭。」

我們用的方法與做注意力研究時的一樣，請喇嘛和新手躺在MRI中，輪流靜坐和休息，同時掃描他們的大腦。

佛教的傳統訓練是當慈悲心靜坐到某個境界後，同理心會自然生出，同時產生幫助別人的慾望。我們並不打算把受試者帶到高速公路車禍的現場，看他們會怎麼反應，但是我們所測量到的大腦活動告訴我們藏傳佛教的訓練是對的。

在這實驗中，我們也有播放聲音到他們戴的耳機中，我們用的聲音也跟注意力實驗中的一樣：中性的（餐館聲音）、愉悅的（嬰兒的嘰哩咕嚕聲）、厭惡的（潑婦罵街聲）。對喇嘛來說，他們聽到潑婦罵街時的大腦活化強度在慈悲心靜坐情境時比休息時高——也比生手在靜坐時高。我們看到大腦中的腦島活化起來，這裡是啟動身體反應的中心，在感受到別人痛苦，也就是同理心上，扮演著重要的角色。這個地方在聽到嬰兒的嘰哩咕嚕聲時也會活化（但是沒有像聽到潑婦罵街那麼強），有經驗的喇嘛活化得比生手強，而且在靜坐時比休息時強。這些證據都支持了藏傳佛教一向認為慈悲心靜坐可以強化愛—仁慈的感覺，對別人的快樂感同身受。事實上，當我們的受試者——喇嘛和生手皆如此——在報告說，他們有某一段靜坐特別的成功、感到特別強的慈悲心時，他們大腦在同理心區域的活化也特別高。

喇嘛在閱讀別人情緒和心智狀態的神經迴路活化得比生手高，這個區域包括一個叫內前額葉皮質（medial prefrontal cortex）的地方和頂顳葉交會處，上顳葉迴後端（posterior superior temporal sulcus）和後扣帶迴皮質（posterior cingulate cortex）。在這些區域中，有好幾個地方是右邊活化得比左邊多，尤其是頂顳葉交會處和上顳葉迴後區。這些區域和利他行為（altruism）有關，喇嘛在這些迴路的大量活化表示專家比較容易偵測到別人的痛苦。

當受試者**沒有**在靜坐時，大腦活化的情形也很有意思。我在前面說過，像這樣的測量表示靜坐可以造成大腦長期的改變，這個改變在這個人非靜坐時仍然持續存在，變成背景狀態了。EEG的測量顯示前額葉皮質的伽瑪波在喇嘛靜坐時比生手強得多，尤其在與注意力有關的地方。看起來，慈悲心的靜坐可以重新設定大腦，使它隨時準備好對別人的痛苦做反應。反應本身視情境而有不同，但是慈悲心靜坐可以用強化伽瑪波的方式改變大腦，那如何強化伽瑪波呢？它用增加與同理心相關的重要迴路的活化來達到目的，所以只要大腦準備好了，總是有**某些**反應是可以馬上執行的。這就好像有個醫療小組在待命：隨時接到通知，立刻啟動，靜坐者的大腦也是一樣，他們慈悲心的能量已經被培養啟發了。

快速的慈悲心

在確定長期的靜坐可能產生大腦的改變，使慈悲心更強後（我用「可能」這兩個字是因為如我在本章一開始時說的，這樣的研究無法排除實驗結果是來自靜坐，還是因為喇嘛的大腦本來就跟別人不一樣，才會去過修行的生活），我想知道短期的靜坐經驗是否也可以產生同樣的大腦改變。

所以在二〇〇七年，我們找了四十一名受試者來做這個研究，告訴他們我們會教授一項可以增加幸福感的技巧。我們隨機把受試者分成兩組，一組是靜坐冥想組，另一組為認知重新評估組。認知重新評估這個技術來自認知治療法，簡單的說，你問自己，這個有害的念頭是真的還是假的。例如，一個憂鬱症患者認為他沒有任何的能力或技巧去改變他的環境，這時他要學習採取一種新的態度，他其實有某項很好的技能，而且很多人在相同情境表現得也不是很好；他學會告訴自己，這並不表示他什麼都不行，只是在這個情況下不行。此外，治療師鼓勵患者不要迴避未來同樣的情境（譯注：如果迴避這種情境，就永遠不知道自己有無改善），他可以在這情境中經驗到自己做得還不錯。在治療時，治療師會指出這種思想的錯誤，錯誤的想法產生錯誤的信念，患者和治療師一起挑戰這個錯誤的信念，以減少迴避這個情境的念頭。這個方法可以幫助患者區分出內在的原因和外在的原因，然後把責任歸到外在原因而不是內在原因，研究發現認知重新評估可以有效的改善憂鬱症患者的幸福感。雖然這個方法聽起來有點太簡單，但是認知重新評估法是治療憂鬱症和焦慮症最有效的方法之一。

靜坐冥想組則學習慈悲心靜坐。他們要在心中看到並冥想幾組不同的人，剛開始你可以先想像你所愛的人，尤其是在他受苦時；當這個影像在心中很清楚的呈現後，下一步是集中心力去希望他的痛苦消失，在心中無聲的重複「希望你不再受苦，希望你感到快樂和輕鬆」，來幫助你專心在這作業上。你也可以注意於在這冥想時出現的任何內臟感覺，尤其是在心臟附近——或許心跳減慢了，或許心跳加快了，或是胸膛覺得溫熱。最後，你去感受慈悲心的情緒，而不只是認知上的想到它。在冥想完你愛的人後，你把慈悲心的範圍慢慢擴大，到你自己、到點頭之交、到同在這層樓上班的人、到很難相處的人、到使你一見就冒火的人……最後到全人類。我們用一個線上的教學程式，請這些受試者每天練習慈悲心靜坐三十分鐘，連續兩週。

認知重新評估組的受試者也是從想像他們所愛的人的受苦形象，請他們重新建構（reframe）這個形象。重新建構是一種技術，讓你重新解釋造成你行為或造成你現在生活情況的原因。在這裡，你重新建構痛苦，你會看到這個苦可能沒有其他種痛苦那麼厲害，它可能可以忍受，可能沒有那麼糟，你聚焦在這個不幸事件究竟有多嚴重的事實上，事實和想像可能有很大的差距。實驗者同時教他們不要把負面的事情歸因到他們穩定的性格上，而是看成外在因素造成的痛苦。例如，找不到理想的對象不是因為你不好，而是你的工作使你無暇出去交際、去接觸人群，而這是你可以控制、可以改變的。認知重新評估組也是每天接受線上指導，訓練三十分鐘，持續兩個禮拜。

跟過去一樣，在訓練開始前，我們掃描每一名受試者的大腦，當受試者躺在MRI中時，我們給他們看人們受苦的圖片，如一名被火燒傷的孩子，或是一個車禍現場受害者的親屬。我們的掃描集中在杏仁核，這是處理與痛苦感受相關的地方；我們預測在經過慈悲心的訓練後，杏仁核對受苦圖片的反應不會像以前那樣強烈。這聽起來好像有點不合理，我們這樣預測的理由是：杏仁核的活化會帶來緊張不安和難過，緊張不安會干擾去幫助別人的慾望，而幫助別人正是慈悲心的註冊商標——因為假如你自己感覺到痛，就沒有什麼力量去感受到別人的痛。此外，我們預測前額葉皮質會更活化，因為它是高層次認知功能的中心，它正是慈悲心訓練的目的——減輕別人痛苦的內在神經機制所在地。

經過兩週的訓練後，我們再請受試者躺在MRI中，在觀看他人受苦的圖片時掃描他們的大腦，結果發現慈悲心靜坐組的大腦功能有顯著的改變，尤其在杏仁核的地方：這組受試者杏仁核的活化程度比較低，這是相較於他們還沒有經過訓練前看同一張受苦圖片。這現象有可能是習慣的效應嗎？即實驗室版的「慈悲心疲乏」（compassion fatigue）？當人們看到一張接著一張的人類受苦圖片時，最後會感到麻木不仁，沒反應了。從控制組的資料看來，這個懷疑是不對的。控制組雖然接受了認知重新評估的訓練，但是看到受苦的圖片時，他們杏仁核的反應還是一樣高，並未因訓練而下降。

實驗組在接受慈悲心靜坐訓練後，杏仁核活化的程度下降有真實世界的效應。在他們完成兩週的靜坐訓練後，我們給他們玩一個利益決策的賽局遊戲，其設計的目的是測量利他行為。如果要贏得三十美元（這對學生來說不算太少），他們要和校園中另一棟大樓中的學生競爭（其實這是假的，並沒有真人對手，他們是跟電腦比賽，我們讓他們以為真的有名同學在校園的某處，靠著網際網路在跟他連線。我們假裝打電話給一位科學家，這位科學家假裝是跟他的對手在一起，在電話中要求再幾分鐘，讀完指導語）。當所有人都準備好了以後，我們解釋這場比賽有三個玩家：一個是支配者，另一個是受害者（假設她叫裘莉），第三個是你。除了裘莉之外，每個人都有三十美元作本錢來開始玩。支配者給裘莉一點他自己的錢，比如說，五元，如果你覺得太少了不公平，那你就可以給裘莉一點你自己的錢，比如說，十元，使它看起來公平一點，但是你給裘莉多少，實驗者就從支配者的手中拿相同金額給裘莉，這時裘莉就有二十五元了（十元是你給的，另外十元是從支配者那裡扣的，加上原本支配者給的五元），所以現在你有二十元，裘莉有二十五元，支配者有十五元。

實驗者解釋完後便離開房間，給受試者完全的自由作決定，這個設計的目的是確保受試者在作決定時沒有任何的潛在壓力，不會因為房間內有人看著他，使他必須大方給錢。我們只分析完全相信實驗設定的受試者的資料，大約是參與者的百分之七十五。

你可以預期一個沒有痛苦感受的人（我們從他杏仁核的低活化程度可以知道）對別人的受苦不會感同身受，而自願去減輕這個痛苦（我們必須承認，裘莉的痛苦在量表上是低下的那一端）。但是實驗結果正好相反，那些接受過慈悲心靜坐訓練的受試者，杏仁核的反應在聽到對方「受苦」時是下降的、減低的，然而，他們卻非常願意給裘莉錢。平均來說，他們比接受認知重新評估組的受試者多給了百分之三十八的錢。

從這個實驗，我們得到結論慈悲心靜坐可以產生三個改變：第一，它減少個人的痛苦，這個從杏仁核活動的減低可以推論出。第二，它增加了大腦中跟目標導向有關的行為控制區域的活動，這個從背側前額葉皮質活動的增加可以推論出（在這裡目標是減輕別人的痛苦，因為那個人被支配者欺負了）。第三，它增加了連接前額葉皮質、腦島（身體各部位表徵匯集處）和伏隔核（處理動機和報酬的地方）三者神經迴路的強度。接受過慈悲心靜坐訓練的人可以發展出強固的傾向想減輕痛苦，希望別人快樂，而不是因看到的痛苦而沮喪。

✦ ✦ ✦

讓我把我們做的長期靜坐以及短期靜坐的實驗效果摘要如下：

- 正念減壓的訓練可以強化左前額葉的活化，這正是快速回彈的生理指標，它跟受挫折或受到嚴厲挑戰後能否快速的回復有很高的相關。
- 密集的正念靜坐可以增進選擇性注意力並減低注意力眨眼的機率，把人們移向注意力頻譜中專注的那一端。正念靜坐強化了前額葉皮質的調控，而前額葉皮質與注意力有關；它也強化了前額葉皮質與大腦其他掌管注意力區域的連接。
- 慈悲心靜坐可以把你朝展望向度正向那一端移動。它強化了前額葉皮質和大腦其他跟同理心有關區域的連接。
- 慈悲心靜坐訓練也可以加強社會直覺。
- 你可能會認為大部分的靜坐冥想訓練會幫助自我覺識，至少會使你對自己身體的感覺更敏感，如心跳的次數，但是我們發現西藏傳統的正念靜坐法和昆達利尼瑜伽（Kundalini，一種醒覺式瑜伽）靜坐法，都沒有在感覺自己的心跳率上有比較好的表現。
- 最後，我們對不同形式的靜坐冥想對情緒形態中的情境敏感度有多少影響幾乎完全不知。到目前為止，幾乎沒有任何系統性的研究去看一個人是否能調控他的情緒反應，以對社會情境做出比較好的反應。

在最後一章，我要著手探討一些可能幫助你改變的特定技術，不論你是在情緒形態六個向度的哪一端。

第11章

重新設定：透過訓練改變你的情緒形態

科學證據顯示某些向度的可塑性強於其他向度，因此，某些形式的心智訓練更能移動你在情緒向度上的位置，所以我們需要更多的研究來找出訓練不同人的最佳方式。

雖然改變你在某些或所有向度上的位置並不是唯一的選擇，你也可以改變你的世界——你周遭的環境以及生活的方式，但是改變環境來適應你並不是那麼可能辦到，效果也是短暫的。相反的，從改變這些情緒形態的神經機制著手，學習建構一個工作的世界和人際關係，利用你情緒形態的強項彌補你的弱項，效果就比較長遠了。兩者差別就好像讀大字版的書和做雷射視力矯正。

你所讀到根源於童年的情緒形態，以及發現我們情緒的六個向度有它的大腦神經活化形態，反映出的是我自己偶然發現的科學路程，因為我認為情緒在心智的研究上應該佔有主要的地位，至少不應該比思考的重要性低。我發現我們每個人都是回彈力、展望、社會直覺、自我覺識、情境敏感度和注意力六種情緒形態向度的混合產物。不同的調配得出不同的我們，它影響著你觀看外界事物的方法以及你對這件事的反應，你如何跟別人交往，以及你如何度過生命中的難關。我的科學路在研究長期靜坐冥想的喇嘛高僧時到達顛峰，這些實驗我在前面的章節中都有詳細的描述，它使我們看到每個人其實是有能力過自己要過的生活，我們可以訓練大腦改變自己在情緒形態六個向度中的落點。下面就是教你如何做的方法。

讓我很快的，不過很恭敬的，批評一下我對「我好，你也好」（I am Okay, You are Okay）學派的看法。如我在第一章中說的，有些情緒形態就是會使生活過得很痛苦、很艱難，而其實是不必要的，這是人自找的。我絕對不是說每個人都要變成情緒向度的中間點那樣，我認得許多非常有創意、生產力強、很有魅力的人，他們有著非常負面的人生展望，他們對情境超級敏感，他們缺乏回彈的力量，卻有超強的自我覺識——假如他們的情緒形態配方有一點不同，這些人不可能成為現在的樣子。即使你就是這樣，即剛剛描述的就是你或跟你差不多，你仍然可以改變。比如說，即使你還是想保持悲觀、神經質、超級敏感成為你的特質，你仍然可以改變一些，使專注力更強一點，使你在人際關係上更融洽，得到更高的成就。

另一個改變個人在情緒向度上落點的理由是，有些落點在特定的情況下會幫助你，使你更順利。或許你認為悲觀、負面的展望促使你加倍努力（「這個工作簡直就是用災難才能形容，我最好取消這週所有的活動，全力以赴，不然就死定了！」），但是把自己朝展望向度的正向端移動一點，對你的社交生活可能有幫助（「好，我知道我會成為今晚宴會的焦點，我去參加吧！」）。在這種情況下，能夠調整你在每一種情緒向度上的落點位置，會使你在不同情境中用最有效的方式回應它。

這是有可能的，至少在某個限度之內。你可以改變你看事情的焦點，或擴展你的注意力廣度；你可以調整多快或多慢從挫折中回復過來；你可以調節你的展望，把半杯水看成是半滿還是半空；你可以把大腦訓練得比較有社會直覺、自我覺識以及對情境敏感。當然，任何事情都是有範圍的，因為我們不知道大腦的可塑性有多高，所以我不能保證你可不可以從一個極端移到另一個極端，比如說，把你自己從災難預言家卡珊卓（Cassandra，編按：出自希臘神話）變成過分樂觀派的波莉安娜（Pollyanna，編按：伊蓮娜・波特〔Eleanor Porter〕筆下小說中的女主角名），但是我知道你可以移動好幾格（如第三章的問卷所示）。這一點很重要，因為任何頻譜的兩端都不代表是最好或最壞，要看你是誰、你想要什麼、什麼對你才是重要、你的價值觀如何，以及你的境況又是如何。我認得很多學者，堅持一定要有正向的展望才會圓滿，但是我也聽過有位學者說：「一個自認為快樂的人，是因為他不了解情境。」

即使你不必懷抱最負面的展望，還是要小心你的願望。大多數人會希望移往正向那一端去，強化他們的能力以保持正向的情緒，事實上，過度的樂觀是非常不合宜，會惹上麻煩的。一個不切實際有極端正向展望的人常常無法延宕滿足（delayed gratification），他們常無法掌握實際的真相，過度的樂觀會使他們做出愚蠢的決定（「我還是把這塊起司蛋糕吃了吧！明天再多運動一下好。」「我還是買這雙鞋吧，雖然它超過我的預算，或許這個月可以加班多賺一點錢。」）。這種人不能抵抗立即滿足的誘惑，就無法達到遠程的目標。因為同樣的原因，他們很難從錯誤中學習：正向展望使他們認為所犯的錯誤及錯誤所帶來的後果沒什麼大不了，所以他們無法從錯誤中學到教訓（「沒有拿到去面試的那個工作，因為我顯得不夠熱忱？唉！算了，我相信下一個面試官會忽略這一點。」）。最近的研究發現有非常高正向情緒的人也比較容易做一些有風險的行為，例如喝酒過量、大吃大喝和濫用毒品；他們也比較可能忽略威脅和警告，他們輕率的態度會使他們看不見危險。相反的，一個非常負面的展望會使你失去動機，破壞你的社交生活和職場生活；因為你常假設沒有好事會發生在自己身上，你會連試都不試就放棄愛、工作和生活。

同樣的，乍看起來有很高的自我覺識絕對比低的自我覺識好。畢竟，誰不想了解為什麼自己會有這種感覺？自己的身體是想要告訴自己什麼訊息？但是我們的身體和大腦每天有無數的事情在發生，絕大部分是我們不知道的，而這不見得是件壞事。你並不想知道說一句符合文法的語句你的大腦得經過多少心智運算，假如你需要知道，你大概永遠沒有辦法講任何一句話了。或許你也不想知道身體跟情緒所有的信號，假如它們很強烈，如血壓上升和心跳加快，你看到突出的波峰，你會太緊張而無法思考或看清楚究竟是什麼東西在環境中了。當然你絕對不要去知覺大腦調節呼吸和心跳功能的訊號，這些資料會淹沒所有其他的東西。一個極端自我覺識的真實例子是，有人完全不能忍受羊毛或人造纖維碰觸到皮膚，他們發誓這使他們覺得就像昆蟲爬在身體上。同樣的，或許你有親戚說他絕對不能吃某樣食物（你自己去填這個空格，世界上有各種各樣食物恐懼症的人），他們發誓這種食物使他們覺得自己脹氣、反胃或頭昏眼花。這種過度敏感反映出的就是極端的自我覺識，他們有高度的能力去知覺到皮膚和消化器官的感覺——大自然使我們忽視很多東西是有其道理的。

科學證據顯示某些向度的可塑性強於其他向度，因此，某些特定形式的心智訓練會比其他的訓練更能移動你在向度上的位置，所以我們需要更多的研究來找出訓練不同人的最佳方式。不過我們已經朝正確的方向在前進了，我們找出行為治療內在的神經機制，就可以知道哪一種心智訓練可以改變你在這六個情緒形態向度上的位置，使你的人生更圓滿。

雖然我的研究是在情緒形態的大腦機制，改變你在某些或所有向度上的位置並不是唯一的選擇，你也可以改變你的世界——你生活周遭的環境，以及建構你生活的方式——來適應你的情緒形態。如我在第七章中所介紹的自閉症男孩麥克，他盡量減少必須跟人互動的需要，這樣就減少了別人在他身邊所引起的杏仁核過度反應。同樣的，一個對情境不太敏感的人，可以找在家工作的職業，這樣他就不必擔心自己的行為是否得當；他不必因為每一次社交環境改變就得重新調整他的行為，如不必從家裡到辦公室，又從辦公室回到家裡，因為他的海馬迴對這不是很勝任。一個在回彈力向度上很慢回復的人，可以選擇一個幾乎不需要面對危機的工作，這樣可以保護他功能不彰的前額葉皮質。了解你自己的情緒形態，你可以建構出一個適合自己性情的生活來。

但是改變環境來適應你並不是那麼可能辦到，我們有時無法選擇在家工作，更不要說轉換職業，有時即使你能改變周遭或社交的環境，效果也是短暫的。那些你認為可以免除你疲於拆解未爆彈，使你不必擔心自己缺乏回彈力的工作，其實也無法保護你沒有私人生活的危機，你還是逃不過深愛的人死亡、大自然的災難或疾病。相反的，用改變情緒形態的內在神經機制來改變你的情緒形態，效果就比較長遠了。下面我會教你如何建構一個工作的世界和人際關係，利用你情緒形態的強項彌補你的弱項。我會從這些情緒形態的神經機制著手，聚焦在你在六個向度的落點上，教你如何改變，這差別就好像讀大字版的書和做雷射視力矯正（譯注：看大字本的書是治標，雷射視力矯正是治本）。

你可以回頭看一下你在第三章所填的問卷，溫習一下自己在每一個向度上的落點。這就是你的起始點，以它當做序曲，下面我們就要著手改變你在各個情緒形態向度上的落點，並且改變你的環境，使它更適合你的天性。

展望

決定你是否要把你的展望形態移向比較正向或比較負向，其實需要的不只是拿出問卷看你的落點在哪裡。前面說過，過度的樂觀會使你不能從經驗中學到教訓，也無法延宕當下的滿足去換取未來的成就。的確，不能延宕滿足正是過度樂觀正向展望的註冊商標。若是把你的落點移向負面端，可以解決這個問題。從另一方面來說，過度的悲觀會使你沒有動機，把人際關係中的樂趣搾乾，所以若能往正向方向移動，會把火花加入你的展望中。

你還記得第四章中提過，正向展望反映出的是腹側紋狀體（尤其是伏隔核這個處理報酬的地方）的大量活化，以及蒼白球（它跟腹側紋狀體有緊密連接，對快樂非常敏感）和前額葉皮質（這是計畫策略的重鎮，它使伏隔核的活化可以持久）都大量活化起來；負向展望反映出的是這幾個地區的低活動，以及它們之間的弱連接。從教你如何獲得快樂的祕密這類書的熱賣和網站的高點閱率，我相信很多人想要增加他們維持正向情緒的能力，這表示要提升腹側紋狀體或前額葉皮質的活化，以及增加兩者之間的迴路連接強度。

前額葉皮質的一個主要功能是做計畫，所以你可以強化它就像強化二頭肌一樣：做運動。當你發現你處在一個情境中，面對一個立即報酬的誘惑，但是你也知道一個比較好、比較安全、比較健康、比較聰明的選擇是等待未來提供給你更高的價值，你要停住，把眼光放在未來比較有價值的報酬上。這就好像面對一盤剛出爐的巧克力餅乾，你在腦海中浮現美味晚餐的心像，而不是現在（下午三點鐘）先偷吃一點；想像自己要吃第二塊的罪惡感，在心中浮現你的腰圍、你的膽固醇指數；現在想像你跟家人或朋友一起享用巧克力餅乾的快樂，因為你知道你克制了自己的欲望；如果必要的話，找件事情來做，把你的注意力從三點鐘的巧克力餅乾上移開。這個策略以構想未來正向的結果，強化了前額葉皮質計畫的功能。

我下面要建議的事項乍聽起來好像告訴一個酒鬼去酒吧附近徘徊那樣不合理，但是且聽我說：找出一個情境，立即的報酬在那裡誘惑著你，第一次時，不要對自己太苛刻，假如你想抗拒逛街血拚的誘惑，就去吧！但是不要帶現金或信用卡，只帶一點緊急時夠用的零錢就好。你可以在大拍賣的商店裡練習抵抗誘惑，你會練習得很輕鬆，因為你知道你沒有帶錢，不可能做出衝動購買的行為來。你可以用聚焦到你的錢是省來下做孩子的教育費，或是買房子的頭期款，你會建立起抵抗力——強化你的前額葉皮質和腹側紋狀體——當更難抵擋的立即報酬在召喚時，你可以抵抗它；每天練習十五分鐘，花十五分鐘在心眼中浮現未來的報酬。持續練習，一旦建立起聚焦到未來延宕的報酬的能力後，你可以更上一層樓，帶著信用卡去逛街。假如你偶爾破了戒，不要責備自己，人偶爾可以放縱一下，重要的是練習計畫未來和你看事情的遠見，強化前額葉皮質及它和腹側紋狀體的連接。只要記得當未來真的來到時，要好好的犒賞自己：在你想像延後你很想要但是不是必要的購買後，等到你把必要的帳單都付清了，就可以去買你很想要的那個東西，不要客氣。用這個方法，你會訓練大腦相信你所想像的未來總有一天會到來。

不同的日子聚焦到不同的長期報酬上——健康的報酬、金錢的報酬、人際關係的報酬。想辦法每天做這個練習至少持續一週，然後看有沒有成效。雖然你無法看進自己的大腦來確定前額葉皮質和腹側紋狀體的連接有沒有強化，但是假如你發現你比較容易重新評估一個立即回饋跟延宕回饋的差異，而拒絕前者的誘惑時，那麼很可能這個迴路已經強化了，它的好處是：你有更多更強的能力去維持你的正向情緒。

另一個強化前額葉皮質和腹側紋狀體連接的方法是幸福治療（well-being therapy）技術。這是義大利波隆那大學（Bologna University）的法瓦（Giovanni Fava）發展出來的，目的是強化幸福的部件——自主性、掌控環境、正向的人際關係、個人成長、生活的目的和自我接納——幸福治療法可以把人們移向展望向度正向的那一端，使他們維持正向的情緒。雖然他們沒有做試前和試後大腦的掃描，但是從我們對這些部件內在神經迴路的了解，幸福治療法很有可能強化前額葉皮質和腹側紋狀體的連接。

每天做下面三個練習，做一週：

1. 寫下你的一個正向性格，及平時常往來的人一個正向的性格，一天三次。理想的方式是每次寫下不同的正向性格，但是假如你困在同事或同仁對你「很幫忙」之後就寫不出來了，也沒有關係。

2. 養成習慣，常常對人感恩。注意你自己說「謝謝」的次數，當你說謝謝時，請看著對方的眼睛，盡量表達出你真誠的謝意。在一天終了時寫日記，寫下你在跟別人道謝時感覺到真心（雖然很短也沒關係）的跟那個人作心靈連接的時間。

3. 養成習慣，常常稱讚別人。找機會去稱讚別人，如某個人工作做得很好的時候，你鄰居美麗的花園，甚至陌生人漂亮的大衣。當你在稱讚他人時，眼睛請看著那個人的眼睛。在日記上記下你跟你稱讚的人感受到真心連接的時間。

如此練習一週後，花點時間反思一下，你的展望情緒形態有沒有任何的改變。在大多數情況下，你會發現你正向情緒的時間變長了，樂觀的感覺及可能性也增加了。（順帶一提，假如你需要降低一些正向展望的話，我可不贊成你去侮辱別人或做個忘恩負義的人。你該怎麼做呢？我下面會教你如何預期未來可能的負面結果。）心智的訓練就像身體的訓練一樣，你需要一個維持練習的例行公式；一旦你的展望符合你期待的正向或負向以後，很重要的一點是要持續練習以維持你在展望向度上的最佳落點。

假如你想把你的落點移向比較負面的一端，你的目標是減低伏隔核或腹側紋狀體的活化，並減弱兩者之間的連接。假如你覺得自己太波莉安娜型，你的正向展望已到了不切實際的程度時，你應該去想像並呈現負面的後果。假如你想買一個昂貴的東西，花點時間反思買這個東西可能的負面結果。假如你想再買一部新車，雖然你目前這部車還很好用，這時，寫下所有買這部車可能會有的問題，減少它的引誘力：比如說，車子一開出經銷商的大門，價值就馬上降低了一大半；當你開這部新車時要特別小心，停車時也怕別人刮傷，這增加你很多的精神負擔，但是你對現在在開的車就不會這麼操心，因為反正不新了；還有，每個月增加的汽車貸款會強迫你減少你本來喜歡的一些休閒活動的開支。

假如你需要馬上奏效，而不是去做展望向度內在神經機制的改變，你可以改變環境去調整你在這向度上的落點。假如你想快速移向正向那一端，你可以讓工作的地方和家裡被快樂的、有朝氣的、感恩的事件環繞，來提醒自己你有過這麼多的快樂時光，比如貼上帶給你生命意義的人（例如你愛的人）的相片，或是你曾在某個地點有過很強的正向感覺，那麼貼上那個地方的相片。常常換相片，甚至一週換一次，你就不會對它們產生習慣性，你可以保留同樣的人、同樣的地方，只是不同的相片。假如你是要減低你的正向展望，可以在辦公室和家中貼上威脅你幸福的事情，如天災的圖片或環境和生態威脅的新聞剪報（以今天世界的情況來說，你只要早上起來打開電視聽新聞或看報紙大標題，就能做到這一點）。

就像麥克找到一個改變環境使他雖然有自閉症也能工作得很好的方法，你也可以改變你的世界，使你的展望形態不會阻礙你的發展。第一步是找到跟你志趣相投的人，天下沒有比一名極端負面的人處在一組樂觀的人中間更不舒服的事了，你會覺得格格不入。此外，在展望形態負面端的人常常覺得很無力，能量很低，找到一個不需要常常加班的工作也許會有幫助。一個負面展望形態的人在一個天天緊盯截止日期的工作職位上，如在銀行或報社工作，會帶來悲慘的結局，因為工作與個性不合；如果天天看到人們的最醜陋面或社會的最壞情形，可能會是一個個性與工作相符的工作，如保全人員、警察或充滿焦慮詩篇的創作人（譯注：其實保全和警察都要充滿能量才會稱職，一名有氣無力的保全或警察可能做不久就會被開除）。

自我覺識

「感謝上天我不知道」是句不對的話，對你身體想要告訴你的信號裝聾作啞是不智之舉，你可能會失去得知自己罹病的先機，不論發燒是身體在告訴你有細菌侵入，發炎了，或是胸口很緊表示心臟病發作了，這些都是很重要的訊息。自我不透明在人際關係上也有同樣的後果：假如你不知道血壓會因為你憤怒而升高，你的心跳會加快，那麼你沒有辦法去承擔重要的會議，去跟你孩子的老師面談，在交通尖峰時刻開車回家或做任何憤怒可能會使你失去生命的事，因為你不懂身體對你送出的警訊。從另一方面來說，太過自我覺識會使你走上恐病症和焦慮症的路，它也會癱瘓你的情緒生活：假如你不停的擔心身體送出來的訊號（「啊，糟了，我又開始緊張了！」「啊，那波憤怒之潮又湧上來了！」），你的日子會很難過。在第四章中我談到有高程度自我覺識的人（不論是身體上的或是情緒上的），腦島會比較活化，而低自我覺識的人，腦島比較不活化；在極端的例子中，腦島非常高的活化跟過度覺知到心跳或呼吸的些微改變，會造成驚恐症。如果要把自己移到自我覺識高的那一端去，你需要增加腦島的活化；要減低自我覺識，你需要降低腦島的活化。

感謝驚恐症的研究，我們現在知道如何降低腦島的活化，使我們不要太自我覺識。治療驚恐症最有效的方法是認知─行為治療法，患者學會重新評估或重新建構內在身體的線索，例如，假如你經驗到胸口痛或其他你解釋為危險的訊號，告訴自己，有許多感覺是無害的，這個感覺很可能也是無害的。這種認知的重新建構會減低腦島的活化，通常可以有效的減輕驚恐症的症狀。

另一個方式是降低大腦其他地方對腦島訊號的反應。基本上，這個方法是改變你和你的念頭、情緒和身體知覺的關係，使你不再捲入這個無止盡的、自我強化的輪迴中（心臟少跳了一下，「天啊！我得了心臟病」；心跳加快了一些，「天啊！我得了心臟病」），立即下結論說，你有預兆你死定了。這個治療法是使你的心智不要陷入這種反芻中，不要理會從腦島送出來的內部訊息，你要減低杏仁核和眼眶皮質區的活動，這兩處是替念頭和感覺加上情緒價值的地方。當杏仁核和眼眶皮質迴路的活動減低時，大腦可以開始比較不加判斷的知覺到思考、情緒的感覺，也會比較不那麼歇斯底里，我們就不會被大腦內部的竊竊私語聲所綁架。你還是很自我覺識，只是沒有像以前那樣元氣大傷了。

降低杏仁核和眼眶皮質活化的最有效方式是正念靜坐，在這種靜坐訓練中，練習觀察當下你的念頭、感覺和知覺而不加以判斷，只把它們當做純粹的念頭、感覺和知覺，不多也不少。當你學會不作判斷的觀察後，就可以中斷過去的那種思想鏈，你以前會想：「啊，我現在一定不要去擔憂工作。」現在變成：「噢，有意思，一個跟工作有關的問題進入了我的意識界。」過去的「我的膝蓋好痛」變成「啊哈！從我膝蓋傳來的訊息，現在到達我的大腦了」。假如這些觀察開始變成判斷性的思考，像過去一樣的後悔「我應該在截稿前兩分鐘完成這個專案的」，現在把這個歷程轉為只是觀察它。

雖然要發展出這樣的心智習慣通常需要很多的練習，但我們的研究顯示即使是很短的時間也可以有效，許多人在短短二十分鐘的靜坐後，就報告有幫助。

我所知最好的正念指導來自正念減壓的課程，你可以上麻州大學正念中心網站（www.umassmed.edu/content.aspx?id=41252）查詢，你也可以去買一張CD，裡面提供由卡巴金或雪倫•薩爾茲堡（Sharon Salzberg）所錄製詳細的正念靜坐指導語。

假如你想在正式上課之前試一下正念靜坐，你可以自行開始，只要注意到呼吸即可：

1. 選擇一天中你最清醒、最警覺的時候，坐在地板上或椅子上，背脊挺直、身體放鬆，保持直坐的姿勢使你不會打瞌睡。
2. 現在集中注意力在呼吸上，在它經過你身體所引起的感覺上，注意肚子隨著一呼、一吸而起伏。
3. 聚焦到鼻尖，注意每一次呼吸都引發不同的感覺。
4. 當你發現被不相干的思緒或感覺所干擾而分心時，請直接回到呼吸上。

做這個練習時眼睛可以睜開或閉上，看你自己決定，只要你覺得舒服就好。我建議一天兩次，試個五到十分鐘；當你覺得做起來很輕鬆時，可以延長練習的時間。

一旦你覺得掌握了正念的呼吸訣竅後，放開呼吸，把它當做你注意力的錨，讓注意力停在你意識當下的內容上——一個念頭、感情或身體的知覺。請注意當下發生了什麼事，但是不要去想它，也不要去判斷它。

你也可以試一試我的方式，這叫身體掃描（body scan）：

1. 坐正在地板上或椅子上，背脊挺直，保持直挺但是放鬆的姿勢，使你不會打瞌睡。
2. 把注意力系統化的圍著你的身體轉，從一點到另一點——腳趾頭、腳、踝、腿、膝蓋。注意每一點的感覺，如針刺的痲痛感、壓迫感或發熱。不要去想這些身體部件，但是經驗這種感覺，用這個方法，在不加判斷覺識的情境中培養你對身體的覺識。
3. 假如你在一系列的思緒中迷失了，只要回到呼吸就能重新安頓你的心。

我建議一天試著做兩次這個身體掃描，幾個禮拜之後，你會發現你跟內在念頭、感情和知覺的關係改變了：你現在可以去經驗它們而不再判斷、驚恐或執著了。你可以覺知它們的存在，而不再被捲入那個漩渦中。當你強化了不加判斷的覺知後，你的念頭和感情就不再被你的心智所綁架。

矛盾的是，增加腦島活動最有效的方式也是練習正念靜坐，這會使你更自我覺識。二〇〇八年有個研究發現練習正念靜坐的人，每天練習，練到八年左右時，腦島比同樣年齡、同樣性別但是沒有打坐的人大。但是同樣的練習怎麼可能又增加、又減少自我覺識呢？

這答案在自我覺識是如何產生以及我們對自我覺識的定義是什麼。假如你被內在的感覺所淹沒，表示你的行使功能上出了問題，你應該是有正常的內在訊號程度，所以你的腦島活化是正常的，但是你對這些正常訊號的反應小題大作了。在這情況下，正念靜坐會把你對訊號的反應降低，方法是降低你杏仁核和眼眶皮質的活化。但是假如你對區辨身體內在的線索有困難，正念靜坐會放大這些訊號，方法是增加腦島的活動。換句話說，正念靜坐可以調節心智：假如你缺乏自我覺識，它可以幫忙使內在感覺更清晰、更生動；假如你太過覺識，聽到內在訊號的感覺太大聲、太生動了，正念靜坐可以使它安靜下來，使你不再被這些內在的噪音所干擾，這個處之泰然最後會使噪音自己消失。

如同情緒形態的每一個向度，長期性的改變來自心智練習所造成的神經活動形態的改變，但是你同時也可重新安排環境去增加或減少你的自我覺識。要增加自我覺識，你需要減低干擾，你要選擇一個安靜的環境，使你容易聽到內在的聲音，感知到內在的感覺：這些是你想要知覺到的訊號，你身邊的其他東西則是噪音。當你減低了噪音，就增加了訊號對噪音的比例。要減低自我覺識，做相反的事，安排環境使你有更多的外在刺激可以聚焦。比如說，打開收音機，但是不要讓它變成背景噪音；同時做幾件事，看電視時順便上網查信件，或是在工作時聽音樂，這會使你花比較少的注意力資源於內在感覺上，減少訊號對噪音的比例。

注意力

你怎麼知道自己太專注了呢？家人或同事抱怨當你在工作時，他們跟你講話你都沒有聽見；另一個線索是你太專注在細節上，忽略了整體。就像一名學生太專注在字體和版面編排上，沒有注意到他的報告內容條理不清。從另一方面來說，不能專注本身就是個大災難，如果你是學齡的孩子，唯一開心的是藥廠；你沒有聽到人家告訴你的話，因為你的心思在另外一個世界中，你常常無法完成一件事而不被其他事情所干擾，閱讀時你發現等你讀到這一章後面時，已經忘記前面在講什麼了。

在注意力向度非常專注那一端的人，是因為大腦的前額葉皮質和頂葉的神經迴路非常活化，頂葉跟選擇性注意力有關。前額葉皮質在保持注意力上有關鍵性、舉足輕重的地位，而頂葉就好像大腦的方向盤，把注意力導到某個目標或某個地方。相反的，在不專注端的人前額葉皮質不夠活化，他的注意力是由刺激來驅動的：只要周邊發生了什麼事，他的注意力就被吸引過去。他從一個刺激跳到另一個刺激，沒有內在的舵來引導他的注意力。所以增進注意力需要增進前額葉和頂葉皮質的活化。

假如你是個太專注的人，那麼你的目標是減低前額葉皮質的活動。這會敞開你的心，使環境中更多的輸入可以進來，包括孩子站在你書房的門口，央求你出來跟他玩。這種注意力的品質特徵是它跟環境中的刺激有高度的同步鎖住：這些刺激跟你正在活化的神經元的發射是同步的，結果是你對環境的知覺更敏感。

要增進專注力，我再一次推薦正念靜坐。我實驗室最近的研究發現，長期靜坐的喇嘛聚焦在一個目標上時，前額葉皮質和頂葉皮質的活化程度都很高。你可以按照自我覺識那一節中我教你的正念靜坐法和身體掃描法練習，一旦覺得上手了，可以轉向聚焦專注力的打坐，這種靜坐又稱為一心不亂。

1. 在一間安靜、沒有干擾的房間內，張開眼睛坐著。找一個很小的東西，例如銅板或襯衫上的鈕扣或鞋帶的孔。這種靜坐很重要的是專注的地方是眼睛看得見的，而不是你的呼吸、身體的影像或其他心智目標。
2. 把你的注意力放在一個目標物上面，眼睛盯著它看。
3. 假如注意力遊離了，安靜的把它帶回你所凝視的物體上。

每天練習十分鐘，假如你發現可以維持注意力不遊離，增加練習到二十分鐘，直到你可以維持注意力不變達一個小時。

假如你覺得自己太專注，希望能增加注意力廣度，讓更多的世界進來，那麼開放覺察的靜坐可以把你推向注意力向度的另一端。在開放覺察靜坐中，你的注意力不是固定在某個特定的目標物體上，你是在培養你的知覺，使你知覺到你的知覺本身。我建議先試聚焦專注力的打坐，這會給你一個注意力穩定性的基點，使開放覺察靜坐容易一點。基本要訣如下：

1. 在一間安靜房間坐在舒服的椅子上，背挺直但身體放鬆。眼睛可張開也可閉上，隨你喜好。假如你的眼睛是張開的，那麼眼光朝下，不要使眼睛只凝視一個東西。
2. 維持對周遭事物的清楚覺識，接受你身旁的東西，保持心靈安靜、放鬆，不要專注在任何一個目標上。但是對周遭事物卻是非常的清晰明瞭，彷彿它是透明的。

3. 淡淡的注意任何浮現到你意識界的東西，但是不要拴著它，只要觀察這個念頭的歷程本身。或許跟你自己說：「噢，我注意到我坐下來開始打坐時，第一件進入我心中的事是……」

4. 把你全部的注意力放到意識中最顯著鮮明的一件事上，注意到除了它其他都不存在的地步，但是不要去想它。也就是說，你只是知道它的存在、觀察它，盡可能的以事不關己的態度，不要用心智去探索它。把你該注意的那個東西看成博物館展覽品或電影中的道具，反正跟你無關就是。

5. 產生一個完全開放的狀態，你的心就跟天空一樣遼闊，歡迎且吸收任何遊離的思緒、感情或知覺，像一顆剛開始閃爍的新星。當念頭升起時，讓它經過你的心田，不要留下任何痕跡；當你知覺到噪音、影像、味道或其他的感覺時，把它們看做它們本來的樣子，不要去理它也不要拒絕它。告訴你自己，不論它們是什麼，都不能影響你心靈的寧靜。

6. 假如你注意到你的心移向另一個念頭或感覺時，讓它去，讓這個新來者滑入意識界。你不必把侵入者趕走，這一點和強化注意力的打坐不一樣，你允許你的心轉向它，它跟前面所談專注在呼吸上的打坐最大的不同點在於，開放覺察靜坐所專注的不是只有一個目標，如果注意力遊離了要把它找回來，這裡你單純的只是知覺到你當下注意力中心有什麼東西。

7. 把你的注意力轉到新的目標物件上，就跟開始時一樣。

8. 繼續五到十分鐘。

許多修練這種形式的靜坐者發現他們發展出了一個三百六十度全方位的覺識，他們可以辨識自己的思想和感情，以及周遭的環境。我們在二〇〇九年所做的一個實驗結果顯示了原因。用EEG來測量，我們發現當人們在練習這種開放覺察靜坐時可以掌控腦波，使他們更能知覺到外在的刺激，也就是說，他們經驗到同步鎖住，像前面所說的聚焦注意力的現象。記得前面提到的比喻嗎？一顆石子投入平靜的湖中，你會很清楚的看到它所激起的漣漪，但是假如湖面波濤洶湧，你就很難看到這顆石頭所產生的效應。同樣的，假如心是很平靜的，我們可以感知到新進來的刺激，這些刺激以同步鎖住的方式跟大腦神經細胞同進退。美國有許多靜坐禪修中心都有提供開放覺察靜坐課程，包括巴瑞的內觀禪修社、加州的靈石靜坐中心（Spirit Rock Meditation Center），以及在明尼亞波里斯（Minneapolis）的德噶（Tergar）禪修中心。你也可以在網路上找到線上的指導手冊，或去那些禪修中心買他們的書或CD。要改變你的注意力需要一些練習，但是因為注意力是所有靜坐冥想的基石，我認為值得下苦功。我很有信心，大部分人在很短的時間之內，就會感受到這種靜坐的好處了。

就像其他情緒形態的向度，你也可以改變環境來適合你的注意力形態。假如你的注意力形態可能會干擾到你達成目標，那麼你就改變環境使它干擾你的機會降到最低：整理你的環境，尤其工作場所的四周，盡量把不需要的東西移開，這表示盡可能的減少噪音，尤其是人們談話的聲音；假如你能關上房門，就把它關上。練習一次只做一項：假如你有上臉書或其他社交網站，一次只做一件事，不要又聽音樂又做別的事；當你使用電腦時只開一個程式，如只上網際網路或電子郵箱，不要同時上兩個；假如你在寫作或在記帳或用其他的電腦程式，關掉瀏覽器和電子郵箱，並把聲音關掉，使它不會一直提醒你有訊息進來。

假如你是太過專注，可以創造一個幫助你擴展注意力的環境。把書和雜誌散放在各處，引誘自己去撿起來看，雖然你應該聚焦在別的事情上。假如你是用電腦工作的人，把房間門、辦公室門打開，使你可以聽見外面的聲音；在你工作時放背景音樂；假如你的房間有窗戶，不要把窗簾放下來，阻擋了外面風景的進入；重新安排桌子的方向，使你能隨時抬起頭來看外面。把最親密的人的照片放在桌子的附近，使你在工作時可以抬頭看到他們。在手機上或電腦上設定鬧鐘，每二十分鐘或三十分鐘就會響一下，打斷你的專注，強迫自己把你周遭的事物納入注意力中。

回彈力

你可能會覺得奇怪，怎麼有人會想要慢一點從挫折中反彈回來呢？但是的確有人是太快回復了。為了有健康的情緒生活，你需要對你的情緒做反應，但是假如你動作太快的話，就很難做出正確的反應。因為我們常用情緒的長度當做事情有多嚴重的指標，在受到打擊後，能快速的爬起來、往前走，可能會使你以為你的感覺已經麻木了，再不能如你期待的去經驗感情了。為了有健康的人際關係，你也需要能對別人的感情做回應，這表示假如你特別有回彈力，別人可能以為你是沒有感情或沒有情緒的人。在目睹別人的痛苦或不幸後，如果你很快的回復過來，它可能會損壞你同理心的能力，同理心反應有一部分就是能感受到別人的痛苦。的確，最近的研究顯示，當我們產生同理心時，大腦活化的地方跟自己經驗到的痛是同一個地方，不論是否發生在身體上。

你很容易了解為什麼一個人很快能從挫敗中爬起來是有好處的。假如挫敗使你很久都不能工作，它會使你達不到想要的目標，也會使人際關係發生困難。陷在自己情緒的泥淖中，你可能會忽略家人、朋友和工作。

很慢才能回復到正常的大腦特徵是從前額葉皮質到杏仁核的訊號很弱，走得很慢，這可能是前額葉皮質的神經活動太低，或它跟杏仁核的連接迴路太少或功能太弱。很慢回復的憂鬱症患者這個神經連接就非常弱，所以每一次失望、每一次打擊都使他們崩潰。

能夠從打擊中快速站起來，是因為左前額葉皮質對挫敗的反應有很強的活化，以及它跟杏仁核的連接很強。假如你覺得需要提升回彈力，你需要增加左前額葉的活化，或加強它和杏仁核之間的神經通道強度，或雙管齊下。假如你覺得自己太有回彈力，想要切斷你對別人自然的情緒反應，那麼你的目標是使前額葉皮質安靜下來，並且減弱它和杏仁核的連接。

要培養較好的回彈力和快速回復，我建議學習正念靜坐。因為它提供情緒的平衡，可以幫助你回復，卻不是太快的回復（就好像它幫助你聚焦，但不是過度的聚焦）。正念靜坐使我們一直執著於某個念頭的反芻聯結環減弱，例如失業可能使你的思緒從「沒有工作」到「沒有保險」，到「房子被法院拍賣」，到「我活不下去了」，在這個牛角尖的迴路中打轉。正念靜坐強化前額葉皮質和杏仁核的連接，提升可以幫助從這個逐步高升的迴旋梯中走下來的能力，因為它帶給你寧靜；一旦你的思緒開始從一個災難的念頭跳到另一個時，你有能力讓它停下來，觀察心智如何這麼容易就陷入這種陷阱中，注意到它是一個很有趣的心智歷程，你就可以抵抗不再被它吸入那萬丈深淵裡去。我建議你從簡單的正念靜坐開始練習，例如呼吸法，請看前面的詳細介紹。

假如正念靜坐不能如你希望的那麼快把你移到快速回彈那一端去，認知重新評估法可以幫上忙。這項技術源自認知治療法，教人們重新看待不幸的事件，讓人們看到事情沒有他們想像的那麼糟，也不會像他們以為的持續那麼久。例如，假如你在工作上犯了一個錯，非常後悔，你可能認為自己不夠聰明，恐怕下次還會犯這個錯，你的錯誤會害你賠掉事業，一切都完了……這種錯誤的思想就是認知重新評估要去改變的。它訓練你把錯誤當作偶發事件看待，它可能發生在任何人身上，不要把這個錯誤看成是工作能力的代表，這次錯誤不代表你以後會再犯；你應該考慮到為什麼這個錯誤會出現，因為你今天諸事不順，或昨晚沒有睡好、今天精神不能集中，或是這個錯誤是每個人都會犯的。用挑戰你的念頭是否正確，認知重新評估幫助你重新建構這個錯誤的原因和因此造成的痛苦。這種認知訓練直接作用在前額葉皮質，使前額葉皮質加強抑制杏仁核的活化，使回彈的神經形態得以出現。

要做認知重新評估最好找一名有經驗的治療師。在賓州的巴拉辛懷（Bala Cynwyd）有一所由認知治療法的創始人貝克（Aaron Beck）創建的貝克認知治療研究中心（Beck Institute for Cognitive Therapy and Research），它提供很多線上的資源（www.beckinstitute.org），包括如何在你家附近找到認知治療師。

假如你想朝回彈力向度緩慢回復那一端移動的話，或許可以強化你的同理心，然後減弱前額葉皮質和杏仁核的連接。在這方面的研究非常少，但是有一個策略是強烈聚焦在受到打擊時你所能感受到的負面情緒或是痛苦上，這可以幫助你維持這個情緒至少一陣子，等杏仁核的活化增高。你也可以聚焦到別人的痛苦上，例如艾倫諸事不順，他的前女友盜用了他的信用卡，他的保全工作可能不保，因為他被逮到網路詐騙，他的房東威脅要把他趕出去，他幾乎活不下去了，當他以為四下無人時，他哭了又哭。這些描述給你一些靈感，使你能聚焦到別人的痛苦上，這種練習會使前扣帶迴、腦島和杏仁核的迴路維持活化，而這些迴路是跟痛和受苦有關的。

你也可以做一種藏傳佛教傳統的靜坐叫施受法（tonglen，梵文的意思就是施與受〔taking and receiving〕）。這種靜坐的目的是培養慈悲心，做法是在心中想像另一個人在受苦，感受他的苦，轉換成慈悲心，它對增加同理心非常有效。剛開始，請試試下面這些步驟，一個星期練習四到五天，每天五到十分鐘：

1. 盡可能在你心眼中浮現出有人受苦的影像。可以是朋友，也可以是生病的親人，在工作上掙扎的同事，或是正在鬧離婚的鄰居。這個人跟你越親密，影像應該越清晰。（假如你非常幸運，不認得任何受苦的人，試著去想一名普通人，如在印度貧民窟撿拾垃圾維生的人、蘇丹難民營中飢餓的兒童、安寧病房裡垂死的癌症病患。）

2. 在每一次吸氣時，想像你把這個人的痛苦拿過來，從五臟六腑中去感受它：當你呼吸時，想像他的痛苦通過你的鼻子到肺。假如這太難想像，那麼去想像每一次你吸氣時，痛苦就離他遠一點：每次你吸氣時，想像痛苦逐漸離開他的身體，就像太陽出來霧逐漸消失一樣。

3. 每一次呼氣時，想像他的痛苦已轉化成慈悲心。把這個慈悲心導向他：當你呼氣時，想像這個呼出來的氣指向他，這個慈悲心和愛的禮物會把他包覆起來，進入他的身體，緩和他的痛苦。

你也可以安排你的環境來適合各種回彈力形態。若想從挫敗中快速回彈，想辦法離開挫敗發生的地點，到別的地方另起爐灶，去到一個新的地方，沒有情緒負擔的地方，重新開始。例如，假如你剛跟配偶吵架，離開戰場，到外面走走，或至少到另外一間房間。要減緩你的回復，使你感到難過久一點、強烈一點，那麼就去做相反的事——停留在挫敗的現場久一點。例如有人報告他無法對自然災害的受難者產生同理心，假如你想變得比較有感覺，可以把地震或海嘯受害者的相片貼在冰箱上，這可以幫助你感受到他們的痛。

社會直覺

看起來好像每個人都想把他的社會直覺落點盡量移到頻譜強的那一端去，畢竟，情緒和社會智慧的研究都指出這方面的技能越好，在愛情、工作、社交和生活上就越成功。但是人也可能太過聚焦在社交線索和社交場合上，而干擾了他的日常生活。假如你因為不了解激烈競爭者之間無聲的訊息而不能跟同事互動，你在職場上會有麻煩。

那些落在社會直覺向度困擾那一端的人，大腦中的梭狀迴活化的程度很低，但是杏仁核卻又太過活化。相反的，在這個向度另外一邊的人，梭狀迴的活化很高，杏仁核的活化很低，給了你察覺細微社交信號的能力。要增進社會直覺，你需要使梭狀迴更活化，同時使杏仁核安靜下來；要減低過度直覺，你需要降低梭狀迴的活化，提升杏仁核的活動。

要增加梭狀迴的活化，第一步是要注意社交線索，尤其是不顯著、細微的表情變化。你需要知道周遭發生了什麼事：說話的語調、肢體語言、面部表情。這經過練習就會有成效：

1. 從陌生人開始。當你在公共場合時，觀察一小組人，特別注意他們臉上的表情，這是傳遞最多社交信號的地方。當你在觀察他們時，提醒自己要看他們的臉，尤其是跟他們互動時更是要注意面孔。

2. 試著預測你所觀察的人會不會彼此碰觸，當他們一起走時，身體有多靠近，當他們說話時，有沒有看彼此的眼睛。
3. 靠近他們使你能聽到他們說話（這是假設你能不著痕跡的做到，我建議在擁擠的公共場合，例如派對時、人潮洶湧的百貨公司週年慶時，或是客滿的電影院大廳），確認他們說話的聲調是否跟肢體語言和面部表情相符合。
4. 假如不符合，那你可能誤解了什麼，把它記下來，把這個教訓用到下一個你觀察的人身上。
5. 一旦你覺得很有信心，可以知道別人的感覺後，把它運用在朋友或同事身上看看。

你也可以用正念靜坐培養社會直覺，在這裡，你可以把觀察社交信號當做目標對象。現在練習注意人們的眼睛，它提供了那個人的情緒狀態最真實的信號。在網站 www.paulekman.com 中，艾克曼提供了微表情（micro-expression）的線上訓練。這是社交互動上最佳的線索，因為它們通常都是一閃而過，我們常沒有看見，而錯失了重要的社交信號。雖然關於訓練能使你接受到更多社交信號的研究還不很多，但是任何察覺社交信號的訓練都能增加梭狀迴和顳迴的活化，顳迴在顳葉，是對社交刺激起反應的地方。這個訓練使你比較會閱讀面孔和眼睛的語言，應該也會使你比較專注到臉和眼睛上，因為現在它們對你比較有意義了，你對它們也比較有興趣了。

聲音、姿勢和肢體語言都傳達了社交和情緒的線索，下面這些特定的練習可以增加你對這些溝通管道的敏感度：

1. 如果要強化你對情緒聲音線索的敏感度，當你在一個公共空間，如地鐵、擁擠的咖啡館、朋友們聊天的店鋪或是飛機場，閉上眼睛，專注在你身旁的聲音，特別鎖定某些聲音，聚焦在聲音的語調（說話的口氣）而不在談話的內容上。

2. 告訴自己，這個聲調傳遞的是什麼訊息——平靜的、快樂的、期待的、焦慮的、緊張的，還是什麼？睜開眼睛觀察一下看看你猜得對不對。如果兩個人見面，一個人怒氣沖沖的走開，這場談話的語氣就比較可能是負面的，不太可能是正向的。

3. 現在來試一下姿勢和肢體語言。當你觀察兩個人的對話時，注意說話的人跟對方身體的角度和姿勢，他們怎麼站、怎麼坐，他們的姿勢如何。

4. 將某種溝通管道，如說話語調、肢體語言，設定為你今天一整天注意力聚焦的對象。在你上下班途中、在工作場所或任何地方，把自己抽離一下，做為旁觀者而不是參與者，觀察家人、朋友或同事說話的情形。練習前三個步驟，看你今天是聚焦在哪一種溝通管道上。

5. 第二天，換一種溝通管道來聚焦，重複這個練習。

我想你會很驚訝，一個這麼簡單的練習在這麼短的時間之內，就能強化你對社交線索的敏感度。

假如你覺得別人給你的信號這麼多，你受不了了，想要移到社會直覺困惑的那一端去時，你要給梭狀迴一個喘息的機會（要說清楚的是，這只是指接受和知覺比較少的社會信號，不是減低它們的效應，減低效應是回彈力向度的功能，所以假如你覺得自己太像塊海綿——吸收你身邊所有人的感情已經到了危害你自身健康的地步——那麼就用回彈力向度快速回復的練習），避免看人們的眼睛。用注意力訓練把你的專注力拉回來，不再強烈專注於人們的肢體語言和說話聲調。當你少用到梭狀迴時，會減低它的基準線活動，使自己比較不覺識到社交信號的語言。

你有好幾種方法可以改變環境來適應你的社會直覺。假如你在困擾那一端，並且很滿意留在那裡，那麼你可以安排較少時間與人相處的日常生活方式，尤其是與陌生人，這會減少你錯誤解讀或被他人的社會信號搞糊塗的機會；在家工作也可以減少社會接觸的機會。假如你在社會直覺高的那一端，很容易被社交線索所分心，你可以限定社交時間在一天的某一段時間，比如只在工作休息的喝茶時間和吃飯的時間和別人互動，而不要斷斷續續整天都有人找你。這個方法可以減少很多的干擾。假如你是學生，在房間讀書而不要到圖書館、咖啡館或其他公眾的場合，這也會減少社交干擾。

情境敏感度

不能正確的解讀社交情境，會導致在某個場合合宜的反應，在另一個場合就是格格不入的舉止。

在危險的情境中你可以表現得非常焦慮，但是在安全的地方這就突兀了。假如你分不出其間的差別，你就有創傷後壓力症候群（PTSD）的風險。在另一個極端，假如你太執著於情境，它會使你失去自我：你可能會發現你在改變自己的行為去迎合不同的情境。假如是這樣，你可能希望自己有一點點不是那麼在乎情境。那些非常在乎自己符不符合情境要求的人，海馬迴和前額葉皮質控制執行力區塊的連接非常強；那些和情境格格不入的人，這個地方的連接很弱。

關於強化或減弱海馬迴和前額葉皮質連接的研究很少。最好的線索來自PTSD的研究，尤其是暴露治療法（exposure therapy），這是讓患者逐漸暴露在跟他創傷有關的線索，但是是在一個安全的情境之下。例如，假如一名婦女曾在城市的暗巷被人襲擊，所以每一次她離開公寓就覺得恐懼，治療師可能先教她一些呼吸法，使她在看見會產生焦慮的線索時可以先冷靜下來；然後治療師請她想像那條她被攻擊的街道，一旦她可以做到這一步，治療師可能帶她到那條街道附近走一走，最後走到那條街——永遠在大白天，而且有她相信的人陪伴。假設這個社區在白天時是安全的，治療師可以幫助受害者區辨白天和晚上的不同情境。暴露治療法的重點在幫助患者不自覺的對照當前這個安全的情境，跟她創傷的危險情境是不同的。

根據暴露治療法的成功案例，我們可以推測對強化環境敏感可能有用的策略，是慢慢使你習慣引起你焦慮或憤怒的線索：

1. 先從哈達瑜伽（hatha yoga）開始練習呼吸，使你放鬆下來。閉上眼睛，專注在呼吸上，就像你在做正念靜坐一樣，數每一次吸氣和呼氣有多長。
2. 一旦你數了好幾次呼吸後，延長呼吸的循環，使它更長一秒鐘。逐漸延長呼吸的長度直到到達頂點，再長就不舒服了，然後維持這個長呼吸五分鐘。
3. 注意呼氣和吸氣是否同一長度，假如一個比較長，試著把另一個也拉長，使它們的時間一樣。這樣做五分鐘後，張開眼睛。

一旦你呼吸練習上手了以後，移到下一個情境訓練。下面我用老闆使你很緊張，你只要一想到他就會冒冷汗，這個焦慮影響到你的家庭生活了做例子，同樣的原則對任何種類的焦慮或害怕都有效：

1. 列出老闆會使你不舒服的行為、肢體動作和表情。或許是他在上班時間俯身到你的桌子上，或許他四點五十五分在你辦公室外面徘徊，看你有沒有提早下班，或許他挑剔你的報告或你經手的業務。盡可能很清楚、生動的寫下他使你不舒服的細節。
2. 然後在一個安全的環境，如週末在家時，輕柔的、緩慢的把你老闆的影像叫出來，想像他讀你報告時的表情，想像他在快下班時看你的樣子。
3. 在做步驟2的同時，同步做呼吸的練習，持續做，直到你覺得舒服、放鬆，雖然你還在想像他不討人喜歡的面目、他俯身到你桌上的習慣。花十五分鐘在這個練習上。

做四次這個練習後，你就會感受到它的好處，你投資在這上面的時間是絕對划算的。這個練習幫助你區分工作的情境和在家的情形，也幫助你區分其他的情境，使你可以做出適合情境的行為來。雖然目前沒有任何的研究比較訓練之前和之後大腦活動的差異，但是暴露治療法可以幫助 PTSD 患者，就證明了它可以強化海馬迴和前額葉皮質以及其他新皮質區的連接。

目前沒有任何的研究跟如何往情境敏感向度上格格不入那端移動有關，或是如何減弱海馬迴到前額葉皮質及新皮質連接的方法。但是假如你覺得把落點移得離舉止得宜、適應良好遠一點對你比較合適，使你不會依不同情境修正你的行為的話，我建議你試試培養自我覺識的那個練習，當你對你的念頭、感情和身體知覺比較覺識時，可以幫助你調控情緒的反應，不會那麼容易受到外在情境的影響。

你同時也可以改變環境來適合你對情境的敏感度。假如你不是非常容易適應的人，減少你會去的情境。去有很多熟人的宴會，不要去滿屋子陌生人的派對；假如去旅遊，盡量跟熟人一起去，這樣即使你身處陌生的環境，但是社交上是熟悉的、舒服的。假如你覺得自己就像變色龍，被逼著調整行為去適應情境，覺得自己很虛假，那麼限制你居住的情境範圍，把新環境所引發的自我呈現減到最低。這會提醒你心智的核心習性在不同的情境中都是一致的。

用改變心智來改變大腦

本章中所談到的練習都是透過心智來改變大腦。不論它是受到一千年前靜坐傳統的啟發，還是二十一世紀精神醫學的技術，心智有力量改變六種情緒形態底下的神經系統，任何移動你在這些情緒向度上落點的決策，都應該基於深思熟慮過的內省歷程：它是否阻礙你成為你想要做的人，或過你想要過的生活？這當然需要覺識，這覺識在我們想要了解自己如何對情緒的挑戰做反應時是明顯不夠的。我希望第三章的問卷可以對你有幫助。我也希望你有這個覺識：今天的你不一定是明天的你，人會改變，我們的情緒形態是自己創造出來的。情緒幫助我們感恩別人以及我們周遭的世界，情緒使我們的生活有意義、滿足。希望你們每個人都能圓滿幸福，也能幫助別人圓滿幸福。

國家圖書館出版品預行編目（CIP）資料

情緒大腦的祕密檔案：情意神經科學泰斗從探索情緒形態到實踐正念冥想改變生命的旅程 / Richard J. Davidson, Sharon Begley 著；洪蘭譯. -- 初版. -- 臺北市：遠流, 2013.06
面； 公分. --（生命科學館；32）
譯自：The emotional life of your brain: how its unique patterns affect the way you think, feel, and live--and how you can change them
ISBN 978-957-32-7211-3（平裝）

1.情緒 2.腦部

176.52 102008745

The Emotional Life of Your Brain
Copyright © Richard J. Davidson & Sharon Begley, 2012
All rights reserved including the right of reproduction in whole or in part in any form
This edition published by arrangement with Hudson Stress Press, a member of Penguin Group (USA) Inc. through Bardon-Chinese-Media Agency
Traditional Chinese Edition Copyright © 2013 by Yuan-Liou Publishing Co., Ltd.

生命科學館 Life Science 32
洪蘭博士策劃

情緒大腦的祕密檔案
情意神經科學泰斗從探索情緒形態到實踐正念冥想改變生命的旅程

作者／Richard J. Davidson & Sharon Begley
譯者／洪蘭
主編／林淑慎
校對協力／陳錦輝・陳正益
行銷企畫／葉玫玉

發行人／王榮文
出版發行／遠流出版事業股份有限公司
104005臺北市中山北路一段11號13樓
郵撥／0189456-1
電話／2571-0297 傳真／2571-0197
著作權顧問／蕭雄淋律師

2013年6月1日 初版一刷
2021年8月1日 初版十刷
售價新台幣 **360** 元（缺頁或破損的書，請寄回更換）
有著作權・侵害必究 Printed in Taiwan
ISBN 978-957-32-7211-3
（英文版 ISBN 978-1-59463-089-1）

YLib 遠流博識網
http://www.ylib.com
e-mail:ylib@ylib.com